Birgit Jankovic-Steiner

Die heilende Kraft der grünen Magie

Bibliografische Information der Deutschen Nationalbibliothek
Die Deutsche Nationalbibliothek verzeichnet diese Publikation in der Deutschen Nationalbibliografie. Detaillierte bibliografische Daten sind im Internet über https://dnb.de abrufbar.

Für Fragen und Anregungen
info@m-vg.de

Originalausgabe
2. Auflage 2024

Türkenstraße 89
80799 München
Tel.: 089 651285-0

Redaktion: Simone Fischer
Umschlaggestaltung: Manuela Amode
Umschlagabbildung: Shutterstock.com/formalnova, GoodStudio, Random Illustrator
Layout und Satz: Müjde Puzziferri, MP Medien, München
Druck: Florjancic Tisk d.o.o., Slowenien
Printed in the EU

ISBN Print 978-3-7474-0572-7
ISBN E-Book (PDF) 978-3-96121-964-3
ISBN E-Book (EPUB, Mobi) 978-3-96121-965-0

Birgit Jankovic-Steiner

Die heilende Kraft der grünen Magie

Pflanzen, Kräuter, Pilze,
Räucheranleitungen, Öle, Rituale
und die Grundlagen der Magie

mvgverlag

Inhalt

Vorwort

Die Natur in ihrer unendlichen Schönheit ist wie ein stummes Gedicht, welches in den Farben der Jahreszeiten schimmert. Doch wie die Menschheit ist auch die Natur nicht fehlerfrei. Sie zeigt Leben und Tod, Wachstum und Verfall.

Wenn du die Natur in ihrer vollen Pracht betrachtest, wirst du die leuchtenden Farben der Pflanzen und Blüten, den Sonnenstrahl in der Lichtung und den Duft des Waldes erkennen. Gleichzeitig wirst du auch den verletzten Vogel auf der Wiese sehen, Bäume, die absterben und ihre letzten Blätter abwerfen.

Die Natur spiegelt uns Menschen, denn auch wir sind unvollkommen mit all unseren Fehlern und Widersprüchen. Wir sehnen uns nach Zugehörigkeit, nach Liebe, und gleichzeitig verletzen und entfremden wir uns.

Unsere Fehler machen uns menschlich, denn wie die Natur sind auch wir Menschen stetig im Wandel. Die Erde ist ein Spiegel, der uns unsere Unvollkommenheit und tiefe Schönheit vor Augen führt, und zeitgleich erinnert sie uns daran, dass auch wir Teil eines großen harmonischen Kreislaufs sind.

In unseren dunkelsten Stunden, wenn wir uns verloren fühlen, gibt uns die Natur einen Platz, an dem wir Trost und Inspiration finden. Blumen zaubern uns ein Lächeln auf die Lippen und eine liebevoll für uns hergestellte Zaubersalbe lindert unsere Schmerzen. Die Natur lehrt uns, dass unser Streben nach Perfektion eine Illusion ist und dass auch wir, trotz unserer Fehler, wertvoll und liebenswert sind. Wenn wir genau hinsehen, so lehrt sie uns, geduldig zu sein und Fehler als Möglichkeit für Wachstum und Reife zu erkennen. Und so wie ein Fluss sich den Weg durch das Gestein bahnt, so sind auch wir fähig, unser volles Potenzial zu entfalten. Dieses Buch ist meiner Nichte Mia gewidmet, weil sie mir gezeigt hat, dass die Verbindung zum Herzschlag der Erde die Natur ist. Ich wünsche mir, dass auch sie das wertvolle Bewusstsein der Natur noch ehren darf, denn es ist das, was uns Menschen das Wissen gibt, jedes Jahr neu zu erblühen.

Kapitel 1

Allgemeines Heilwissen aus alter Zeit

Seit Anbeginn der Zeit war der Mensch sehr eng mit der Natur verbunden. Er lebte als Jäger und Sammler, eingebunden in die Rhythmen seiner Umwelt. Das Reifen von Früchten, das Bestimmen der Windrichtung und das Finden von Tieren und deren Spuren machten seinen Alltag aus. Seine Instinkte haben sich seit Jahrtausenden in genau dieser Lebensweise entwickelt und geformt. Um zu überleben, war es wichtig, sich der Natur nahe zu fühlen und die Sprache des Waldes zu verstehen, denn die Sprache der Natur spiegelte seinen Organismus wider. Später vertrat die Gesellschaft allerdings lange Zeit die Ansicht, dass die Natur dem Menschen untertan sein sollte – doch aktuell beginnt ein Umdenken bei einem großen Teil der Bevölkerung. Immer mehr Menschen verstehen, dass sie Teil der Natur sind und ein Leben ohne Natur fur den Menschen unmöglich ist. Heute ist bekannt, dass der Mensch umso besser von seinen Krankheiten geheilt werden kann, je näher er der Natur ist. So wissen wir heute, dass Waldspaziergänge in manchen Fällen beruhigender sind als Medikamente. Es ist wissenschaftlich erwiesen, dass wir Menschen besser schlafen, wenn viele Bäume und Naturmöbel in unserer Umgebung sind. Fast alle Menschen, die ich kenne, kennen die beruhigenden Eigenschaften der Natur. Wir können abschalten und abdriften und entspannen.

Heilpflanzen und ihre Wirkung kannten die Menschen vermutlich schon vor 60 000 Jahren, wie die Entdeckung von Neandertalern belegt, bei denen Heilkräuter als Grabbeigaben gefunden wurden. Alle diese Pflanzen kommen immer noch in der Umgebung des Fundortes vor und die Menschen verwenden sie weiterhin zu Heilzwecken. Selbst bei Ötzi, dem berühmten Mann aus dem Eis, hat man Birkenporlinge gefunden, was beweist, dass die Menschen von damals schon von deren entzündungshemmender Wirkung gewusst haben. Die Pilze enthalten einen Wirkstoff, der verhindert, dass sich Wunden entzünden, ahnlich wie Antibiotika. Auch im alten Ägypten und in Persien war die Kraft von Kräutern und Pflanzen schon bekannt. In der

Antike wurde dieses Wissen erstmals dann aufgeschrieben, wie zum Beispiel von dem Gelehrten Dioskurides.

Im frühen Mittelalter waren es vor allem die Frauen, die ihre Kenntnisse um die heilenden Kräfte aus der Natur weitergaben. Einige von ihnen waren gefürchtet – als Hexen und Giftmischerinnen –, doch die meisten von ihnen hatten es sich zur Lebensaufgabe gemacht, mit ihren Tinkturen, Salben und Tees zu helfen, wo sie gerade gebraucht wurden. Später im Mittelalter wurden die Klöster zu Zentren des Wissens rund um die Heilkräfte der Natur. Die Nonnen und Mönche legten Klostergärten mit vielen Kräutern an und versorgten die Menschen aus der Umgebung. Daher können wir die Klosterkultur als Vorläufer unserer heutigen Medizin betrachten, auch wenn sie weit davon entfernt war, in unserem modernen Sinne wissenschaftlich zu sein. Vielmehr ging es um das Gebot der Nächstenliebe, denn Krankheit wurde vielfach als ein Gottesgericht betrachtet.

Für die Kräutermedizin im Spätmittelalter war vor allem Hildegard von Bingen berühmt, die sich der Vorstellung widersetzte, dass Krankheit ein Fluch sei. Sie war der festen Überzeugung, dass gegen jedes Leid ein Kraut gewachsen ist – eine Überzeugung, die meine Großmutter Anneliese teilte und der auch ich zustimme. Hildegards Schriften und Rezepte begeistern die Menschen bis heute. Diese besonders herausragende Frau lebte von 1098 bis 1179 und war für damalige Verhältnisse sehr mutig. Sie war Nonne und stellte mit ihren Visionen und Forschungen die damalige Weltanschauung auf den Kopf. Entgegen der landläufigen Meinung, dass eine Krankheit eine Strafe Gottes sei, stellte sie die These auf, dass ein gesundes Leben nur mit der Einheit von Körper, Geist und Seele gelingen könne. Auch war sie damals schon der Meinung, dass der liebe Gott die Menschen nicht mit Krankheiten bestrafen will. Hildegard von Bingen verteidigte ihren Glauben, dass alle durch die Kraft der Natur und den richtigen Einsatz von Heilpflanzen wieder gesund werden können.

Zum Glück schrieb Hildegard von Bingen als kluge Frau alles nieder und überlieferte ihr Wissen auch mündlich weiter, genau so, wie meine Großmutter ihr Wissen an mich weitergab – und wie das Wissen auf der ganzen Welt von Generation zu Generation weitergereicht wird. Dies ist in allen Kulturen gleich. Einzig und allein die Informationen, die weitergegeben werden, unterscheiden sich von Kultur zu Kultur.

In alter Zeit gab es weder Ärzte noch Apotheken oder Krankenhäuser. Doch die Menschen wussten sich anders zu helfen – mit der Kraft der Natur. Oft wurden die Rezepte dafür innerhalb einer Familie weitergegeben – unter den Frauen, die sie für ihre Kinder behüteten und bewahrten. So kam es, dass jede Familie ihre eigene Rezeptsammlung besaß und auf ihre ganz individuellen Rezepturen schwor. Verwendet wurde, was sich im Kräutergarten hinter dem Haus, auf Wiesen und in Wäldern fand, im Einklang mit der Natur und ihren Rhythmen. Die Rezepturen waren ebenso einfach wie wirksam und ihre Anwendung war das Ergebnis von Erfahrungswissen. Natürlich trug auch der Glaube an Großmutters Hustensaft oder Mamas Kräuterwickel dazu bei, dass man rasch wieder gesund wurde.

Viele dieser Rezepte sind im Laufe der Zeit verloren gegangen und längst hat die moderne Medizin die Kräuter und Hausmittel abgelöst. Und doch wächst seit einigen Jahren das Interesse an den natürlichen und sanften Verfahren unserer Vorfahren und Ahninnen.

Als moderne Hexe habe ich das große Glück, dass in meiner Familie viele Rezepte bis in die Gegenwart überliefert wurden und uns heute noch zur Verfügung stehen. Seit ich einige davon in meiner Schule für moderne Hexen weitergegeben habe, wächst die Nachfrage, sie in einem Buch zusammenzufassen. So entstand die Idee für *Die heilende Kraft der grünen Magie*. Ich habe dieses Buch geschrieben, um die Menschen wieder daran zu erinnern, dass wir fähig sind, uns selbst zu heilen. Dass wir die Kraft in uns tragen und unser Körper stark ist. So wie es meine Großmutter Anneliese gelehrt hat. Denn hätte ich sie nicht in meinem Leben gehabt, hätte ich dies wohl nie erfahren. Die Überlegung, wie ich dieses Wissen weitergeben soll, beschäftigte mich lange und ich wünsche mir, dass du durch dieses Buch eine Verbindung spürst, ein Gefühl entwickelst und eine Erinnerung weckst, die seit Jahrtausenden besteht. Meine Lösung waren Geschichten. Geschichten, die ich als Kind zusammen mit Anneliese erlebt habe. Denn diese Erinnerungen sind tief in meinem Bewusstsein verankert und das Vermitteln von Wissen sollte Freude bereiten. Es sollte verständlich sein und für Menschen jeden Alters ansprechend, denn wir alle lieben Geschichten.

Alle Rezepte in diesem Buch stammen von meiner Bonus-Großmutter Anneliese. Anneliese war nicht meine leibliche Großmutter, doch sie behandelte mich immer wie ihre Enkelin und begleitete mich mein bislang halbes Leben lang. Sie war die Großmutter, die mir alles über die Natur, ihre Heilweisen und die Kraft, die diese besondere Welt ausstrahlt, mitgegeben hat. Sie war es, die mich in alle Kräuterthemen eingeführt und mir vieles anvertraut hat, was für mein damals junges Alter vielleicht noch schwierig war – doch sie vertraute mir, dass ich mit dem Wissen nichts Schlimmes machen würde. Ihre Stube im Dorf war wie ein Zuhause für mich und Anneliese wie eine liebevolle Großmutter, weshalb ich sie auch als solche bezeichne. Anneliese war die Hohepriesterin, die Älteste in dem Kräuter- und Hexenzirkel, in dem ich aufwuchs. Sie selbst hat damals gegen Anraten der anderen Kräuterdamen die alten Schriften aufbewahrt und nicht wie viele andere vernichtet. Sie war sozusagen die Schatzmeisterin des alten Hexenwissens. Diese alten Schriften und dieses wertvolle alte Wissen habe ich von ihr erben dürfen und möchte es mit diesem Buch weitergeben.

Die Kräuterhexe als Archetyp im Märchen

Die kräuterkundige Frau, die allein im Wald lebt und mit den Tieren sprechen kann, taucht in so vielen Märchen auf der ganzen Welt auf, dass sie als einer der wichtigsten weiblichen Archetypen gilt. Ein Archetyp ist eine Figur aus unserem kollektiven Unterbewusstsein, die in vielen Geschichten vorkommt. Bekannte Archetypen sind der Held, die Hexe, die Prinzessin, also typische Märchenfiguren. Ihnen allen ist gemein, dass sie bestimmte universelle Eigenschaften verkörpern, die potenziell in jedem Menschen angelegt sind. Wer von uns möchte nicht ab und zu gerne Held oder Heldin sein, erobert werden oder mit seinem Schatten kämpfen?

So ist auch die Rolle der Kräuterfrau im Märchen ambivalent. Mal ist sie freundlich und hilfreich, mal gefährlich und böse. Dies hängt immer auch davon ab, zu welcher Zeit die Geschichten aufgezeichnet wurden. Zu Beginn der Frühen Neuzeit hatten kräuterkundige Frauen keinen guten Ruf. Das besserte sich auch nicht mit dem Aufkommen der modernen Medizin und Geburtshilfe. Erst in neuerer Zeit hat das Kräuterwissen wieder ein positiveres Image, denn es ist nachhaltig und steht im Einklang mit der Natur.

Die Geschichten, die meine Großmutter mir über die Kräuterfrauen erzählte, waren durchweg positiv. Sie prägten sich in mein Gedächtnis ein, so wie es immer der Fall ist, wenn uns Fakten in Geschichtenform übermittelt werden. Doch meine Großmutter lehrte mich auch den Respekt und die Achtung vor der Natur. Ihr war es wichtig, dass ich nie mehr von einer Pflanze nehmen soll als unbedingt nötig und genug von ihr stehen lassen soll, damit sich die Pflanze wieder erholen kann. Auch den Naturschutz sollte ich beim Sammeln von Wildpflanzen unbedingt beachten.

Bitte achte auch du beim Sammeln der Kräuter auf die Ratschläge meiner Großmutter und gehe sorgsam mit der Natur um. Ich werde dir ganz genau erzählen, wie du die »grüne Magie« aus den Pflanzen durch bestimmte Rezepte und andere Anwendungen erhalten kannst. Dieses Prinzip beruht auf »Geben und Nehmen« und zeigt den Ausgleich, den es überall im Leben bedarf. Besonders schön ist es auch, wenn du die Kräuter für deine magische Hausapotheke selbst ziehst. Du kannst diese in deinem Garten oder in Töpfen auf deinem Balkon anpflanzen. Meiner Erfahrung nach entwickelt sich dann eine besondere Beziehung zu den Pflanzen und sie gestalten dein Zuhause zu einer duftenden, gesunden Oase der Zufriedenheit und Harmonie.

Kräuter eignen sich nicht nur für die Anwendung als Medizin, sondern auch, um zu räuchern oder das Haus zu schmücken. Ich bin fest davon überzeugt, dass jede Pflanze eine Seele hat, eine »Deva«, wie es heißt, mit der wir in Kontakt treten können. Nicht ohne Grund soll es sich positiv auf die Entwicklung von Pflanzen auswirken, wenn wir mit ihnen sprechen.

Doch die Nähe von Pflanzen wirkt sich umgekehrt auch positiv auf uns aus. Untersuchungen zeigen, dass sich unser Blutdruck senkt und unser Immunsystem gestärkt wird, wenn wir uns in der Natur aufhalten. Höchste Zeit, dass auch die Kräuterfrau im Märchen eine Revision erfährt! Sie steht nicht länger für eine alte, längst vergangene Zeit, sondern für die Wiederkehr einer neuen Harmonie zwischen dem Menschen und der Natur.

Hexen und Pflanzen

»Kräuterhexen« waren lange Zeit vor allem Heilerinnen. Ein geheimes botanisches Wissen über Kräuter, Massagen und Tinkturen und ihre heilende und toxische Wirkung war das Markenzeichen weiser Frauen. Im Mittelalter dominierten sie das medizinische System und hatten eine sehr enge Beziehung zu Gärten und Natur, wie zum Beispiel der Kraft des Mondes. Die meisten heilenden Frauen waren Krankenschwestern, Ärztinnen, Beraterinnen und Hebammen. Sie wurden bei Geburten und Beschwerden wie Nasenbluten, Gicht, Warzen, Erkältungen oder auch bei Liebeskummer zum Heilen und Helfen gerufen. Es gab nur wenige körperliche oder geistige Krankheiten, die sie nicht lindern konnten. Die Kräuterhexen kannten die meisten Heilkräuter, die besten Standorte für die seltensten und begehrtesten Exemplare und wussten, wann und wie sie zu pflücken waren, um ihre magischen Eigenschaften zu maximieren.

Weise Frauen verwendeten scharfe Kräuter wie Bärlauch, Huflattich und Löwenzahn gegen Erkältungen und Bärenklau und Minze gegen Albträume. Die beruhigende Wirkung des Hopfens war den Kräuterhexen ebenso vertraut wie die hypnotische Wirkung des Mohns und die entzündungshemmende Wirkung des Salbeis. Sie kannten die fruchtbarkeitsfördernde Wirkung des Eisenkrauts und wussten es zum richtigen Zeitpunkt einzusetzen. Sie behandelten so profane Leiden wie Erkältungen, aber auch als Hebammen kannten sie über hundert verschiedene Heilmittel. Sie beherrschten die Möglichkeiten der Empfängnisverhütung und wahrten das Geburtsgeheimnis.

Ihr Wissen umfasste Körperbau, Kräuter und Medizin, die Herstellung von Arzneien und schließlich Magie. Der Anbau von Nutz- und Heilpflanzen war zwar in Klöstern weitverbreitet, aber die Geistlichkeit konnte mit der Heilkunst der weisen Frauen nicht mithalten, denn die Kirchenväter propagierten, dass eine Geburt schmerzhaft zu sein habe. Die weisen Frauen aber gaben Schwangeren wertvolle Ratschläge, lehrten sie die am wenigsten schmerzhaften Geburtspositionen, behandelten werdende Mutter mit Tinkturen zur Geburtseinleitung, halfen mit krampflösenden Tees bei Schmerzen und erregten damit vielerorts den Zorn der Geistlichkeit. Hebammenkunst, die Schmerzen linderte, wurde als Gotteslästerung betrachtet und argwöhnisch beobachtet. Diese Vorurteile finden wir zum Teil bis heute in unserer Gesellschaft.

Weise Frauen setzten ihre geheimen Kräfte zum Wohle ihrer Mitmenschen ein und wurden als Mittlerinnen zwischen Natur und Kultur gleichermaßen eingesetzt und geachtet. Natürlich hatten sie immer etwas Eigenartiges an sich und die Menschen zeigten ihnen gleichzeitig Bewunderung und Respekt, solange die Kräuterhexen ihre Magie nicht missbrauchten. Anneliese sagte immer zu mir: »Bibi, sei nicht traurig, wenn Menschen sagen du seist ›merkwürdig‹ – dies bedeutet, dass du ›würdig bist, gemerkt zu werden‹.«

Hexe – weise Heilerin – damals und heute

Das Wort »Hexe« geht auf das germanische Wort *hagazussa* zurück, was so viel bedeutet wie »Zaunreiterin«. Der Zaun umgab früher das Dorf, die geordnete, bekannte Welt, und sperrte den Wald als mystischen und geheimnisvollen Ort aus. Es ist kein Wunder, dass viele unserer heute noch bekannten Märchen im Wald spielen, wo allerlei Wunderliches geschieht. So betrachteten es die Menschen früher – und damals waren die Wälder auch noch um einiges wilder und gefährlicher als heute.

Die Hexe hatte die Aufgabe, durch einen Schutzzauber den energetischen Hag-Zaun um das Dorf zu spannen und sie konnte die Grenze zwischen dieser und der anderen Welt überwinden, zwischen der Welt der Lebenden und der Toten, der Geister und der Menschen. Dabei halfen ihr Rituale und oft nutzte sie auch Orakel oder bereitete Opfer in Form von Nahrungsmitteln und Blumenschmuck vor. Menschen kamen zu ihr, wenn sie Hilfe suchten – in medizinischen und spirituellen Dingen.

Hexen galten und gelten teilweise bis heute als merkwürdig, bestenfalls anders. Dabei ist die Kunde der Heilpflanzen und der natürlichen Hausapotheke und Hausmedizin so alt wie die Menschheit selbst. In der Jungsteinzeit gab es Jäger und Sammler. Jäger waren meistens Männer, die ihre Sippe mit dem Fleisch der Tiere versorgten. Die Frauen in der Sippe waren meist Sammlerinnen. Sie wussten, welche Pflanzen essbar und welche giftig waren. Diese Frauen wussten auch um die Heilwirkung einer jeden Pflanze und wie sie eingesetzt werden konnte. Daraus entwickelten sich sogenannte Kräuterfrauen. Sie waren hochgeachtet und leisteten einen wichtigen Dienst für ihre Gemeinschaft.

Bei den alten Germanen gab es die »Völva«, eine eingeweihte Frau, die die Runen zu befragen wusste und mit den Tieren und der Natur kommunizierte. Den Römern, die nach Germanien kamen, waren diese Frauen höchst suspekt, doch auch sie glaubten an ihre Zauberkräfte. Eine Völva wusste sowohl, wie man einen schmerzenden Zahn zog, als auch, was bei traurigen Gedanken am besten half. Sie befragte das »Wyrd« – das Netz des Lebens bei Zukunftsfragen –, weil man davon ausging, dass jede Krankheit Ausdruck eines spirituellen Ungleichgewichts war, das durch Rituale und Opfer beseitigt werden musste. Oft hatte man unbeabsichtigt einen Geist verärgert und musste nun die Sache wieder ins Reine bringen.

Die ungezwungene und unvoreingenommene Haltung der Germanen hat mich begeistert. Manchmal wünsche ich mir, dass wir Menschen ebenfalls so offen auf »Andersartigkeit« zugehen könnten. Wie Anneliese es immer ausdrückte: »Ich habe noch nie einen Fremden getroffen.« Damit betonte sie die Verbundenheit, die uns alle vereint.

Je mehr die Kirche in Europa in späterer Zeit an Einfluss gewann, umso mehr wurden die weisen Frauen in den Hintergrund gedrängt. Dennoch waren sie es, die die Volksmedizin und das Kräuterwissen über viele Jahrhunderte bewahrten und ihre Rituale mitten im Wald, geschützt vor neugierigen Blicken, abhielten. Das Wissen der Hexen kann als älteste Tradition anerkannt werden, denn es ist das natürlichste und ursprünglichste Prinzip unserer Welt. Sie verehrten das weibliche Prinzip, Mutter Erde, Gaia. Sie ist keine Göttin, die unsere Welt beherrschte, sondern ist Teil des allumfassenden Bewusstseins des großen Ganzen.

Die Kirche blieb lange Zeit untätig. Doch das änderte sich zum Ende der Frühen Neuzeit. Mit einem Mal war die Welt besessen davon, es müsse eine geheime Teufelssekte geben, der alle Hexen angehörten. Die Menschen machten es sich zum Ziel, Hexen zu vernichten – aus Angst, aus Unwissenheit oder einfach aus schierer Ignoranz einer anderen Lebensweise gegenüber – und die Kirche beteiligte sich daran. Deren Inquisitoren durften Hexen verhören, oft mithilfe der Folter. War die Hexe geständig – was aufgrund der schweren Folter meist der Fall war –, so wurde sie auf dem Scheiterhaufen verbrannt und ihr Besitz konfisziert. Besonders verdächtig waren allein lebende Frauen, die als Hebammen oder Heilerinnen arbeiteten.

Während und nach dem Dreißigjährigen Krieg brannten überall in Europa die Scheiterhaufen. Jeder konnte verdächtig werden. Oft wurden die Hexen gezwungen, auch andere Frauen der Hexerei zu bezichtigen. Man warf ihnen vor, mit dem Teufel gebuhlt und mit ihm den sogenannten Hexensabbat abgehalten zu haben. Hexen wurden als boshafte und gemeine Geschöpfe dargestellt, die mithilfe des Teufels Leid und Krankheiten über ihre Nachbarn ausbrachten.

Die Angst vor Hexen rührte und rührt wohl daher, dass die Menschen vor allem Angst haben, was sie nicht verstehen. Es macht ihnen Angst, dass es Kräfte gibt, die sowohl in der Natur als auch in ihnen wirken, die sich ihrer Kontrolle entziehen. Hinzu kommt eine diffuse Angst vor Frauen, die bis in die Neuzeit hinein deutlich weniger Rechte als Männer hatten. So durften Frauen zu Zeiten meiner Großmutter nicht frei wählen, wo sie leben wollten oder ob sie arbeiten gingen. Nicht alle fügten sich, wie zum Beispiel die berühmte Hildegard von Bingen.

Vieles von dem uralten überlieferten Wissen wurde ausgerottet. Doch nicht alles! Einiges wurde in Büchern und Überlieferungen bewahrt und hat dadurch bis in unsere Zeit überlebt. Heute trauen sich immer mehr Frauen, ganz selbstbewusst von sich zu sagen, dass sie eine Hexe sind.

Hexen helfen noch heute, wenn Menschen das Gefühl haben, dass etwas aus dem Gleichgewicht geraten ist. Vielleicht gibt es einen aufdringlichen Nachbarn, eine doofe Kollegin oder einen Schwarm, der einen unbedingt beachten soll. Dabei kann Magie helfen, denn sie verstärkt unsere angeborenen schöpferischen Kräfte – die der Imagination. Alles, was wir uns intensiv vorstellen können, können wir in die Wirklichkeit holen. Genau das geschieht bei Ritualen. Kräuter und Heilpflanzen können uns dabei unterstützen. So kenne ich einige Hexen, die kleine Mojo-Säckchen herstellen, in denen sich Glücksbringer und Kräuter befinden und die ihre Träger beschützen und ihnen Glück bringen.

Hexen zeichnen sich dadurch aus, dass sie den Körper nicht getrennt von Seele oder Geist betrachten. Alles ist für sie eine Einheit, verbunden mit dem Diesseits, aber auch mit der Anderswelt, der Welt der Ahnen und Geister.

Die Bewahrung des Kräuter- und Pflanzenwissens

Wir können uns nun fragen, warum dann nicht alle Menschen über die Heilpflanzen, deren Magie und ihre Wirkung Bescheid wissen. Weil nun einmal in früheren Zeiten alle, die sich mit dieser Kunde beschäftigten oder nicht so lebten wie »normale« Menschen, verfolgt wurden. Es war äußerst gefährlich, als Hexe zu gelten. Die sogenannten weisen Frauen lebten eng mit der Natur verbunden und waren freier und unabhängiger als der Rest der Menschen. Das machte den Leuten Angst. Sie wollten nichts mit Hexen zu tun haben und machten sie für Naturkatastrophen und Krankheiten verantwortlich. Vielerorts wurden Hexen verfolgt und bestraft, sodass bis in meine Kindheit noch Unsicherheit ob der Benennung des Wortes »Hexe« herrschte. Die Angst, als Hexe bloßgestellt zu werden, zog sich bis in meine Generation.

Selbst Anneliese und die anderen Kräuterfrauen zeigten mir oft ihre »leeren Hände« – ihre Handflächen –, um mir zu verdeutlichen, dass sie nichts in der Hand hatten. Somit konnten sie keine Hexen sein. Sie zauberten mit der »Magie der leeren Hände« und vieles ging von ihren Köpfen aus, wie beispielsweise einst ein Lagerfeuer, das wie von Geisterhand entfacht wurde, zwei Sekunden später wieder erlosch, bevor es wieder lichterloh brannte – und dies alles nur durch die Bewegung ihrer Hände.

Erst mit dem Wiederentdecken des Kräuter- und Pflanzenwissens durch Nonnen und Mönche erfuhren die Naturmedizin und die natürliche Hausapotheke wieder eine Renaissance. Eine besondere Rolle spielten dabei die Klöster und ihre Klostergärten. Zum einen übersetzten Mönche die Schriften der Griechen und Römer und stießen dabei auf Rezepte für Arzneimittel, zum anderen legten die Klöster selbst Kräutergärten mit einheimischen, aber auch mediterranen Kräutern und Pflanzen an.

Die Klöster betrieben kleine Spitäler und eigene Klosterapotheken, die *Armarium pigmentorum, operatorium* oder *statio specalium* hießen. Diese Vorläufer der heutigen Apotheken befanden sich meist in der Nähe des Heilkräutergartens, dem sogenannten *Herbularius.*

Die Klosterapotheken waren das Vorbild für die städtischen Ratsapotheken und die spätmittelalterlichen Universitäts- und Hofapotheken. Folgerichtig war die Krankenheilung Aufgabe der angewandten Theologie und somit der geistlichen Orden. Nur Klöster durften Ärzte ausbilden. Mönche und Nonnen banden Salben mit Wachs, Honig und Öl. Im 18. Jahrhundert entstanden immer mehr Apotheken, die ihre Arzneien selbst herstellten und verkauften.

Mit dem Zeitalter der chemischen Industrie begann auch die Blütezeit der künstlichen Pharmazeutika. Synthetische Stoffe wurden hergestellt und waren für alle Menschen zugänglich und auch bezahlbar. Nach und nach entwickelte sich die Chemie weiter und die Apotheken wurden zu Laboren, die die Wirkung von Arzneimitteln erforschten. Es gelang der Wissenschaft, Wirkstoffe aus Pflanzen zu isolieren, und Ende des 19. Jahrhunderts kamen die ersten synthetischen Arzneimittel auf den Markt, das erste war Antipyrin im Jahr 1884. Fünf Jahre später folgte Aspirin. Diese Entwicklung führte dazu, dass sich die Menschen allmählich nicht mehr für Kräuter und deren Wirkung interessierten. Vor allem seit den 1960-er Jahren war das Wissen über Pflanzen und ihre Heilwirkung weitgehend aus unserer westlichen Welt verschwunden, doch noch tief im Unterbewusstsein der einstiegen Mystikerinnen und Hexen vergraben. Die Gesellschaft bildete sich um, vieles wurde automatisiert und synthetische Arzneimittel galten im 20. Jahrhundert als Sieg der modernen Technik über die Heimsuchungen der Natur.

Ein Teil der Gesellschaft hat sich wieder erinnert und denkt wieder an die Kraft der Pflanzen und Kräuter. Vieles wird wiederentdeckt und zahlreiche Menschen nähern sich wieder dem Thema Magie. Rituale helfen beispielsweise dabei, unseren Alltag zu strukturieren und unsere mentalen Energien zu bündeln. Deshalb habe ich auch viele Rituale in dieses Buch aufgenommen, damit du erkennst, wie wichtig sie für ein zufriedenes und glückliches Leben sind. Gerade Frauen dürfen ihre innere Kraft, ihre Hingabe wiederentdecken und für das stehen, was sie sind. Die weibliche Kraft sitzt tief, sie ist wissend und erschaffend. Unsere Welt braucht mehr denn je diese weiblichen Qualitäten. Das »heilige Weibliche« darf wieder auferstehen und die Natur schwingt in unserer Frequenz, sodass sie hilft, dies wieder in uns zu entdecken.

Beispiele aus der natürlichen Frauenheilkunde

Die folgenden Beispiele zeigen, wie sich das geheime Kräuterwissen auch heute wieder mehr und mehr etabliert.

Traubensilberkerze kühlt Hitzewallungen

Wissenschaftliche Studien haben gezeigt, dass ein spezieller Extrakt dieser Heilpflanze typische Wechseljahresbeschwerden wie Hitzewallungen und Schwitzen deutlich lindern kann. Wichtig für Frauen, die aus gesundheitlichen Gründen keine Hormone einnehmen können oder wollen: Traubensilberkerze hat keine sogenannte phytoöstrogene (hormonähnliche) Wirkung und greift daher weder Gebärmutter noch Brustgewebe an.

Mönchspfeffer reguliert den Zyklus

Klassische Frauenbeschwerden, wie Brustspannen, unregelmäßige Perioden oder PMS, welche daraus resultieren können, dass die innere Weiblichkeit nicht gelebt wird, werden unter anderem durch hohe Prolaktinwerte verursacht. Das Hormon Prolaktin hilft, Zyklen zu kontrollieren. Die Bestandteile des Mönchspfeffers können einen zu hohen Prolaktinspiegel im Blut regulieren und so die Symptome lindern und gleichzeitig den Frauen helfen, sich mehr mit ihrem Zyklus zu verbinden. Prolaktin ist ein weibliches Hormon, das vor allem während des Stillens ausgestoßen wird, aber auch produziert wird, wenn es zu einem hormonellen Ungleichgewicht kommt. Gewichtsprobleme und Schwierigkeiten beim Zyklus können die Folge sein. Diese gleicht der Mönchspfeffer auf sanfte Weise aus. Wichtig dabei ist auch, dass du dich behutsam deinem Zyklus wieder annäherst und in einen inneren Dialog mit dir selbst trittst.

Passionsblume löst Ängste und wirkt beruhigend

Die wunderschöne Passionsblume wirkt entspannend auf das Nervensystem, indem sie die Wirksamkeit bestimmter Neurotransmitter, der Botenstoffe zwischen unseren Zellen, erhöht. Bei regelmäßiger Einnahme als Kapseln oder Tee verschwinden Angst und Nervosität und Schlafstörungen gehören der Vergangenheit an. Wenn Alltagssorgen den Geist belasten und Schlafstörungen ihm die Lebensenergie entziehen, kann die Natur in Form der Passionsblume einen sanften Ausgleich schaffen.

Grundsätzliches und Wissenswertes über Heilpflanzen

Heilpflanzen begleiten mich schon mein ganzes Leben lang. Meine geliebte Großmutter Anneliese hatte einen wunderbaren Kräutergarten, in dem es im Sommer herrlich duftete. All die Kräuter, die dort wuchsen, wurden zu meinen Freunden, die meine ganze Kindheit über an meiner Seite blieben und mit denen ich viele Geschichten erlebte.

Meine Großmutter kannte zahllose Geschichten rund um das Wissen aus alter Zeit. Sie lehrte mich, was es heißt, eine Hexe zu sein – eine moderne Hexe, die zugleich die Traditionen wahrt. Im Einklang mit der Natur, mit den Energien des Universums, ein bisschen Magie für den Alltag und schon folgt das Leben einem ganz anderen Fluss. Die Magie der Kräuter hat eine eigene Zauberkraft, die sich leicht erschließen lässt, auch für jene, die mit Hexerei und Magie eher weniger zu tun haben. Sie beruht auf dem Erfahrungswissen vieler Menschen und wird bis heute landauf, landab angewendet.

Fast alle Rezepte in diesem Buch stammen von Anneliese, die mir jedes von ihnen selbst beibrachte, sodass ich ihre Wirksamkeit aus der Erfahrung heraus bezeugen kann.

Für Menschen wie Großmutter war Magie etwas völlig Alltägliches. Sie arbeitete tagtäglich damit und sagte, sie könne mir Wünsche erfüllen und mir helfen, bessere Noten in der Schule zu schreiben. All dies konnte sie, ohne mit mir zu lernen, und es war auch aus einer gewissen Distanz heraus möglich. Und wann immer ich bei ihr war, erzählte meine Großmutter mir Geschichten und Mythen rund um die Magie und die Pflanzen, die mir bis heute sehr lebendig in Erinnerung sind.

Heilpflanzen können vielfältig eingesetzt werden, etwa als Ölextrakte, Tinkturen, Tees oder Salben. Im Folgenden möchte ich die am weitesten verbreiteten Verarbeitungsformen für Heilkräuter vorstellen – außer Tee, den ich hier bewusst nicht beschreibe, weil für Tee einfach die frischen oder getrockneten Pflanzenteile mit kochendem Wasser übergossen werden. Bei den Rezepten im hinteren Teil des Buches wirst du allerdings einige Teerezepte finden.

Ein Zwiebelsäckchen bei Ohrenschmerzen, eine heiße Milch mit Honig oder ein heißer Löffel gegen Wespenstiche – wir alle kennen die Hausmittel, die in Familien von einer Generation zur nächsten weitergegeben werden. Aber helfen sie wirklich? Oder ist es nur der berühmt-berüchtigte Placeboeffekt?

Heilkräuter sind aus vielerlei Gründen beliebt – sie sind günstig, man kann sie immer im Haus haben und ihre Wirksamkeit ist über viele Jahre hinweg durch Erfahrungswissen belegt. Hausmittel stehen im Einklang mit der natürlichen Verbundenheit des Menschen und mit den Kräften der Natur. Gerade weil die Zutaten allgegenwärtig und einfach zuzubereiten sind, sind Hausmittel weiterhin sehr verbreitet. Natürlich enthalten viele Hausmittelrezepte Heilpflanzen, manchmal werden aber auch Haushaltszutaten wie Backpulver, Fett oder Öl eingesetzt.

Hausmittel sind günstig, effektiv und leicht anzuwenden, genau das möchte ich dir in diesem Buch mitgeben. Du hast alles, was du brauchst, in deinem Zuhause. Nun wird es Zeit, dies auch einzusetzen.

Hausmittel auf natürlicher Basis verbessern das Wohlbefinden, reinigen den Körper von Giftstoffen, pflegen Schönheit und Gesundheit. Viele Hausmittel wirken auch deshalb, weil sie für eine Beziehung stehen, für aufmerksame Fürsorge. Dies hat seine ganz eigene Heilwirkung, was daran liegt, dass die Patienten bei der Zubereitung oder Verschreibung die Zuwendung anderer Menschen erfahren. Hausmittel erfreuen sich immer größerer Beliebtheit und werden mittlerweile von der modernen Medizin als alternative Heilmittel und natürliche Ergänzungen der Schulmedizin anerkannt.

Viele Hausmittel lassen sich mit nur wenigen Werkzeugen und Zutaten zubereiten. Wer einige Grundzutaten immer zu Hause hat, ist auf viele leichte Erkrankungen, wie Erkältung, Fieber, Durchfall oder Husten, gut vorbereitet – und dabei müssen wir für eine natürliche Hausapotheke noch nicht einmal Geld ausgeben.

Dieses Buch ist eine Reise in die Welt der Kräuter und der Magie. Zum besseren Verständnis unserer Verbindung zur Natur und dem Umsetzen der zahlreichen einfachen Rezepte enthält es einige Geschichten von meiner Bonus-Großmutter und mir, Bibi. Denn Magie darf leicht gehen und das darf die Kräuterlehre auch.

Kräuter sind mehr als nur Küchengehilfen

Kräuter sind vielen Menschen nur als »Küchenkräuter« bekannt. Sie werden in der Küche in erster Linie verwendet, um den Geschmack zu verbessern und Speisen ein bestimmtes Aroma zu verleihen. Kräuter zählen zu den pflanzlichen Nahrungsmitteln, wobei sich der Begriff des Krauts vorwiegend auf nicht verholzte Pflanzen oder oberirdische Pflanzenteile bezieht, aber oftmals auch die Wurzeln einschließt. Vom Begriff der Kräuter zu unterscheiden sind die Heilpflanzen. Dazu gibt es ein altes Sprichwort: »Alle Heilpflanzen sind Kräuter, aber nicht alle Kräuter sind Heilpflanzen.«

Der Begriff »Kraut« stammt ursprünglich aus dem althochdeutschen Sprachgebrauch *(krut)* und bezeichnet eine sogenannte Nutzpflanze, also eine Pflanze, die entsprechende Vorteile bietet.

Geheimnisse und Hintergründe unserer Heilkräuterlehre

Nicht wenige Pflanzen fallen unter den Begriff »Kraut«. Zu den Kräutern zählen alle Pflanzen, die dank ihrer Wirkstoffe medizinische Eigenschaften besitzen. Viele der frühesten, ursprünglich noch wilden Kräuter fallen heute jedoch nicht mehr direkt in diese Kategorie, sondern gelten je nach Verwendung als Gewürzkräuter oder Genussmittel, dazu zählen zum Beispiel Tee, Kaffee oder Tabak. Oft weisen bereits die lateinischen Namen der Pflanzen auf die Verwendung als Heilpflanze hin, wie etwa der Namenszusatz *officinalis* (manchmal auch *officinale*). Der Zusatz *officinalis* bezieht sich auf die sogenannte *officina*, die Werkstatt, in der seit dem Mittelalter Heilmittel hergestellt wurden. Auch heute noch ist die Offizin nach wie vor ein fester Bestandteil der Apotheke und dient hier auch weiterhin der Herstellung von Arzneimitteln. Aus diesem Grund ist eine Pflanze mit der Endung *officinalis* leicht als Heilpflanze zu erkennen, die oftmals im Deutschen auch als »echte« Pflanze bezeichnet wird, wie beispielsweise *Salvia officinalis*, der Echte Salbei. Die Endung *vulgaris*, die im Lateinischen »gewöhnlich, alltäglich« bedeutet, findet sich häufig im Zusammenhang mit »gewöhnlichen« Heilpflanzen – wie beispielsweise Gewöhnlicher Thymian im Vergleich zu bestimmten anderen Sorten. Diese Eselsbrücke hat mir als Kind geholfen, schlau bei den Erwachsenen zu wirken, wenn sie über die Pflanzenlehre philosophierten.

Beispiele für Heilkräuter sind Kamille, Johanniskraut, Brennnessel, Brombeerblätter und Pfefferminze. Manche der Heilkräuter, wie die gerade genannte Kamille, der Lavendel oder die Melisse, sind samt ihrer Heilwirkung allgemein bekannt. Bei anderen sind die Kenntnisse über ihre Heilwirkung noch nicht verbreitet. Du kannst davon ausgehen, dass jede Pflanze, die in deinem Garten oder am Wegesrand wächst, auch eine heilsame Wirkung hat – nur wissen wir dies oftmals nicht, weil das Wissen in Vergessenheit geraten ist. Mutter Natur beschenkt uns jedoch auf wundervolle Weise.

Der Umstand, dass Heilkräuter Stoffe aus der Natur sind, darf uns jedoch nicht zu dem Irrglauben verleiten, dass sie deswegen harmlos seien. Gerade im Bereich der Gesundheit sollten wir stets einen Apotheker, Heilpraktiker oder Arzt befragen, denn die natürlichen Inhaltsstoffe der Natur sind stets komplex und können Nebenwirkungen, Wechselwirkungen und Allergien auslösen.

Einige Pflanzen sind stärker, andere weniger heilend und können den Körper auch auf andere Weise beeinflussen. Es gibt Heilpflanzen, Nutzpflanzen und Blumen, die uns nur durch ihre energetischen Signaturen Heilung und Kraft schenken. Das ist auch der Grund, weshalb kranke Menschen oft Blumen geschenkt bekommen.

Und natürlich gibt es auch giftige Pflanzen. Vor ihnen sollten wir uns in Acht nehmen, doch auch sie zeigen letztlich nur, wie wirksam alles ist, was wir in der grünen Apotheke finden.

Kultur- oder Wildpflanze?

Kulturpflanzen, die durch Selektion, Kreuzung und andere genetische Manipulationen gewonnen werden, sind das Ergebnis der fortschreitenden evolutionären Anpassung der Pflanze an Umweltbedingungen. Wildpflanzen wachsen ohne menschliches Zutun.

Im Gegensatz zu Zierpflanzen sind Wildpflanzen wilde, krautige Pflanzen, die nicht vom Menschen kultiviert wurden. Aufgrund jahrhundertelanger Anpassung sind die heimischen Wildkräuter eine wichtige Nahrungsquelle für unsere Insekten. Das Wort »Wildpflanze« ist also auch ein positiver Begriff für ein sogenanntes Unkraut. Beispiele für Wildkräuter sind Brennnessel, Bärlauch, Kamille, Schafgarbe, Sauerampfer und Löwenzahn.

Wie habe ich es geliebt, in dem Teil von Annelieses buntem, wildwüchsigem Kräutergarten den Bienen beim Fliegen, den Käfern beim Spazieren und den Würmern beim Graben zuzusehen. Jeder sollte einen Teil in seinem Garten wild wachsen lassen, denn er ist das Zuhause vieler Tiere.

Es ist immer noch üblich, Wildpflanzen als Heilpflanzen zu sammeln. Vielleicht wachsen bereits viele Wildkräuter in deinem Garten und bestimmt findest du unterwegs noch weitere Wildkräuter. Auch der gezielte Anbau ist wegen der zahlreichen Geschmacksrichtungen und Anwendbarkeit sinnvoll, daher rate ich dir sehr dazu, in deinem Garten oder auf deinem Balkon gezielt Kräuter zu ziehen.

Pflanzen als Hausmittel

Hausmittel sind regional sehr unterschiedlich. In Süddeutschland wird beispielsweise Heilwolle verwendet, in Norddeutschland setzt man Pfefferwickel mit Honig bei Halsschmerzen ein und auf dem Balkan Knoblauchjoghurt bei Verdauungsbeschwerden. Die Vielfalt der Hausmittel ist groß und hängt immer von der örtlichen Verfügbarkeit ab. Anneliese lehrte mich, dass wir unsere regionalen Kräuter nutzen sollten, da auch wir in dieser Gegend »heranwuchsen« und unser Körper sie daher leichter akzeptieren würde als Kräuter aus fremden Kulturen.

Hausmittel tun unserer Seele gut, weil sie uns wieder mit der Natur und ihren Wirkweisen in Verbindung bringen. Bereits meine Großmutter sagte stets: »Wenn du dir etwas Gutes tun willst, dann lege dich auf eine blühende Wiese, umgeben von frischer Luft und der strahlenden Sonne.« Heute wissen wir aus zahlreichen Studien, dass bereits fünf Minuten in der Natur die Seele glücklich machen und den Serotoninspiegel erhöhen können.

Viele Menschen spüren, dass Pflanzen eine entspannende Wirkung auf Körper, Geist und Seele haben. Immer wenn es mir nicht gut ging, war es eine Wohltat, eine Runde im Garten meiner Großmutter zu gehen. Wissenschaftliche Studien haben gezeigt, dass Menschen schwierige Situationen besser meistern, wenn sie Pflanzen in der Nähe sehen oder haben. Es ist eine bekannte Tatsache, dass die Genesung nach einer Operation schneller voranschreitet, wenn Pflanzen im Krankenzimmer stehen. Heilpflanzen und Kräuter wirken auf unsere Sinne und können offensichtlich glücklich machen, den Geschmack von Speisen verbessern und wohltuend auf unseren Körper wirken. Ein weiterer wichtiger Aspekt von Pflanzen besteht darin, dass das Leben der Tiere und Menschen auf der Erde ohne sie nicht möglich ist, denn Pflanzen produzieren die lebenswichtige Luft, die wir atmen. Sie sind für den wesentlichen Reinigungsprozess unentbehrlich. Sie sind das Grundnahrungsmittel von Mensch und Tier und damit die Grundlage aller anderen Produkte.

Die Grundlage des Pflanzenlebens ist die Erde, das Reich der Mineralien, Metalle und Spurenelemente. Innerhalb dieses Kreislaufs leben auch unsere Heilpflanzen, die aus einer Mischung verschiedener Wirkstoffe bestehen, die sich gegenseitig unterstützen und ausgleichen. Es ist, als befänden sie sich in einem wunderbaren und sehr komplexen Gleichgewicht verschiedener Kräfte. Pflanzen bestehen nicht nur aus ihrem Äußeren oder ihren Inhaltsstoffen, sondern auch aus der Lebenskraft, die die Chinesen »Essenz« oder »Chi« nennen, eine energetische Signatur, mit der wir uns verbinden können. Solche Überzeugungen finden sich auch hier bei uns. Viele Kräuterkundige wissen, dass jede Pflanze eine »Deva« hat, einen innewohnenden Geist in der Pflanze, mit dem wir in Kontakt treten können.

Meine Großmutter hat immer darauf bestanden, dass ich, bevor ich eine Pflanze oder ein Kraut pflückte, den Pflanzengeist befragte. Somit wurde sichergestellt, dass ich Respekt und Wohlwollen gegenüber der Natur ausdrückte. Vielleicht kannst auch du das in deinen Alltag integrieren. Es bringt dich mehr in die innere Wahrnehmung und dadurch lernst du auch, dich besser zu spüren.

Unsere Kultur hat viele unterschiedliche Sichtweisen auf Pflanzen und Kräuterwissen. Eine dieser Perspektiven umfasst die Bestandteile, Moleküle und Strukturen von Pflanzen. Die verschiedenen Bestandteile der Pflanze haben eine Wirkung auf den menschlichen Körper, die wir gezielt für die Behandlung nutzen können. Auch Pharmaunternehmen nutzen die medizinischen Eigenschaften der Pflanze und synthetisieren einzelne Wirkstoffe, um Medikamente für den Menschen herzustellen.

Der Ansatz von Kräuterfrauen ist allerdings ein ganz anderer, denn hier gilt die ganze Pflanze als Heilpflanze. Es gibt sogar die Überzeugung, dass in unserer unmittelbaren Nähe immer genau die Pflanze wächst, die wir für unsere Gesundung brauchen – ein wunderschöner Gedanke, wie ich finde.

Daneben findet sich unter anderem die mythologische Ebene. Hier sind es die Geschichten, die versuchen, Pflanzenkräfte zu beschreiben und zu erschließen – in Form von Götterbildern, Mythen, Archetypen, Märchen und Legenden. Im bekannten Märchen von Frau Holle findet sich bis heute die Nähe zum Holunder. Bereits in ihrem Namen »Holle« hört man die Verwandtschaft zum Holunder heraus. Dessen weiße Blüten sehen aus wie der Schnee, den Frau Holle im Märchen schneien lässt. Geschichten wie diese wirken heilend auf unsere Seele, weil sie uns in ein größeres Netz aus Sinnzusammenhängen einbinden.

Ein Holunderstrauch in der Nähe des Hauses soll Glück bringen und das Böse fernhalten, außerdem gilt Frau Holle als allgegenwärtige Muttergöttin, die über das Wetter, die Elemente und die Jahreszeiten regiert. Frau Holle – »Holda«, »Hulda« oder »Holla« – reicht zurück bis in die Jungsteinzeit und tritt in ihrer dreifachen Gestalt auf: Jungfrau, Liebesgöttin und alte Weise. Frau Holle symbolisiert für mich den Kreislauf des Lebens, einer Pflanze, eines Menschen, eines Krauts und der Natur. Jungfräulich erwachsen wir, zur Liebesgöttin steigen wir auf und als alte Weise gehen wir zurück. Die Natur spiegelt uns alles.

Ganz bewusst habe ich in diesem Buch meine Märchen, meine Geschichten mit Anneliese und meine Erinnerungen an sie eingebracht. Sie sollen die Fülle und Weisheit der Kräuterwelt für uns Menschen, insbesondere für das Weibliche in uns, veranschaulichen und aufzeigen, wie Kinder die Energien der Pflanzen wahrnehmen. Dieses Buch richtet sich sowohl an Kinder als auch an Erwachsene, denn wir alle sind Teil des Lebenskreislaufs. Indem wir uns erinnern, finden wir zurück zu unserer Essenz, die uns täglich aufs Neue erfrischt und belebt. Durch diese Geschichten lebt ein Teil von Anneliese fort, und ich bin sehr stolz darauf, sie weitergeben zu dürfen.

Kapitel 2

Kleines ABC der Pflanzen und Wirkstoffe und deren Verwendung

Damit die Magie der Hausmittel vollständig zur Geltung kommt und du bald selbstständig Cremes, Salben und Tinkturen herstellen kannst, gilt es, die im Folgenden aufgeführten Dinge immer im Haus zu haben.

Utensilien, um zauberhafte Hausmittel selbst herzustellen

Die wichtigste Grundausstattung:

- Baumwolltücher in verschiedenen Größen
- (feuerfeste) Schüsseln in verschiedenen Größen
- Kochtöpfe
- Siebe
- Wärmflasche oder Körnerkissen
- Badethermometer
- Schraubgläser, Flaschen und/oder Tiegel in verschiedenen Größen

Grundzutaten:

- Quark
- Zitronen
- Zwiebeln
- Kartoffeln
- Ingwer
- Meerrettich
- Äpfel, Bananen, Karotten (pektinhaltige Lebensmittel)
- Apfelessig
- Salz
- verschiedene Tees
- verschiedene Öle

Doch bevor wir uns mit den Pflanzen und Kräutern selbst beschäftigen, gehe ich auf allgemeinere Themen ein, denn sie sind oft für die Kräuterrezepte wichtig und für das Wissen über deren Herstellung und dahinterliegende Energie unabdingbar.

Großmutters Tipp

Zerkleinere Kräuter erst dann, wenn sie gebraucht werden. Um die ätherischen Öle zu erhalten, sollte man Kräuter eher im Ganzen aufbewahren.

Öle, Salben, Umschläge und Tinkturen

Heute haben wir einen wissenschaftlichen Blick auf die Welt, weil Forscher uns die Zusammenhänge aller Dinge erklären. Früher war das anders. Die Geheimnisse der Natur erschlossen sich den Menschen durch ein intimes Naturverständnis, genaues Beobachten, Intuition und Erfahrung und sie gaben ihr Wissen über die Jahrtausende mündlich weiter. So wurden auch viele der heutigen alternativen Anwendungsgebiete, wie Aromatherapie oder das Herstellen von Salben und Tinkturen, von Generation zu Generation weitergereicht.

Der Ölauszug – Aroma für die Seele

Natürliche Pflanzenöle enthalten viele wohltuende Eigenschaften, die für eine natürliche Hautpflege unerlässlich sind. Ölextrakte, auch Ölmazerate genannt, nutzen die fettlöslichen Wirkstoffe der Pflanze, um Haut und Haar zu pflegen und gesundheitliche Probleme zu lindern. Ölextrakte können beispielsweise als entspannende Massageöle verwendet oder zu Salben, Cremes oder Naturseifen verarbeitet werden.

Die Wahl des Basisöls für die Extraktion hängt von den gewünschten Eigenschaften des fertigen Öls ab. Wenn du Naturkosmetik mit Ölextrakten herstellen möchtest, solltest du für deinen Hauttyp geeignete Basisöle verwenden. Es gibt Pflanzenole, wie Hanfsamenöl und Walnussöl, die gut für die Pflege empfindlicher Haut geeignet sind, während andere sich besser für trockene, reife, unreine oder fettige Haut einsetzen lassen. Zudem ist die Haltbarkeit der verschiedenen Öle sehr unterschiedlich. Beispielsweise hält Sonnenblumenöl nur ein Jahr, während Olivenöl mehrere Jahre hält, aber teurer ist und wie Kokosöl einen langen Weg zurückgelegt hat. Wenn du ein Öl wie Lavendelöl oder Rosenblütenöl bevorzugst, probiere als Basisöl Mandelöl oder Jojobaöl.

Für die Ölmazeration gibt es zwei Methoden: kalt und heiß.

Ölauszug Kaltmethode

Die Kaltmethode erfordert etwas Geduld, ist aber wesentlich schonender. Der Reifeprozess dauert bei der Kaltextraktion mehrere Wochen, dafür bleiben aber auch die meisten Inhaltsstoffe enthalten, das Öl ist effektiver und gesünder. Hierzu müssen die verwendeten Pflanzenteile getrocknet werden, denn wenn die frische Pflanze noch zu feucht ist, erhöht dies das Schimmelrisiko. Wichtig ist auch, abgestorbene, welke und braune Pflanzenteile auszusortieren.

Zutaten

- getrocknete Pflanzenteile
- großes, verschließbares Glas
- Basisöl
- Teefilter
- dunkle Glasflasche, verschließbar

Zubereitung

1. Die getrockneten Pflanzenteile in das Glas geben und das Basisöl eingießen, bis alle Pflanzenteile vollständig bedeckt sind.
2. Das Glas schließen und drei bis sechs Wochen bei Raumtemperatur ohne direkte Sonneneinstrahlung reifen lassen.
3. Dabei die Flasche alle zwei Tage vorsichtig schütteln, um den Wirkstoff besser aufzulösen und Schimmel zu vermeiden. Wenn sich Wassertropfen auf der Abdeckung bilden, vorsichtig mit einem sauberen Tuch abwischen.
4. Nach der Einwirkzeit das Öl durch einen Teefilter in eine saubere Flasche aus dunklem Glas gießen.

Ölauszug Heißmethode

Die Heißmethode geht wesentlich schneller und benötigt nur vier Tage statt mehrerer Wochen. Bei dieser Variante wird das Öl erhitzt, damit die Pflanzenwirkstoffe schneller in das Öl übergehen. Beim Erhitzen gehen jedoch viele Inhaltsstoffe und wertvolle ätherische Öle verloren. Verwende diese Methode also nur, wenn du es eilig hast.

Zutaten

- getrocknete Pflanzenteile
- großes, verschließbares Glas
- Basisöl
- Topf mit Wasser
- Teefilter
- dunkle Glasflasche, verschließbar

Zubereitung

1. Die getrockneten Pflanzenteile in das Glas geben und das Basisöl eingießen, bis alle Pflanzenteile vollständig bedeckt sind.
2. Einen kleinen Topf mit 3–4 cm Wasser füllen, das Glas in das Wasserbad stellen und langsam auf dem Herd auf 60 °C erhitzen. Das Wasser sollte nicht kochen.
3. Das Öl 2 Stunden bei dieser Temperatur im Wasserbad lassen, dann herausnehmen und abkühlen lassen.
4. Dann das Glas verschließen und bei angenehm warmer Zimmertemperatur 3–4 Tage ziehen lassen.
5. Nach der Einwirkzeit das Öl durch einen Teefilter in eine saubere Flasche aus dunklem Glas gießen.

Außer der rein praktischen Anwendung dienen Öle auch der rituellen Reinigung und zum Schutz. Hierzu werden die Öle auf die Haut aufgetragen, in Duftlampen verbrannt oder auf magische Talismane gerieben. Diese magischen Öle können Liebesöle, Schutzöle und Glücksöle sein. Du kannst diese Öle zusätzlich bei Vollmond aufladen oder sie mit Zaubersprüchen verstärken.

Kokosöl als Sonnenschutz

Zutaten

- Sheabutter und Kokosöl zu gleichen Teilen
- dunkle Glasflasche, verschließbar

Zubereitung

1. Die Sheabutter mit dem Kokosöl in einen kleinen Topf geben und im Wasserbad erwärmen, bis sie flüssig ist.
2. Dann in eine dunkle Flasche füllen und abkühlen lassen.

Anwendung

Bei Bedarf als Sonnenschutz auf dem gesamten Körper auftragen.

Wirkung

Wirkt als Sonnenschutz und ist enorm feuchtigkeitsspendend.

Salz-Öl-Peeling als Duschgelersatz – perfekt zur Abwehr negativer Energien

Zutaten

- 5–7 EL Meersalz
- 5 EL Bio-Olivenöl
- 5 EL Kokosöl
- 3–5 Tropfen ätherisches Lavendelöl

Zubereitung

1. Das Meersalz in ein schönes Glas füllen und mit Olivenöl und Kokosöl aufgießen.
2. Dann das ätherische Öl zugeben.
3. Die Mischung verrühren und das Glas gut verschließen. Das Peelingsalz ist mindestens ein Jahr haltbar.

Anwendung

Wunderbar als Duschgelersatz geeignet. Das Peeling kann zwei- bis dreimal in der Woche angewendet werden.

Wirkung

Dieses Peeling ist perfekt für den Körper. Es klärt die Energien und bringt Power.

Baby-Massageöl für zarte Haut

Zutaten

- 50 ml Kokosöl
- 10 Tropfen Lavendeltinktur
- Glas oder Flasche mit Verschluss

Zubereitung

1. Die Zutaten gründlich miteinander vermischen.
2. Dann in ein Glas oder eine Flasche füllen und dies/e gut verschließen.

Anwendung

Kann als Massageöl für Babys oder auch für Erwachsene verwendet werden. Einfach ein paar Tropfen sanft in die Haut einmassieren.

Wirkung

Dieses Massageöl riecht gut und macht die Haut geschmeidig und babyweich.

Kokosöl-Badezusatz für sensible Babyhaut

Zutaten

- 250 ml Milch
- 1 EL Honig
- 1 EL Kokosöl

Zubereitung

1. Die Milch in einem Topf erwärmen, sie sollte nicht kochen.
2. Den Honig einrühren, bis er sich vollständig aufgelöst hat.
3. Dann vom Herd nehmen und gut 10 Minuten abkühlen lassen.
4. Danach das Kokosöl unterrühren.

Anwendung

Die gesamte Mischung ins Badewasser rühren. Als Badezusatz für geschmeidige Haut verwenden, um diese zu verjüngen.

Wirkung

Milch und Honig sind sanfte Nahrung für die Haut. Als Badezusatz reinigen und pflegen sie die erwachsene wie auch die sensible Babyhaut.

Milch-Öl-Bad gegen trockene Haut

Zutaten

- 1 Tasse Bio-Vollmilch
- 1 EL Olivenöl oder 50 ml Mandelöl

Zubereitung

1. Die Milch in einem Topf auf dem Herd leicht erwärmen, bis sie lauwarm ist.
2. Dann das Öl einrühren.
3. Die Mischung ins handwarme Badewasser geben.

Anwendung

Nach dem Baden das Wasser nur leicht abstreifen und den Ölfilm sanft in die Haut einmassieren. Bei trockener Haut nicht öfter als zweimal wöchentlich durchführen. Nicht zu heiß und möglichst kurz baden.

Wirkung

Die Milch und das Öl machen die Haut geschmeidig und glänzend. Außerdem helfen die darin enthaltenen Vitamine, die Haut zu straffen und zu verjüngen.

Olivenölseife zur schonenden Reinigung

Zutaten

- 175 g Natronlauge
- 390 ml destilliertes Wasser oder Kräutertee
- 300 ml Kokosöl
- 50 ml Rizinusöl
- 50 g Kakaobutter oder Bienenwachs
- 900 ml Olivenöl
- optional: 1 TL rote Tonerde, Kosmetikqualität
- optional: 30 ml ätherisches Öl
- optional: 2 EL zerkleinertes Pflanzenmaterial, zum Beispiel Ringelblume, Kräuter, Mohn, Kaffee

Hinweis

Bitte bei der Herstellung besonders die Sicherheitsregeln beachten: Schutzbrille und Handschuhe verwenden. Kleinkinder und Haustiere aussperren.

Zubereitung

1. Eine Seifenform vorbereiten und mit einem Gefrierbeutel auskleiden. Dabei darauf achten, dass die Außenseiten des Beutels nicht mit der Seife in Berührung kommen.
2. Die Arbeitsgeräte vorbereiten und eine Schutzbrille und Handschuhe überziehen.
3. Die Natronlauge grammgenau auswiegen, in eine Schüssel geben und das destillierte Wasser in die Natronlauge einrühren (Achtung: sehr heiß und chemisch!). Dann auskühlen lassen. Die Natronlauge muss vollständig aufgelöst sein, bei Bedarf durch ein Kunststoffsieb abseihen.
4. Kokosöl, Rizinusöl und Kakaobutter oder Bienenwachs bei sanfter Hitze erwärmen und verrühren, bis sich alles verbunden hat, danach das Olivenöl dazugeben. Die Mischung auf 38–40 °C abkühlen lassen.
5. Dann die Natronlauge vorsichtig unter ständigem Rühren zu dem abgekühlten Öl gießen – bitte wieder Schutzbrille und Handschuhe tragen.
6. Anschließend die Seife mit einem Stabmixer zum Andicken mixen.
7. Bei Verwendung von Tonerde diese mit wenig destilliertem Wasser zu einer homogenen Masse verrühren und die Hälfte der Seifenmasse damit einfärben. In diesem Fall die gefärbte und die ungefärbte Seifenmasse abwechselnd in die Form gießen.

8. Bei Verwendung von ätherischen Ölen oder zerkleinerten Pflanzenteilen diese vor dem Abfüllen untermischen.
9. Die Seifenmasse in die Form gießen, mit einer Kunststofffolie abdecken und die Seifenform mit einer Decke oder einem großen Handtuch einwickeln. Die Seife soll langsam abkühlen.
10. Der Seifenblock kann nach 24 Stunden geschnitten werden.
11. Die Seife sollte mindestens sechs bis acht Wochen reifen und trocknen. Das ist sehr wichtig.

Anwendung
Diese Seife eignet sich hervorragend zur täglichen Verwendung.

Wirkung
Das Kokosöl pflegt und verleiht der Haut einen angenehmen und exotischen Duft.

Salben – die cremige Heilenergie

Salben bestehen aus Ölen und Wachsen und werden häufig zur Behandlung von Hautproblemen eingesetzt. Für ihre Herstellung ist es wichtig zu wissen, welche Eigenschaften und Wirkungen die Öle und Wachse haben, zudem sind die folgenden Schritte zu beachten und natürlich ist die Hygiene dabei sehr wichtig.

Die Auswahl der Öle und Wachse hängt von der gewünschten Wirkung ab, geschmolzen wird in einem Wasserbad oder einer Mikrowelle. Anschlie ßend werden die Ole und Wachse abgekühlt und gleichmäßig gerührt. In dieser Phase können Pflanzenextrakte oder ätherische Öle hinzugefügt werden. Nach dem Auskühlen wird die Salbe abgefüllt.

Außerdem solltest du, bevor du loslegst, überlegen, ob du gegen die eine oder andere Substanz allergisch bist.

Salbe aus Öl und Bienenwachs

Zutaten

- 2 g Bienenwachs
- 30 ml hochwertiges biologisches Öl wie Oliven- oder Kokosöl
- optional: ätherische Öle und Wirkstoffe nach Wahl

Zubereitung

1. Wachs und Öl in einem großen Glas vermischen und dieses in ein warmes Wasserbad stellen.
2. Wenn sich das Wachs aufgelöst hat, die Mischung umrühren.
3. Um die Konsistenz zu prüfen, ein paar Tropfen auf einen kalten Teller geben und erkalten lassen. Je nach Bedarf Öl oder Wachs ergänzen.
4. Die Mischung aus dem Wasserbad nehmen, sobald du mit der Konsistenz zufrieden bist. Dann die Salbe auf Handwärme abkühlen lassen.
5. Nun die ätherischen Öle und Wirkstoffe nach Wahl hinzufügen und gut untermischen.
6. Wenn die Salbe abgekühlt ist, den Behälter verschließen.

Anwendung

Bei Bedarf auftragen.

Wirkung

Diese Salbe wirkt pflegend bei rissiger und spröder Haut und kann zur Lockerung von Narbengewebe dienen.

Salbe aus Öl und Bienenwachs – erweitert

Zutaten

- 1 g Bienenwachs
- 30 ml hochwertiges biologisches Öl, wie Oliven- oder Kokosöl
- 4 g Lanolin, Sheabutter oder Kakaobutter

Zubereitung

1. Wachs und Öl wie beim einfachen Grundrezept für Salben verrühren, dabei Lanolin, Sheabutter oder Kakaobutter einrühren und alles zusammen im Wasserbad erwärmen.
2. Die übrigen Schritte 2–6 wie auf S. 46 beschrieben durchführen.

Anwendung

Die Salbe kann bei Bedarf aufgetragen werden.

Wirkung

Mit den zusätzlichen Fetten wird die Salbe cremiger und leichter zu verteilen. Diese Salbe wirkt bei rissiger und spröder Haut pflegend. Die Sheabutter oder die Kakaobutter machen diese Salbe wohlriechend und noch leichter aufzutragen.

Cremes – Pflege für die Haut

Im Unterschied zu einer Salbe besteht eine Creme – ähnlich wie das Hautfett – aus einer Verbindung von Öl und Wasser. Für die richtige Konsistenz müssen Öl und Wasser miteinander verbunden werden, was gar nicht so einfach ist. Wenn du schon einmal Essig und Öl dabei betrachtet hast, wie sie sich weigern, sich zu vermischen, weißt du, wovon ich spreche. Ich zeige dir genau, wie es geht.

Großmutters Tipp

Naturbelassene Cremes und Salben helfen dem Körper, sich basisch zu halten. In einem basischen Milieu können Überlieferungen zur Folge keine Krankheiten entstehen.

Basiscreme

Zutaten

- 100 ml Basisöl
- 15 g Bienenwachs
- 15 g Wollwachs oder Kakaobutter
- 50 ml Kräutertee, zum Beispiel Frauenmanteltee
- 50 ml Hydrolat, zum Beispiel Rosenwasser
- 3–4 Tropfen eines ätherischen Öls, zum Beispiel Rose oder Lavendel

Vorbereitung

1. Zunächst die Geräte sterilisieren und dann die Zutaten für die sogenannte Fettphase abwiegen. Dies sind in unserem Fall das Basisöl,

Bienenwachs und Wollwachs oder Kakaobutter.

2. Für die Wasserphase einen Kräutertee, zum Beispiel aus beruhigendem Frauenmantel, herstellen.
3. Passend zur Menge des Öls 50 ml des Tees mit 50 ml Hydrolat, wie beispielsweise Rosenwasser, vermischen.

Fett- und Wasserphase verbinden

1. Das Basisöl in einem kleinen Topf oder einem feuerfesten Glas im Wasserbad bei niedriger Temperatur von 40–60 °C erwärmen. Aber Achtung: Zu große Hitze schadet den Inhaltsstoffen!
2. Bienenwachs und Wollwachs oder Kakaobutter hinzugeben und alles langsam schmelzen lassen.
3. Die ebenfalls temperierte Wasserphase vorsichtig in die Fettphase gießen. Beides vermischen und kontinuierlich immer weiterrühren.
4. Wenn das Gefäß nicht mehr heiß ist, kann es zum schnelleren Abkühlen in ein kaltes Wasserbad gestellt werden. Wichtig: Dabei ständig weiterrühren, bis die Creme völlig erkaltet ist – sonst trennen sich Fett- und Wasserphase wieder.

Beduften und abfüllen

1. Kurz bevor die Creme fest wird, das ätherische Öl zugeben und einrühren.

2. Hier gilt wie bei der Salbe: Bedufte nach deinen Vorlieben, verstärke die Wirkung der Creme durch das ätherische Öl und verlängere damit auch die Haltbarkeit.
3. Dann die Creme in einen Tiegel abfüllen und mit Küchenpapier abdecken. Erst nach vier bis fünf Stunden das Gefäß fest verschließen und mit einem Etikett versehen. Dunkel und kühl lagern. Bei Bedarf etwas Creme mit einem Spatel entnehmen. So ist die Creme drei bis vier Monate haltbar.

Tinkturen – die magischen Elixiere

Tinkturen können aus frischen oder getrockneten Pflanzen hergestellt werden. Eine Tinktur aus Frischpflanzen ist eine Urtinktur und wird beispielsweise zur Herstellung von homöopathischen Mitteln verwendet.

Es gibt verschiedene Philosophien zur Herstellung von Tinkturen. Die klassische Pharmazie sagt, jede Medizin solle einen möglichst hohen Wirkstoffgehalt haben. Die energetische Signatur der Pflanze wird dabei ignoriert. Traditionelle Kräuterkundige wie Paracelsus, Hahnemann et cetera hingegen vertreten den Standpunkt, dass nur die gesunde Pflanze mitsamt ihrem lebendigen, feinstofflichen Wesen in der Lage ist zu heilen. Die feinstofflichen Informationen werden am besten durch das Medium Wasser übertragen, da Wasser ein Erinnerungsvermögen hat und sowohl der pflanzliche als auch der menschliche Organismus einen Wasserhaushalt besitzt, über den die Informationen direkt weitergegeben werden können.

Auch innerhalb der Kräuterkunde unterscheiden sich die Philosophien und damit die Herstellungsmethoden. Hahnemann ging davon aus, dass das Wesen der Pflanze allein heilt. Das geistige Prinzip der Pflanze ist für die Heilung wichtig. Paracelsus verwendete 40- bis 50-prozentigen Weingeist. Er war der Meinung, ein guter Weingeist sei für sich schon heilsam und schade nicht. Eine Methode, bei der zuerst eine Tinktur hergestellt wird, dann die Extrakte der Pflanze getrocknet, verascht und alle Pflanzenteile und die darin enthaltenen Mineralien der Tinktur zugesetzt werden, nennt man Spagyrik. Sie enthält nach dem geistigen Prinzip die Essenz der ganzen Pflanze und dient dazu, einerseits ausreichend Wirkstoffe zu gewinnen und andererseits die Eigenschaften der Pflanze zu erhalten. Zudem muss die Tinktur lange stabil bleiben.

Warum verwenden wir flüssige Pflanzenauszüge? Flüssigkeiten werden vom Körper am besten metabolisch aufgenommen. Der Geschmack wird über die Schleimhäute als Information direkt an die Zellen weitergegeben und die Dosierung lässt sich tropfenweise den jeweiligen Erfordernissen anpassen.

Es gibt wasserlösliche und alkohollösliche Wirkstoffe. Je härter der Pflanzenteil, desto höher der Alkoholgehalt. Frische Pflanzen enthalten mehr Feuchtigkeit. Da bei der Extraktion sowohl wasserlösliche als auch alkohollösliche Stoffe extrahiert werden, ist es sinnvoll, aus einer Pflanze zwei Tinkturen mit unterschiedlichem Alkoholgehalt herzustellen, etwa wenn Saponine und ätherische Öle enthalten sein können. Du kannst auch saisonale Tinkturen herstellen.

Herstellung

1. Im Frühling Kräuter und Blumen und im Herbst Wurzeln ernten.
2. Die Pflanzen in ein verschließbares Glas geben und mit Alkohol beträufeln. Bei frischen Pflanzen einen Teil Vegetation sowie drei Teile Alkohol und bei getrockneten Pflanzen einen Teil Vegetation sowie fünf Teile Alkohol verwenden. Die Pflanze sollte immer vollständig mit Alkohol bedeckt sein.

3. Der Auszug sollte mindestens vier bis sechs Wochen erfolgen, kann aber auch länger dauern. Während dieser Zeit mehrmals schütteln.
4. Wenn die Tinktur fertig ist, filtern und in dunkle Gläser abfüllen. Nicht an hellen oder warmen Orten, sondern idealerweise bei Temperaturen zwischen 15 und 18 °C lagern.
5. Eine Ausnahme stellt die Johanniskrauttinktur dar, die traditionell in der Sonne gereift wird.

Großmutters Tipp

Sammle nur Kräuter, die du auch wirklich kennst. Mache dies am Vormittag, nachdem der Morgentau verflogen ist. Ab Mittag solltest du keine Kräuter mehr sammeln.

Die Urtinktur – der Geist aus der Flasche

Als Urtinktur bezeichnet man den alkoholischen Auszug der frischen, zerkleinerten oder gepressten Pflanze. Die Urtinkturen sind die Basis der homöopathischen Zubereitungen und stehen in großer Auswahl zur Verfügung, denn gegen jedes Leiden ist ein Kraut gewachsen.

Wickeln und Kompressen – heilsame Hilfen von außen

Ein Brustwickel – oder »Topfenwickel«, wie ihn meine Großmutter nannte – ist ein Umschlag um die Brust, der von der Achselhöhle bis zum Rippenbogen reicht. Das Hausmittel wird seit Jahrhunderten eingesetzt, um typische

Beschwerden bei Atemwegserkrankungen zu lindern. So helfen Brustwickel bei Bronchitis und Husten.

Bei leichten Symptomen können diese Wickel klassische schulmedizinische Maßnahmen ersetzen. Bei schwereren Erkrankungen können sie ergänzend – etwa zu einer Behandlung mit Antibiotika die Beschwerden lindern und so das allgemeine Wohlbefinden steigern.

Wir unterscheiden zwischen heißen und kalten Brustwickeln. Sehr oft werden Brustwickel mit heißem oder kaltem Wasser hergestellt, man bezeichnet sie dann als feuchte Brustwickel. Verschiedene Zusätze wie Kräutertee, beispielsweise Thymiantee, oder Zitronensaft können die Wirkung des Wickels steigern. Für einen trockenen Brustwickel eignen sich beispielsweise Kartoffeln sehr gut. Auch Quark und bestimmte ätherische Öle sind beliebte Zusätze für Brustwickel.

Quarkwickel sind kühle oder leicht angewärmte Umschläge, die um Teile des Körpers gewickelt werden. Sie bestehen in der Regel aus drei Stofflagen: Die erste Lage enthält den Quark, die zweite und dritte Lage decken die Quarkauflage ab und halten die betroffene Körperstelle warm. Je nachdem, welche Beschwerden damit behandelt werden sollen, werden Quarkwickel zum Beispiel als Hals- oder Brustwickel eingesetzt. Bei Prellungen oder entzündeten Gelenken werden sie um die betroffene Körperpartie gewickelt. Beliebte Arten des Quarkwickels sind Wickel im Brustbereich, bei Halsschmerzen, am Knie und am Fuß.

Umschlag mit essigsaurer Tonerde

Früher wurde essigsaure Tonerde häufig als Hausmittel in Form von Wickeln oder Kompressen angewendet. Vor allem bei Insektenstichen, Sonnenbrand und Prellungen, Verstauchungen oder Gelenkentzündungen kann das Hausmittel in Form eines Wickels oder einer Kompresse helfen.

Zutaten

- essigsaure Tonerde, als Lösung
- Innentuch aus Baumwolle oder Leinen
- Zwischentuch aus Baumwolle, Leinen oder ein Frottiertuch
- Außentuch, also ein Woll-, Frottier- oder Moltontuch
- Befestigungsmaterial wie Pflaster, Mullbinde

Zubereitung

1. Die Tonerde nach Packungsanweisung mit Wasser verdünnen und das Innentuch damit tränken. Dieses Tuch um die zu behandelnde Stelle wickeln.
2. Das Zwischentuch über das Innentuch wickeln und darüber das Außentuch anbringen.
3. Den Umschlag mit Pflaster oder Mullbinden befestigen.

Kompresse mit essigsaurer Tonerde

Für eine Kompresse mit essigsaurer Tonerde brauchst du anstelle von Innen-, Zwischen- und Außentuch ein saugfähiges Stück Stoff, ideal ist ein rechteckiges Stoffpolster aus Verbandmull, Vliesstoff oder ähnlichem Material.

Aromatherapie – die Seele des Duftes

Grundlage der Aromatherapie sind die ätherischen Öle, die aus Pflanzen durch Destillation, Pressen, Schneiden von Pflanzenteilen und andere Verfahren gewonnen werden. Ätherische Öle sind die reinen flüssigen Essenzen von Pflanzen. Ihr Wert ist seit der Antike bekannt. Sie wirken direkt auf das limbische System des Hirnstamms und damit auch auf mentaler und emotionaler Ebene. Um die höchsten Reinheits- und Qualitätsstandards zu gewährleisten, verwenden wir nur reine ätherische Öle in Lebensmittelqualität.

Anwendung/Dosierung

- Falls im Einzelfall nicht anders angegeben, dreimal täglich 1–3 Tropfen des ätherischen Öls in Tee oder Honig verrührt oder auf einem Stück Brot verzehren. Nie mehr als 9 Tropfen täglich einnehmen.
- Maximal 10 Tropfen ins Vollbad.
- Lippenblütler wie Thymian, Rosmarin, Salbei, Majoran, Minze und Ysop dürfen nicht für Kinder verwendet werden.

Wundermittel Natron – Großmutters Liebling

Wir alle kennen Backpulver aus Natron, das als Treibmittel für Kuchen, Gebäck und manchmal Brot verwendet wird. Allerdings wissen die wenigsten von uns, dass Natron auch ansonsten ein unschätzbarer Haushaltshelfer ist und es zahlreiche Hausmittel mit Natron gibt.

Natron wirkt sehr alkalisch und löst Schmutz und Fett und kann Sodbrennen, Mundgeruch und Kater lindern. Außerdem ist es wirksam gegen Insektenstiche, schlechten Geruch, Schweißfüße und Schimmel im Badezimmer. Es ist milder und besser verträglich als Backpulver, da Letzteres saure Be-

standteile, wie Weinsäure, und schimmelabtötende Mittel, wie Maisstärke, enthält. Natriumkarbonat war zu Zeiten meiner Großmutter ein großer Hit in meiner Familie.
Eine Kombination aus Essig und Natron kann helfen, verstopfte Abflüsse frei zu machen. Als Entstaubungsmittel entfernt Natron Gerüche von Teppichen und anderen Stoffen.

Gurgellösung für einen frischeren Atem

Bei Halsweh kann eine Gurgellösung aus Natronwasser helfen. Die Natronlösung verändert den pH-Wert der Schleimhäute in der betroffenen Region und macht den Bakterien das Leben schwer. Diese Lösung hilft auch dabei, einen frischen Atem zu bekommen.

Großmutters Tipp

Natron ist ein sanftes und kostengünstiges Hautpeeling, das du im Gesicht und am Körper anwenden kannst. Einfach auf die feuchte Haut auftragen und rubbeln, anschließend gut abspülen. Wirkt basisch auf den Körper.

Natron-Kaffee-Peeling gegen Cellulite

Zutaten

- 8 EL Kaffeesatz
- 3 EL Kokosöl
- 11 EL Natron

Zubereitung

1. Den Kaffeesatz mit dem Kokosöl und dem Natron mischen und in ein verschließbares Glasgefäß geben.

Anwendung

Verwende dieses Kaffeepeeling zweimal pro Woche und du wirst bereits nach kurzer Zeit deutliche Erfolge sehen.

Wirkung

Das Rezept stammt von meiner Großmutter und macht die Haut wieder glatter und vitaler.

Zahnpasta für weißere Zähne

Zutaten

- 250 g weißes Natron
- Tauwasser, destilliertes Wasser oder Quellwasser
- Salz
- 10 Tropfen Lavendelöl

Zubereitung

1. Das Natron mit Tauwasser, destilliertem Wasser oder Quellwasser aufgießen.
2. Etwas Salz und 10 Tropfen Lavendelöl dazugeben.
3. Alles miteinander verrühren.

Anwendung

Diese gesunde Zahnpasta ist für die tägliche Anwendung bestimmt.
Bei Kindern bis drei Jahre sollten allerdings innerlich keine ätherischen Öle verwendet werden. Getrocknete Kräuter eignen sich hier besser.

Wirkung

Hält die Zähne und das Zahnfleisch gesund und enthält kein Fluor.

Deodoriert im Nu – für einen angenehmeren Körperduft

30 Sekunden – nur so lange dauert die Zubereitung!

Zutaten

- ½ TL Natron
- Deoflasche
- 1–3 Tropfen ätherisches Öl, zum Beispiel Rose, Lavendel, Orange
- 100 ml Wasser

Zubereitung

1. Natron in eine Deoflasche füllen.
2. Das ätherische Öl zugeben und mit Wasser aufgießen.
3. Gut schütteln und mit Freude verwenden.

Anwendung

Das natürliche Deo kann mehrmals am Tag aufgetragen werden.

Wirkung

Für Eilige gibt es nun keine Ausreden mehr. Das Deodorant hemmt die Schweißbildung und spendet einen frischen Duft.

Der süße Honig – ein Alleskönner

Wann der Mensch dahinter kam dass Honig nicht nur süß ist, sondern auch heilende Eigenschaften hat, ist nicht überliefert. Früher sammelten sogenannte Honigjäger unter großer Gefahr die Honigwaben wilder Bienen aus Bäumen. Einige Jahrtausende vor Christus begann man erstmals, Bienen zu züchten. Viele Kulturen wie beispielsweise die Ägypter bezeichneten Honig als die Speise der Götter und bereits die alten Griechen wussten von seinen gesundheitsfördernden Eigenschaften. Die alten Germanen stellten aus Honig Met her, der nicht nur einfach getrunken wurde, sondern auch als Opfergabe diente.

Aber Honig ist nicht nur köstlich und süß, sondern hat auch eine antiseptische und antibakterielle Wirkung. Als Hausmittel wirkt er entzündungshemmend und unterstützt die Wundheilung. Auch bei Halsschmerzen und Erkältungen kann Honig helfen, da er wegen seiner antibakteriellen Wirkung bei Infektionen, Husten und einer verstopften Nase verwendet werden kann. Die antibakterielle Wirkung stammt von den Bienen selbst, die den Honig mit selbst produzierten Enzymen anreichern, durch die Wasserstoffperoxid entsteht, das desinfizierend wirkt.

Honigkur gegen Falten

Zutaten

- 10 g Bienenwachs
- 3 EL Bio-Honig

Zubereitung

1. Das Bienenwachs in einem Wasserbad bei kleiner Flamme schmelzen, dann etwas abkühlen lassen.
2. Wenn das Wachs circa 40 °C erreicht hat, den Bienenhonig einrühren.
3. Die Mischung so lange rühren, bis sie erkaltet ist.

Anwendung

Am besten dreimal wöchentlich auf Gesicht und Hals auftragen und länger einwirken lassen. Danach mit lauwarmem Wasser sanft abwaschen.

Wirkung

Durchblutet und macht die Haut samtweich und zart.

Honigpflege gegen Herpes

Zutaten

- 30 ml Olivenöl
- 10 g Bienenwachs
- 1 TL Honig
- 1 Tropfen ätherisches Melissenöl
- leere Lippenpflegebehälter (sind in der Apotheke erhältlich)

Zubereitung

1. Olivenöl, Bienenwachs und Honig in einem Topf erwärmen, bis die Zutaten flüssig sind.
2. Dann das ätherische Melissenöl zugeben.
3. Mit einem Milchschäumer vorsichtig aufschlagen (es kann spritzen), bis sich alle Zutaten verbunden haben.
4. In kleine Lippenpflegebehälter füllen und erkalten lassen.

Anwendung

Kann bei Bedarf mehrmals am Tag aufgetragen werden.

Wirkung

Dieser süße Lippenbalsam schützt die Lippen vor Trockenheit und kann auch vorbeugend als Sonnenschutz auf die Lippen aufgetragen werden.

Großmutters Tipp

»Konzentration« ist das Zauberwort, wenn es um die Herstellung von Naturkosmetik sowie auch um die Anwendung von Magie geht. Lerne, dich zu konzentrieren, insbesondere auch dein angestrebtes Ergebnis zu visualisieren.

Wir werden uns nun mit den Kräutern und anderen Pflanzen beschäftigen, die uns auf vielfältige Art helfen. Hierfür habe ich einen Blick in meine Vergangenheit geworfen und mich wieder an die Geschichten erinnert, die mich in die magische Welt der Kräuter und Magie eingeführt haben.

Ich möchte dich einladen, durch meine Augen die bunte Welt von Mutter Erde zu erkunden und vielleicht auch ein Teil von ihr zu werden.

Wie ich es meinen Hexenschüler*innen oftmals sage: Es darf leicht gehen! Und wenn die Verbindung zwischen dir und dieser wertvollen Kraft der Natur wieder aktiviert wird, dann kann sie dir niemand wieder nehmen.

Kapitel 3

Großmutters und Bibis Kräutergeschichten

Mit meiner Großmutter Anneliese habe ich zeit ihres Lebens viele Geschichten über die Welt der Natur, der Kräuter und der Pflanzen erlebt. Diese halfen mir, das alte Wissen besser in mein Leben zu integrieren. Ich wünsche mir, dass diese Geschichten auch dir die Augen für diese faszinierende Welt öffnen.

Zu jeder beschriebenen Pflanze wirst du also eine Geschichte finden sowie Informationen über die Anwendung und Wirkung der Pflanze. Die anschließenden Rezepte sollen dich in die Praxis bringen, damit dir die Integration dieses wertvollen Wissens einfach und schnell gelingt.

Der mystische und schützende Beifuß

Ich war immer ein abenteuerlustiges Mädchen, streifte gerne durch die Wälder und war neugierig auf alles, was mich umgab. Eines Tages entdeckte ich eine Pflanze, die ich noch nie zuvor gesehen hatte. Die Blätter waren graugrün und hatten einen starken Duft. Als ich näher kam, sah ich einen kleinen Kobold neben der Pflanze sitzen. Der Kobold trug eine Zipfelmütze und lächelte freundlich.

»Was ist das für eine Pflanze?«, fragte ich den Kobold.

»Das ist Beifuß«, antwortete der Kobold während er mich mit einem Zwinkern ansah. »Es ist eine ganz besondere Pflanze mit magischen Kräften.«

Ich war fasziniert von dem Beifuß und bat den Kobold, mir mehr darüber zu erzählen. Der Kobold erklärte: »Beifuß wird oft als Heilpflanze verwendet. Er kann bei Verdauungsproblemen helfen und hat auch beruhigende Eigenschaften.«

Ich war beeindruckt von den vielen Vorteilen des Beifußes und beschloss, einige Blätter davon zu sammeln, um sie meiner Großmutter zu zeigen. Wieder zu Hause, zeigte ich ihr den Beifuß und erzählte ihr alles über seine heilenden Kräfte. Wir bereiteten zusammen einen Tee aus Beifuß zu und bemerkten bald dessen beruhigende Wirkung.

Seit diesem Tag achtete ich immer darauf, welche Pflanzen in meiner Umgebung wuchsen, und lernte mehr über ihre verschiedenen Eigenschaften. Ich war dankbar für die Entdeckung dieser magischen Pflanze voller Wunder.

Der mystische Beifuß

Herstellungs- und Anwendungsmöglichkeiten
Tee, Öl, Tinktur, Cremes, Gewürzmischung, Räuchermischung

Wirkung
antibakteriell, entzündungshemmend, appetitanregend, stoffwechselfördernd, harntreibend

Zauberhafte Botschaft

Ich, der Beifuß, möchte dir eine Botschaft übermitteln. Ich bin eine Pflanze, die oft als Unkraut bezeichnet oder übersehen wird. Aber ich möchte dir sagen, dass ich trotzdem eine wichtige Rolle in der Natur und der menschlichen Gesundheit spiele. Meine aromatischen Blätter und Blüten enthalten viele wertvolle Inhaltsstoffe, die deinem Körper auf verschiedene Weise helfen können. Ich kann zum Beispiel bei Magen-Darm-Beschwerden, Menstruationsbeschwerden und Entzündungen helfen.

Aber ich bin nicht nur eine nützliche Pflanze, sondern auch eine schöne. Meine gelben Blüten strahlen im Sommer und im Herbst und bringen Freude in die Natur. Ich möchte dich ermutigen, genauer hinzuschauen und mich zu schätzen. Ich hoffe, dass du mich in Zukunft nicht mehr übersiehst und dass du meine Wertschätzung für die Natur teilst.

Beschreibung

Der Beifuß *(Artemisia vulgaris)* ist eine krautige Pflanze, die aus der Familie der Korbblütler *(Asteraceae)* stammt. Die Pflanze wächst aufrecht und kann ein Gesamtmaß von bis zu zwei Metern erreichen. Die Blätter sind grün, länglich und spitz. Du erkennst sie an ihrer matten Oberfläche, ihrem bitteren Geschmack und dem unverwechselbaren aromatischen Duft. Die kleinen, gelben Blüten erscheinen in dichten, kugelförmigen Blütenständen und blühen von Juli bis September. Beifuß wächst am besten in trockenen, nährstoffarmen Böden und bevorzugt sonnige Standorte. Er ist in vielen Teilen Europas, Nordafrikas und Asiens beheimatet.

Wirkung und Einsatzbereiche

Auf körperlicher Ebene wirkt Beifuß antibakteriell, antimykotisch, appetitanregend, durchblutungsfördernd, galletreibend, krampflösend, menstruations- und wehenfördernd, tonisierend sowie verdauungsanregend.

Beifuß wurde schon in der Antike wegen seiner Heilwirkung und seines aromatischen Geruchs verwendet. Er wurde seinerzeit oft in Räucherungen und Heilgetränken eingesetzt und ist bis heute Teil der traditionellen europäischen und asiatischen Medizin. Bereits in seinem lateinischem Namen wird deutlich, dass er im antiken Griechenland mit der Göttin Artemis verbunden wurde, die als Beschützerin der wilden Tiere und Göttin der Jagd galt und außerdem Schutzgöttin der Gebärenden und zuständig für Heilung und Fruchtbarkeit war. In Ägypten war das Kraut der großen Göttin Isis geweiht. Schon damals galt der Beifuß als besonders wirksam bei Frauenerkrankungen oder -beschwerden, Hippokrates beispielsweise beschrieb die Pflanze als menstruationsfördernd. Er galt daher jahrhundertelang als »Mutter aller Kräuter« und wurde angewendet, um die Geburt einzuleiten und die Wehen zu erleichtern und wurde außerdem als Wurmmittel für Menschen und Tiere verwendet.

Darüber hinaus gehört Beifuß zu den ältesten Schamanenpflanzen Europas. So alt wie die Tradition des Räucherns ist, so alt ist auch die rituelle Verwendung des Beifußes, die nachweislich bis in die Steinzeit reicht. Die Wirkung des Beifußes bei Räucherungen reicht von reinigend und »kopföffnend« bis zur Schaffung eines sakralen und heiligen Raums. Die Germanen ordneten den Beifuß den weiblichen Mysterien zu und verwendeten ihn für Geburts-, Fruchtbarkeits- und Übergangsrituale. Auch bei den Kelten war der Beifuß eine heilige Pflanze. Die Menschen in früheren Zeiten glaubten, dass Beifuß böse Geister, schlechte Energien und negative Schwingungen vertreibt. Man räucherte die Häuser, nachdem jemand gestorben war, mit Beifuß aus und verwendete ihn auch mehrmals im Jahr bei Stallräucherungen, um die Tiere vor Krankheiten zu schützen. Beifußbüschel wurden mit der Spitze nach unten am Dachfirst aufgehangen, um das Haus vor bösen Geistern und Hexen zu schützen, Blitze abzuwehren, Glück zu bringen und Krankheiten fernzuhalten. Um Traumvisionen zu erhalten – oder zur geistigen Beruhigung bei Schlafstörungen –, wurde das Kraut in das Kopfkissen gesteckt oder neben das Bett gelegt. Beifuß wurde von unseren Vorfahren auch im Rahmen der Sommersonnenwende-Rituale verwendet. Sie trugen einen Gürtel aus Beifuß beim Sprung über das Sonnwendfeuer. Nachdem sie den Sprung gewagt hatten, wurde der Gürtel zur Ehrung der Götter dem Feuer übergeben. Früher glaubte man, dass der Sprung über das Feuer den Springer von Krankheiten befreie und dessen Familie Glück sowie Wohlstand bringe. Dieser Brauch besteht vor allem in den nordischen Ländern bis heute fort.

Da der Beifuß den alten heidnischen Germanen heilig war, wurde er im Zuge der Christianisierung, wie eine Vielzahl weiterer Gewächse, als Hexenkraut verteufelt und durch Weihrauch ersetzt, weshalb die Pflanze hierzulande zunehmend an Bedeutung verlor. Während der Hexenverfolgungen im Mittelalter wurde Beifuß oft mit Hexerei und Zauberei in Verbindung gebracht und sein Besitz war ein Indiz dafür, dass jemand eine Hexe oder ein Zauberer war. Viele Menschen, die der Hexerei beschuldigt wurden, wurden verhaftet und sogar verbrannt, weil sie Beifuß besaßen oder Räucherungen daraus herstellten.

Heute wird Beifuß noch immer in der traditionellen Medizin und Küche verwendet und ist ein wichtiger Bestandteil von Gewürz- und Teemischungen. Die Verwendung von Beifuß in magischen und spirituellen Praktiken ist weitverbreitet und ein Teil von Traditionen und esoterischen Überzeugungen und hat keine negative Konnotation mehr. Der Beifuß ist das Reinigungskraut schlechthin und der Garant für eine ruhige und spirituelle Atmosphäre.

WICHTIGER HINWEIS

Beifuß kann in hohen Dosen giftig sein. Es ist daher ratsam, ihn nur in moderaten Mengen und nach Rücksprache mit einem Arzt zu verwenden.

Großmutters Tipp

Beifuß erntest du am besten kurz vor der Blütezeit, wenn die Blütenstände noch nicht geöffnet sind. Frisch geerntet lässt er sich natürlich am besten einsetzen und du kannst ihn nach dem Pflücken auch für einige Tage frisch halten. Verwende dazu ein paar Lagen leicht befeuchtete Küchenrolle und lege die frisch geschnittenen Blätter hinein. Lege dies dann in den Kühlschrank, gerne in einem verschlossenen Behälter, wo er sich dann einige Tage hält.

Für eine längere Verwendung kannst du Beifuß bündeln und an einem luftigen, schattigen Ort aufhängen und ihn dort gut zwei Wochen trocknen lassen. So kannst du ihn auch im Winter einsetzen.

Beifuß-Fußbad bei müden Füßen

Zutaten

- 2 Handvoll Beifußblätter, frisch oder getrocknet
- 4 l Wasser

Zubereitung

1. Die Beifußblätter in einen Topf geben und mit dem Wasser übergießen. Auf den Herd stellen und 5 Minuten köcheln lassen.
2. Dann den Sud eine halbe Stunde ziehen lassen und anschließend abseihen.

Anwendung

Den abgeseihten Sud in eine große Schüssel geben, wenn gewünscht, noch etwas warmes Wasser zugeben, bis eine angenehme Temperatur erreicht ist, und ein Fußbad nehmen.

Wirkung

Das Kraut hilft bei wunden und müden Füßen.

Beifußtinktur bei müden Füßen

Zutaten

- 10 g Beifuß, frisch, am besten Blütenknospen und Blätter
- Glas oder Flasche, verschließbar
- 300 ml Doppelkorn 38 % Alkoholgehalt

Zubereitung

1. Von dem frisch geernteten Beifuß die Stiele entfernen und die Blüten und Blätter einen Tag antrocknen lassen.
2. Am nächsten Tag den Beifuß in ein Glas oder eine Flasche mit breiter Öffnung geben und mit dem Doppelkorn übergießen.
3. Die gut verschlossene Flasche an einem warmen Ort im Haus stellen und ab und zu gut durchschütteln.

4. Nach vier Wochen die Tinktur filtrieren und dabei die Blüten und Blätter gründlich ausdrücken.

Anwendung

Die Tinktur kann, mit Wasser verdünnt, für ein belebendes Fußbad bei müden Füßen verwendet werden. Alternativ kannst du ein paar Tropfen pur als Einreibemittel nutzen.

Wirkung

Hilft bei müden Füßen oder bei Muskelkater.

Beifußtee – Stärkung von innen

Zutaten

- 1 TL Beifußblätter
- 250 ml Wasser

Zubereitung

1. Die Blätter mit dem kochenden Wasser übergießen und 5–10 Minuten ziehen lassen.
2. Dann in eine Tasse abseihen.

Anwendung

Du kannst bis zu drei Tassen Beifußtee pro Tag zu dir nehmen.

Wirkung

Linderung von Magen- und Verdauungsbeschwerden, bei Unruhe oder Menstruationsproblemen.

Beifuß-Gewürzmischung zur Verfeinerung von Gerichten

Zutaten

- 2 TL Beifuß, getrocknet
- 1 TL Thymian, getrocknet
- 1 TL Majoran, getrocknet
- 1 TL Rosmarin, getrocknet

Zubereitung

1. Alle Zutaten vermischen und in einem luftdichten Behälter aufbewahren.

Anwendung

Die Beifuß-Gewürzmischung kann zur Verfeinerung von Suppen, Eintöpfen, Fleischgerichten und anderen warmen Gerichten verwendet werden.

Wirkung

Wirkt wohltuend auf den Magen und hilft, den Darm zu entlasten.

Körpercreme mit Beifuß – zum Schutz des Energiehaushaltes

Zutaten

- 10 g Beifuß, getrocknet
- 100 ml kalt gepresstes Olivenöl
- 10 Tropfen ätherisches Beifußöl
- optional: 10 Tropfen ätherisches Lavendelöl

Zubereitung

1. Die getrockneten Beifußblätter in einem Mörser zu einem feinen Pulver zerstoßen. Das Beifußpulver in ein Schraubglas geben.
2. Das Olivenöl hinzufügen und gut verrühren, dann das ätherische Beifußöl und eventuell das Lavendelöl hinzufügen und gut unterrühren.
3. Das Glas gut verschließen und an einem dunklen Ort zwei Wochen stehen lassen, damit sich die ätherischen Öle gut mit dem Öl verbinden können.
4. Nach zwei Wochen die Creme durch ein feines Tuch filtern und in ein sauberes Glas füllen.

Anwendung

Diese Creme kann gut als Gesichtscreme oder zur Körperpflege verwendet werden.

Wirkung

Wirkt pflegend und beruhigend auf die Haut. Diese Creme hilft darüber hinaus, den eigenen Energiehaushalt zu schützen und zu harmonisieren.

Die reinigende Brennnessel – Entgiftungskraut des Körpers

Ich weiß noch gut, wie mir meine Großmutter von der Brennnessel erzählte. Eines Morgens ging ich ins Schlafzimmer meiner Großmutter, um sie zu fragen, ob es ihr gut gehe, denn sie hatte offenbar verschlafen und dachte, es sei noch viel zu früh. Dabei trug ich schon meinen Schulranzen auf dem Rücken und war auf dem Weg zur Schule. Ich schaute meine Großmutter ganz genau an und wartete noch immer auf eine Antwort. Ich machte mir Sorgen um sie und setzte mich zu ihr ans Bett. Langsam setzte sie sich auf. Sie erzählte mir von den Ereignissen des Vorabends, an dem sie sich mit Freundinnen getroffen und sie gemeinsam all der verstorbenen Hexen gedacht hatten. Einige von ihnen hatten keinen schönen Tod gefunden. Es war wohl sehr spät geworden. Ich nickte wissend. Davon hatte mir meine Großmutter schon oft erzählt. Ich wusste aber auch schon, dass die Verstorbenen nie wirklich weg sind und wir uns mit unserem Geist und mit unserem Herzen mit ihnen in Verbindung setzen können.

Plötzlich schrie ich laut auf. Etwas hatte mich gestochen. Es brannte furchtbar. Aber Großmutter erklärte mir, dass es nur eine Brennnessel war, die mich gezwickt hatte. Aber das konnte ich nun gar nicht verstehen, warum sie Brennnesseln neben dem Bett liegen hatte. Mit Tränen in den Augen rieb ich mir die schmerzende Stelle und dachte, dass das keine nette Pflanze ist, die so stark auf der Haut brennt. Aber Großmutter beruhigte mich und da ich noch eine halbe Stunde Zeit hatte – eine Geschichte geht noch –, erzählte sie mir, was die Brennnessel alles kann.

Sie erklärte mir, dass die Brennnessel viele positive Wirkungen auf unseren Körper hat und als Jauche sogar ein ganz hervorragender Dünger ist. Man könne sogar einen Salat aus ihr zubereiten. Das konnte ich mir weniger gut vorstellen. Aber man kann auch mit ihr räuchern, um es den Verstorbenen leichter zu machen, in unsere Welt überzugehen. Dies ist aber nur an bestimmten Tagen möglich. Wenn alle Faktoren gut zusammenspielen, öffnet sich das Tor zur Anderswelt.

Meine Großmutter erzählte, dass viele der verstorbenen Hexen bei ihnen gewesen seien. Es sei ein großes Fest gewesen. Wahrscheinlich wäre es für »normale« Menschen lustig gewesen, ihnen dabei zuzusehen. Sie hätten sicher gedacht, dass sie mit sich selbst gesprochen hätten.

Aber nun wusste ich immer noch nicht, warum Brennnesseln neben ihrem Bett lagen, und deshalb holte sie aus: Im Mittelalter glaubten die Menschen daran, dass die Brennnessel die Wohnstätte von Elfen sei und dass sie dadurch vor negativen Energien schützt. Außerdem wird diesem Kraut nachgesagt, dass es Haustrolle und Geister fernhält. Und deshalb hatte sie es um ihr Bett drapiert, um gerade in einer Nacht wie dieser geschützt zu sein. Denn wenn das Tor zur Anderswelt offen steht, kommen nicht nur gute Seelen hindurch, sondern es können auch weniger gute Seelen hindurchschlüpfen. So hatte die Brennnessel sie vor schlechten Energien beschützt.

Außer ihren geheimnisvollen Fähigkeiten besitzt die Brennnessel aber auch noch praktische Qualitäten, erfuhr ich. Sie ist eine mächtige Heilpflanze und hilft beim Entschlacken, weil sie harntreibend ist und die Nieren durchspült. Außerdem hilft sie gegen Hämorrhoiden, als Abführmittel oder auch bei Hautproblemen. Ihr Vitamin-C-Gehalt ist sehr hoch und darum ist sie gut für unser Immunsystem. Großmutter hatte sich vor dem Schlafengehen zusätzlich noch Brennnesseln in ihre Socken gesteckt, um damit ihr Immunsystem zu stärken.

Darüber dachte ich nach. Wenn die Brennnessel so viel Vitamin C hatte, könnte ich sie doch auf mein Butterbrot legen und essen. Aber Großmutter fand die Idee nicht so gut. Eine Brennnessel dürfe ich niemals roh essen, warnte sie mich. Ich könnte Nierenbeschwerden bekommen und mich in schweren Fällen sogar vergiften. Aber ich könne sie aufkochen und als Tee trinken oder sie direkt auf den Körper auftragen und sogar zum Waschen meiner Haare verwenden. Ich war überrascht, was diese Pflanze alles kann, und war gespannt darauf, vor allem das Haarewaschen einmal auszuprobieren.

Ich vergewisserte mich nochmals, ob alles in Ordnung war, ehe ich vom Bett rutschte, zur Türe ging und mich auf den Schulweg machte.

Die reinigende Brennnessel

Herstellungs- und Anwendungsmöglichkeiten
Tee, Tinktur, Cremes, Gewürzpulver, Haarpflege

Wirkung
Immunbooster, antibakteriell, entzündungshemmend, harntreibend, durchblutungsfördernd

---

Zauberhafte Botschaft

Ich, die Brennnessel, möchte dir eine Botschaft übermitteln. Viele Menschen betrachten mich als lästiges Unkraut, das brennende Schmerzen verursacht, wenn man mich berührt. Aber ich möchte dir sagen, dass ich viel mehr bin als nur das. Ich bin eine Heilpflanze, die seit Jahrhunderten in der Naturheilkunde eingesetzt wird. Meine Blätter und Wurzeln enthalten viele wertvolle Vitamine und Inhaltsstoffe, die deinem Körper auf verschiedene Weise helfen können. Ich kann zum Beispiel bei Entzündungen, Schmerzen, zur Entgiftung und bei Verdauungsproblemen helfen.

Aber ich bin nicht nur eine nützliche Pflanze, sondern auch eine schöne. Meine grünen Blätter und meine feinen Blüten sind ein wichtiger Teil der Natur und bieten Lebensraum für viele Insekten. Ich möchte dich ermutigen, genauer hinzuschauen und mich zu schätzen. Wenn du mich achtest und respektierst, werde ich dir meine Heilkraft und meine Schönheit offenbaren.

Beschreibung

Die Große Brennnessel *(Urtica dioica)* kommt überall auf der Nordhalbkugel vor – vornehmlich an Flussufern, in Gärten, an Wegrändern und an Waldrändern. Sie wird bis zu 1,50 Meter hoch und wächst bevorzugt auf sehr fruchtbaren Böden. Ein typisches Merkmal dieser Pflanze sind die Brennhaare auf den Blättern und Stielen. Wer die Brennnessel berührt, weiß, dass er sie gefunden hat.

Die Pflanzenteile und vor allem die Blätter enthalten zahlreiche Inhaltsstoffe, wie Scopoletin und geringe Mengen Flavonoide. Die Wurzel enthält außerdem ein spezifisches Lektin namens *Urtica-dioica-Agglutin.* Im Saft dieser Pflanze finden sich Histamin, Acetylcholin und Serotonin. Die Pflanze ist reich an Vitaminen A und C, Eisen, Kalium, Mangan und Kalzium.

Der lateinische Name *Urtica* und steht für »Ich brenne«. Wahrscheinlich bekam sie genau deshalb ihren Namen.

Wirkung und Einsatzbereiche

Die Brennnessel zählt zu den ältesten bekannten Heilkräutern und wird wegen ihrer positiven Wirkung auf Leber und Galle gerne zur Entgiftung und Entschlackung, beispielsweise bei Frühjahrskuren oder Diäten, eingesetzt. Außerdem verbessert die Brennnessel die Verdauung und wirkt harntreibend. Wegen ihres hohen Eisengehalts wird sie gegen Müdigkeit und Erschöpfung empfohlen. Und dank der entzündungshemmenden Eigenschaften eignet sich die Brennnessel zur Linderung von Rheuma und anderen entzündlichen Erkrankungen der Gelenke. Auch Haut und Haare profitieren von der Kraft der Brennnessel. Da die Inhaltsstoffe dieser Pflanze die Fettbildung der Haut regulieren, verbessert Brennnesselwasser das Haarwachstum und bringt die Kopfhaut wieder in Balance. Dies kann auch bei fettiger Gesichtshaut, die zu Akne neigt, eine positive Auswirkung haben.

Großmutters Tipp

Sammle Kräuter nur an Stellen, die nicht verschmutzt sind.

Achtung: In Stadtnähe solltest du keine Kräuter entlang der Wegränder sammeln, weil diese oft durch Tierurin verunreinigt sind.

Brennnesseltee zur Entschlackung

Zutaten

- 50 g Brennnesselblätter, getrocknet

Zubereitung

1. Die Brennnesselblätter mit heißem Wasser übergießen.
2. Den Tee 10 Minuten ziehen lassen.
3. Dann abseihen und trinken.

Anwendung

Mehrmals täglich als Tee trinken, so entspannt sich die Muskulatur, der ständige Reiz und die Schmerzen lassen nach.

Wirkung

Hat eine entschlackende sowie einen den Stoffwechsel anregende Wirkung. Wirkt zudem antibakteriell und wassertreibend, ohne dabei wichtige Mineralien mit aus dem Körper zu spülen. Damit beugt die Pflanze Harnwegsinfekten vor, die vorhandene Leiden verstärken würden. Ihre krampflösende Wirkung ist sehr hilfreich bei der Behandlung einer chronischen Reizblase, die schon bei geringem Füllstand einen Entleerungsdrang meldet und oft mit Unterleibsschmerzen verbunden ist.

Brennnesselpulver zur Stärkung des Immunsystems

Zutaten

- Brennnessel, getrocknet, je nach Bedarf
- Mörser

Zubereitung

1. Getrocknete Brennnesseln möglichst fein mörsern.
2. In einem verschlossenen Glas aufbewahren.

Anwendung

Das Brennnesselpulver kann als Lieferant von Mineralien und Vitalstoffen eingenommen werden. Man kann es beispielweise in Suppen rühren und über Salat und Gemüsegerichte streuen.

Wirkung

Dieses Powerpulver füllt den leeren Energievorrat des Körpers auf.

Haarmaske für volleres Haar

Zutaten

- 1 Handvoll Brennnesseln, frisch
- 250 ml Wasser
- Shampoo-Flasche
- 1 TL Kokosöl
- 3 EL Kaffeesud bei braunem Haar bzw. 1 Eigelb bei blondem Haar
- 1 EL Honig

Zubereitung

1. Die Brennnesseln zerkleinern und 15 Minuten in einem Topf mit Wasser zugedeckt kochen lassen.
2. Danach abseihen, in eine Shampoo-Flasche füllen und mit den restlichen Zutaten mischen. Gut schütteln.

Anwendung

Im Haar verteilen und 5 Minuten einwirken lassen. Danach gut ausspülen.

Wirkung

Diese Haarmaske stärkt nicht nur die Haare, sondern fördert auch die bessere Durchblutung der Kopfhaut

Entgiftungscreme für den Körper

Zutaten

- 1 Handvoll Brennnesselblätter
- 25 g Sheabutter
- 10–20 Tropfen ätherisches Melissenöl

Zubereitung

1. Die Brennnesselblätter in einen Topf geben, mit Wasser auffüllen und aufkochen lassen. Dann vom Herd nehmen und 10 Minuten ziehen lassen. Danach abseihen und etwas abkühlen lassen.
2. Nun die Sheabutter im Wasserbad schmelzen lassen und nach und nach so viel abgeseihten Brennnesselsud unterrühren, wie sie aufnimmt. Dabei ständig rühren. Wasser und Fett sollen annähernd die gleiche Temperatur haben.
3. Anschließend dem Sheabutter-Brennnessel-Gemisch das ätherische Öl der Melisse beigeben.

Anwendung

Nach dem Auftragen am Körper gut einziehen lassen und danach mindestens 6 Stunden nicht abwaschen.
Kann unterstützend bei einer Stoffwechselkur täglich aufgetragen werden.

Wirkung

Diese Entgiftungscreme macht deinen Körper basisch und kann täglich angewendet werden.

Brennnessel-Haarwasser für schnelleres Haarwachstum

Zutaten

- 1 Handvoll Brennnesselwurzeln
- 1 Handvoll Birkenblätter
- 0,4 l kaltes Wasser
- 1 dunkle Glasflasche, verschließbar

Zubereitung

1. Die Brennnesselwurzeln und Birkenblätter mit dem Wasser in einem Topf aufkochen lassen und 20 Minuten köcheln lassen.
2. Den Topf dann vom Herd nehmen und alles abkühlen lassen.
3. Nach dem Abkühlen abseihen und in eine dunkle Glasflasche füllen.
4. Das Haarwasser ist vier Wochen lang haltbar.

Anwendung

Täglich in die Kopfhaut einmassieren und nicht ausspülen.

Wirkung

Bei den meisten Menschen wächst das Haar nach einer solchen Kur besser.

Engelwurz – das Kraut der inneren Stärke

Eines Tages beschloss ich, einen Spaziergang durch den Wald zu machen und die Natur zu erkunden. Während ich durch den Wald spazierte, entdeckte ich eine wunderschöne Blume, die ich noch nie zuvor gesehen hatte. Die Blume hatte weiße Blüten und sah aus wie ein kleiner Schirm. Ich fragte mich, was das wohl für eine Blume sein könnte, und beschloss, sie näher zu untersuchen. Plötzlich sah ich einen Engel neben der Blume stehen.

Der Engel lächelte mich an und sagte: »Das ist Engelwurz. Es ist eine besondere Pflanze, die vielen Menschen hilft.«

Ich fragte: »Wie hilft sie denn den Menschen?«

»Engelwurz hat heilende Kräfte«, erklärte der Engel. »Sie kann bei verschiedenen Krankheiten helfen und wird oft als Tee oder Tinktur eingenommen.«

Ich war fasziniert von dieser magischen Pflanze und wollte mehr darüber erfahren. Der Engel begleitete mich auf meinem Spaziergang weiter durch den Wald und zeigte mir weitere Wunder der Natur.

Als ich schließlich nach Hause zurückkehrte, war ich voller Freude über meine Entdeckung der Engelwurz und beschloss, meiner Großmutter davon zu erzählen und ihr zu zeigen, wie man sie verwenden kann. Aber ich hätte es mir denken können: Sie wusste schon alles.

Von diesem Tag an achtete ich immer darauf, welche Pflanzen um mich herum wuchsen, und lernte mehr über ihre heilenden Eigenschaften. Ich war dankbar für meinen Spaziergang im Wald und dafür, dass ich die Engelwurz kennengelernt hatte – eine Pflanze voller Magie und Wunder.

Die Engelwurz – das Himmelskraut der inneren Stärke

Herstellungs- und Anwendungsmöglichkeiten
Tee, Tinktur, Likör, Erkältungsbalsam, Sirup, Kräuterkissen

Wirkung
wirkt ausgleichend auf das Verdauungssystem, hilft bei unregelmäßigen Monatszyklen, ist schleimlösend bei Erkrankungen der oberen Atemwege, der Duft wirkt beruhigend und entspannend

Zauberhafte Botschaft

Ich, die Engelwurz, möchte dir eine Botschaft übermitteln. In mir steckt eine besondere Kraft, die dich unterstützen kann, wenn du dich ausgelaugt oder erschöpft fühlst. Mein Kraut und meine Wurzeln werden in der Naturheilkunde seit Jahrhunderten für ihre stärkenden und erfrischenden Eigenschaften geschätzt. Ich möchte dich ermutigen, dich an mir zu erfreuen und meine Kraft für dich zu nutzen.

Wenn du das nächste Mal an mir vorbeigehst oder mich in deiner Nähe hast, spüre meine Energie und atme tief ein. Lass mich dir dabei helfen, deine Energiereserven aufzufüllen und deine Kreativität und Motivation zu stärken.

Ich bin hier für dich und stehe dir zur Seite. Vertraue auf meine natürliche Kraft und lass mich dich auf deinem Weg begleiten.

Beschreibung

Die Engelwurz ist eine auffällige und imposante Pflanze, die bis zu zwei Meter hoch werden kann. Sie hat einen robusten Stängel, der im oberen Teil eine dichte Krone aus grünen, dreieckigen Blättern trägt. Im Sommer bilden sich große, kugelige Blütenstände, die aus vielen kleinen weißen oder lilafarbenen Blüten bestehen. Die Wurzeln duften aromatisch nach Karotten oder Sellerie und werden in der Küche und in der Kräutermedizin verwendet.

Der Begriff »Engelwurz« (Wurzel der Engel) stammt aus dem Mittelhochdeutschen. Die wissenschaftliche Bezeichnung der Pflanze ist *Angelica archangelica*. Während der Pest entstand die Legende, der Erzengel Raphael habe die Engelwurz auf die Erde gebracht, um den Menschen zu helfen. So galt sie schnell nicht nur als Mittel gegen Krankheiten, sondern auch gegen böse Geister und Kobolde.

Wirkung und Einsatzbereiche

Engelwurz regt den Appetit und die Verdauung an und wird auch bei einem unregelmäßigen Monatszyklus eingesetzt. Die Pflanze wirkt antibakteriell und schützt vor ansteckenden Viruserkrankungen. Sie wirkt bei Husten schleimlösend und trägt im Allgemeinen dazu bei, Körper und Geist wieder in Schwung zu bringen und zu stärken.

Die Heilwirkung der Engelwurz war bereits den Wikingern bekannt, was Überlieferungen aus der Zeit um das Jahr 1000 belegen, wo der Wikingerkönig Olav Trygvasson seiner Gattin einen Engelwurzstängel reicht. Ab dem Mittelalter findet man sie in Kräuterbüchern und medizinischen Traktaten. Sie galt in früheren Zeiten als Allheilmittel und eines der wichtigsten Heilkräuter, weil sie gegen die Pest und die Cholera eingesetzt wurde.

ACHTUNG

Bitte beachte, dass Engelwurz nicht von schwangeren und stillenden Frauen genommen werden sollte. Auch Menschen mit einem Magen-Darm-Geschwür sollten darauf verzichten und wenn andere gesundheitliche Probleme vorliegen, solltest du vorher einen Arzt konsultieren.

Tinktur bei Magen- und Darmproblemen

Zutaten

- 10 g Engelwurz-Wurzel, frisch
- 20 g Engelwurz-Wurzel, getrocknet
- 2 braune Glasflaschen, verschließbar
- 100 ml 70- bis 90-prozentigen Alkohol, zum Beispiel Weingeist

Zubereitung

1. Frische und getrocknete Wurzel in die Flasche füllen.
2. Den Alkohol dazugeben, einmal schütteln und fest verschließen.
3. Etwa zwei Wochen ziehen lassen, dabei mehrmals täglich schütteln.
4. Anschließend abseihen und die Tinktur in eine frische dunkle Flasche füllen.

Anwendung

Bei Bedarf 2 TL in einem Glas Wasser oder Tee auflösen und trinken.

Wirkung

Eine Tinktur aus der Engelwurz-Wurzel wirkt bei Appetitlosigkeit, Magen- und Darmkrämpfen, Völlegefühl und Blähungen. Außerdem kann sie als Erkältungstinktur eingenommen werden, um das Immunsystem zu stärken. In der Naturkosmetik wirkt sie hautpflegend.

Engelwurztee für eine ausgewogene Darmflora

Eine Alternative zur Tinktur ist der Engelwurztee, denn auch er kann bei den aufgeführten Beschwerden Linderung verschaffen.

Zutaten

- 1 TL Engelwurz-Wurzel
- 150 ml Wasser

Zubereitung

1. Die Wurzel in eine Tasse geben und mit dem kochenden Wasser übergießen.
2. 10 Minuten ziehen lassen, abseihen und eine halbe Stunde vor den Mahlzeiten trinken.

Anwendung

Den Tee kannst du mehrfach am Tag trinken, mehr als 5 g der Wurzel pro Tag solltest du nicht verwenden.

Wirkung

Hilft dem Darm, sich zu beruhigen und eine gesunde Darmflora aufzubauen.

Likör aus Engelwurz – das flüssige Gold

Zutaten

- 2 Wurzelknollen oder 2 Handvoll Samen der Wald-Engelwurz *(Angelica sylvestris)*
- 700 ml Korn oder Weinbrand
- 300 g Rohrohrzucker
- 1 große Glasflasche, verschließbar
- 1 dunkle Glasflasche

Zubereitung

1. Die Wurzeln von Nebenwurzeln befreien, mit der Bürste sehr sauber abbürsten und anschließend in 1–2 cm große Würfel schneiden.
2. Die Wurzeln oder Samen mit dem Korn oder Weinbrand und dem Rohrohrzucker in eine große Glasflasche füllen. Dabei darauf achten, dass keine Wurzelstückchen aus der Flüssigkeit ragen.
3. Die Flasche verschließen und an einem warmen Ort, zum Beispiel auf dem Fensterbrett, etwa einen Monat ziehen lassen. Dabei den Inhalt regelmäßig durch Schütteln oder Rühren in Bewegung bringen, damit sich der Zucker vollständig auflösen kann.
4. Anschließend den Flascheninhalt durch ein feines Sieb oder Tuch filtern, den fertigen Likör in eine saubere, dunkle Glasflasche abfüllen und gut verschlossen lagern. Er ist circa anderthalb Jahre haltbar.

Anwendung

Nach Wunsch oder zur Unterstützung in Erschöpfungsphasen täglich einen Schluck nehmen.

Wirkung

Beruhigt das Verdauungssystem und spendet sofort Energie.

Engelwurz-Erkältungssalbe

Zutaten

- 2 EL Engelwurz-Wurzel, frisch oder getrocknet
- 100 ml Olivenöl oder ein anderes Öl, zum Beispiel Sonnenblumenöl oder Mandelöl
- 15 g Bienenwachs
- 5 g Kakaobutter
- optional: bis zu 5 Tropfen ätherisches Engelwurzöl

Zubereitung

1. Die Engelwurz-Wurzel gut zerkleinern, beispielsweise im Mixer pulverisieren.
2. Dieses Pulver mit dem Olivenöl im Wasserbad sanft bei nicht mehr als 65 °C eine halbe Stunde ziehen lassen. Anschließend warten, bis das Öl abgekühlt ist, und die Prozedur mindestens einmal wiederholen.
3. Das Öl durch ein Tuch oder einen Filter abseihen.
4. Bienenwachs und Kakaobutter im Wasserbad schmelzen und zum Öl hinzufügen.
5. Auf einem eiskalten Teller die Konsistenz überprüfen (wie Gelierprobe). Falls zu fest, etwas Öl, falls zu dünn, etwas Bienenwachs hinzufügen.
6. Wenn die Konsistenz stimmt, die Salbe auf Handwärme kalt rühren, dann, sofern gewünscht, das ätherische Öl hinzufügen und die fertige Salbe mit einem Spatel in Tiegel abfüllen.

Anwendung

Als Salbe zum Einreiben auftragen.

Wirkung

Diese Erkältungssalbe hilft dem Körper, die Bakterien auf eine energetische Art zu bekämpfen, und gibt von innen die Power, die das Immunsystem braucht, um wieder gesund zu werden.

Entspannendes Engelwurz-Kräuterkissen

Ein Kräuterkissen mit Engelwurz herzustellen, ist einfach und erfordert nur ein paar Schritte.

Zutaten

- Baumwollstoff
- Füllmaterial, wie Getreide oder Haferflocken, nach Bedarf
- 1 Handvoll Engelwurz oder mehr

Zubereitung

1. Den Baumwollstoff in die gewünschte Größe für das Kissen schneiden und die Kanten zusammennähen, sodass eine Tasche entsteht.
2. Die Tasche mit dem gewünschten Füllmaterial füllen und eine Schicht Engelwurz hinzufügen.
3. Die Öffnung des Kissens zunähen, um das Füllmaterial und die Engelwurz sicher zu halten.

Anwendung

Dieses Kräuterkissen kann als Kopfkissen beim Schlafen verwendet oder aufgelegt werden.

Wirkung

Beruhigend, schlaffördernd und entspannend.

Der beschützende Frauenmantel – Schutz für Tier und Mensch

Der Frauenmantel ist eine besondere Pflanze. Sein Aussehen verleiht ihm seinen Namen und gibt einen Hinweis auf seine positive Wirkung rund um den weiblichen Zyklus und das Wohlbefinden. Als kleines Mädchen wusste ich davon nichts. Ich wunderte mich nur eines Abends, als ich meine Großmutter in ihrem Garten mit ihren Freundinnen entdeckte, die im Kreis standen und offensichtlich eine Art Ritual vollzogen. Es war Mai, überall summten und brummten die Maikäfer und alles sprießte und wuchs, eine Zeit des Überflusses und der Hoffnung.

Ich aber stand am Fenster und starrte wie gebannt nach draußen. Meine Großmutter stand splitterfasernackt im Mondschein, die Augen geschlossen. Sie und die anderen Frauen hielten sich an den Händen und das Mondlicht tauchte alles in einen ganz besonderen Glanz.

Meine Großmutter erklärte mir später, dass der Vollmond im Mai eine besondere Kraft hat und deshalb auch Wonnemond heißt. Bei dem Ritual stehen der Frauenmantel und der Weißdorn im Mittelpunkt. Diese beiden Pflanzen kannte ich schon, denn Frauenmantel war das, was meine Mutter einmal im Monat trank, wenn sie Bauchweh hatte, und Weißdorn gab sie Papa, wenn sein Herz wieder so schnell schlug.

Der Frauenmantel könne helfen, böse Energien abzuwehren, erklärte Großmutter, als ich sie danach fragte. Aber auch, wenn ich Angst vor wichtigen Schularbeiten und Prüfungen hätte, könne ich den Frauenmantel in ein Säckchen packen und in meine Hosentasche stecken, um mich zu schützen. Die Alchemisten glaubten wohl auch, wer den Tau von den Blättern des Frauenmantels trinkt, erhalte seine Jugend wieder zurück, erzählte sie mir.

Das hörte sich gut an und ich ging in späteren Jahren selbst nach draußen, um mich mit den anderen Frauen im Schein des Mondes im Kreis zu drehen.

Das Göttinnenkraut – der beschützende Frauenmantel

Herstellungs- und Anwendungsmöglichkeiten
Tee, Tinktur, Schönheitswasser

Wirkung
Hilfe bei der Linderung von Frauenbeschwerden, Ausgleich bei unregelmäßigem Zyklus, innere Ruhe, positive Wirkung auf das Verdauungssystem

Zauberhafte Botschaft

Ich, der Frauenmantel, möchte dir eine Botschaft übermitteln. In mir steckt eine besondere weibliche Energie, die dich unterstützen kann, wenn du dich mit den Herausforderungen des Frauseins auseinandersetzt. Meine Blätter, die wie ein zarter Mantel um meine Blüten gelegt sind, sind ein Symbol für Schutz und Geborgenheit. Ich möchte dich ermutigen, dich selbst zu umsorgen und auf deine Bedürfnisse zu achten. Oftmals vergessen Frauen, sich selbst genug Zeit und Raum zu geben, um ihre Energie aufzutanken und sich zu regenerieren.

Ich möchte dir dabei helfen, dich wieder mit deiner weiblichen Kraft zu verbinden. Nimm dir Zeit, um in der Natur zu sein, und spüre meine Energie. Lass dich von meinen Blättern und meinem Duft umhüllen und vertraue darauf, dass ich dich auf deinem Weg begleite.

Ich stehe dir zur Seite, wenn du dich auf den Weg zu einem erfüllten und glücklichen Frausein machen möchtest. Vertraue auf meine natürliche Kraft und lass mich dir helfen, in deine volle Größe und Schönheit zu kommen.

Beschreibung

Frauenmantel ist eine mehrjährige, krautige Pflanze aus der Familie der Rosengewächse, die bis zu 50 Zentimeter hoch werden kann. Die Pflanze kommt in Europa, aber auch in Asien und auf dem Balkan vor, vor allem auf sonnigen, feuchten Wiesen und in Hanglagen. Ihre Blätter sind rundlich, gelappt und auf der Unterseite behaart. Den Blättern verdankt der Frauenmantel seinen deutschen Namen, da sie dem häufig gefaltet dargestellten Mantel der Jungfrau Maria ähneln. Sein lateinischer Name *Alchemilla* ist vom Wort *Alchemie* abgeleitet, was auf das Phänomen der Tautropfenbildung beim Frauenmantel zurückzuführen ist. Druiden und Alchemisten sammelten das Wasser aus den Blattkelchen, um daraus magische Heilmittel, Gold oder den Stein der Weisen zu synthetisieren – so entstand der Gattungsname *Alchemilla*. Das Wasser auf dem Laub ist allerdings oft gar kein Tau, sondern wird von den Pflanzen selbst am Blattrand abgesondert.

Wirkung und Einsatzbereiche

Frauenmantel wird eine Vielzahl von Heilwirkungen zugeschrieben. Er soll unter anderem verdauungsfördernd, krampflösend, entzündungshemmend, antibakteriell und schmerzstillend wirken. Schon seit dem Mittelalter wird er daher oft in der Frauenheilkunde, zum Beispiel bei Menstruationsbeschwerden, und auch in den Wechseljahren eingesetzt. Auch bei Erkältungen oder leichten Magen-Darm-Beschwerden kann ein Tee aus den Blättern oder Blüten der Pflanze helfen. Die Heilwirkung des Frauenmantels ist auf die in ihm enthaltenen Gerbstoffe, Flavonoide und Bitterstoffe zurückzuführen.

Im Zusammenspiel mit anderen Kräutern entfaltet der Frauenmantel seine besondere Wirkung, daher gibt es zahlreiche Teemischungen, die Frauenmantel enthalten. Ursprünglich stammen diese Mischungen aus Ländern wie China, Sri Lanka und Indien. Seit Jahrhunderten werden dort die unterschiedlichsten Teesorten und Mischungen kreiert. Dank dieser Kreationen verbreiteten die Teesorten sich über die ganze Welt und können auch in der Hausapotheke ihren Platz einnehmen. Du findest bei den Rezepten etwas weiter hinten einige Anregungen für wohltuende Teemischungen.

ACHTUNG

Schwangere sollten den Frauenmantel nicht verwenden, da es bei ihnen aufgrund der krampflösenden Wirkung zu Komplikationen mit der Gebärmutter kommen kann.

Frauenmantel-Schönheitswasser

Zutaten

- 250 ml Wasser
- 3 TL Blüten und Blätter des Frauenmantels, frisch

Zubereitung

1. Das Wasser zum Kochen bringen.
2. Die Blüten mit dem heißen Wasser übergießen und 15 Minuten ziehen lassen.
3. Danach abseihen.

Anwendung

Wenn der Sud auf Körpertemperatur abgekühlt ist, eine Augenkompresse oder ein Baumwolltuch darin tränken und auf das Gesicht legen. Liegen lassen, solange die Kompresse warm ist.

Wirkung

Hilft bei großporiger Haut und Akne und wirkt dem Alterungsprozess entgegen.

Teemischung bei unregelmäßigem Zyklus

Zutaten

- Blätter vom Frauenmantel und Blüten und Blätter vom Johanniskraut, zu gleichen Teilen
- 250 ml Wasser

Zubereitung

1. Die Pflanzen mischen, mit kochendem Wasser übergießen und 10 Minuten ziehen lassen.
2. Dann in eine Tasse abseihen und trinken.

Anwendung

Täglich drei Tassen trinken. Wirkt speziell zur Unterstützung eines regelmäßigen Zyklus.

Wirkung

Dieser Tee lindert Frauenbeschwerden und hilft bei einem unregelmäßigen Zyklus.

Tee bei schwacher oder ausbleibender Periode

Zutaten

- 20 g Frauenmantel
- 20 g Rosmarin
- 20 g Gänseblümchenblüten
- 20 g Minze
- einige Tropen ätherisches Melissenöl

Zubereitung

1. Diese Mischung sollte idealerweise an Vollmond angesetzt werden.
2. Die Kräuter in einen Topf geben, ätherisches Melissenöl hinzufügen und alles mit so viel kochendem Wasser übergießen, bis es gut bedeckt ist.
3. Drei Tage stehen lassen. Am dritten Tag abseihen.
4. Trinke den Tee mit den Worten: »Reinige mich innerlich, dann lebe ich äußerlich, komm zu mir, was zu mir gehört, damit ich geben kann, was dir gehört.«

Anwendung

Anneliese verwendete dieses Ritual öfter erfolgreich bei jungen Frauen, die schon sehnsüchtig auf das Frausein warteten.

Dieser Tee kann an den besonders herausfordernden Tagen der Periode getrunken werden, er reinigt von innen und stärkt die Gebärmutter.

Wirkung

Hilft dabei, den Zyklus bei ausbleibender oder schwacher Periode zu regulieren.

Mischung zur Steigerung der Fruchtbarkeit

Zutaten

In der ersten Zyklushälfte zu gleichen Teilen:

- Himbeerblätter
- Rosmarin
- Minze
- Ringelblume
- Salbei

In der zweiten Zyklushälfte zu gleichen Teilen:

- Frauenmantel
- Schafgarbe
- Brennnessel

Zubereitung

1. Die getrockneten Kräuter im Mörser zerkleinern oder die frischen Kräuter klein schneiden.

Anwendung

Die Kräutermischung in Joghurt, Quark oder Müsli einrühren, aufs Brot streuen oder Soßen und Suppen damit würzen.

Wirkung

Diese speziellen Mischungen fördern die Bereitschaft, schwanger zu werden.

Luna-Menstruationstee – für eine angenehme Periodenzeit

Zutaten

- 15 g Frauenmantelkraut
- 15 g Schafgarbenkraut
- 10 g Brennnesselblätter
- 5 g Ringelblumenblüten

Zubereitung

1. Alle Kräuter miteinander mischen.
2. 1 TL der Teemischung mit 150 ml kochendem Wasser übergießen und 10–15 Minuten abgedeckt ziehen lassen.
3. Danach abseihen.

Anwendung

Zwei- bis dreimal täglich eine Tasse frisch zubereiteten Tee trinken. Es empfiehlt sich, den Tee anfangs über vier Wochen, beginnend in der Zeit des Eisprungs, zu trinken, später über zwei Wochen, beginnend fünf bis sieben Tage vor der Blutung bei abnehmendem Mond, da sich die Wirkung dann am besten entfaltet.

Wirkung

Der Tee verhilft zu einer regelmäßigen, schmerzfreien Periode.

Wechseljahre-Tee für ein freudigeres Gemüt

Zutaten

Zu gleichen Teilen:

- Frauenmantel
- Lavendel
- Ringelblume
- Brennnessel
- Schafgarbe

Zubereitung

1. Die Kräuter miteinander mischen.
2. 1 TL der Teemischung mit 150 ml kochendem Wasser übergießen und 10 Minuten ziehen lassen.
3. Danach abseihen.

Anwendung

Zweimal täglich eine Tasse frisch zubereiteten Tee trinken.

Wirkung

Der Tee gleicht depressive Stimmungen aus, das Schwitzen hört auf. Schafgarbe und Frauenmantel enthalten Gelbkörperhormone, die zur Bildung von Östrogen und Progesteron wichtig sind.

Die Powerfrucht Hagebutte – der Booster für dein Immunsystem

Es war im November, wenige Tage vor Allerheiligen, als mich die Jungs aus der Nachbarschaft dreist heimsuchten. Sie liefen mir hinterher, warfen kleine Steinchen nach mir und sangen gemeine Lieder. In einigen von ihnen ging es darum, dass meine Großmutter Anneliese eine Hexe sei. Das schmerzte mich sehr, doch als Kind wusste ich nicht recht damit umzugehen.

Weinend kam ich bei meiner Großmutter an, die gerade einen köstlichen Kürbiskuchen gebacken hatte. Sofort fragte sie mich, was geschehen sei. Ich erzählte es ihr und sie versuchte, mich zu trösten.

Gemeinsam gingen wir hinaus in den Garten, wo kaum noch Laub an den Bäumen war. Dafür leuchteten die Beeren der Hagebutte sehr hell und rot, fast wie Blut. Großmutter griff nach ihrem Korb und erklärte mir, dass Hagebutten erst nach dem ersten Frost wirklich lecker und süß werden. Aber wenn man nicht bis zum ersten Frost abwarten wolle, könne man sie auch für einen Tag in die Gefriertruhe legen. Sie enthalten viel Vitamin C, das uns hilft, gesund durch den Winter zu kommen. Aus den getrockneten Früchten könne sie einen sehr leckeren Tee zubereiten.

Ich betrachtete die hellroten Früchte neugierig. Sie hielt mir eine der Beeren hin und fragte mich, ob ich wisse, wofür sie noch benutzt wurden, als sie noch ein Kind war. Ich schüttelte den Kopf. Meine Großmutter bohrte ihren Zeigefinger durch die Schale der Frucht, und leicht rötlicher Saft quoll heraus. Sie gab etwas davon auf meine Hand, die sofort zu jucken begann, als habe mich ein Insekt gestochen. Juckpulver!

Und meine Großmutter riet mir, immer Hagebutten dabeizuhaben, um mich gegen die bösen Buben aus der Nachbarschaft zu wehren und ihnen Hagebutten hinten in die T-Shirts zu stecken. Dabei lachte sie – ein Lachen, das mich ein bisschen an eine Hexe erinnerte. Ich lachte mit ihr und bewaffnete mich von nun an immer mit Hagebutten.

Die Hagebutte – die Powerfrucht für deinen Körper

Herstellungs- und Anwendungsmöglichkeiten
Tee, Mus, Likör, Pulver, Öl

Wirkung
Bildung neuer Körperzellen, Immunbooster, Entschlackung

Zauberhafte Botschaft

Ich, die Hagebutte, möchte dir eine Botschaft übermitteln. Ich bin eine besondere Frucht, die reich an Vitamin C und anderen wertvollen Nährstoffen ist. Meine leuchtend rote Farbe und mein süß-säuerlicher Geschmack machen mich zu einer beliebten Zutat in Tees, Marmeladen und anderen Lebensmitteln.

Aber ich bin nicht nur eine leckere Frucht – ich habe auch viele gesundheitliche Vorteile! Ich kann dich dabei unterstützen, das Immunsystem zu stärken, den Blutdruck zu regulieren und den Cholesterinspiegel zu senken. Ich kann auch bei Entzündungen und Schmerzen helfen und das Hautbild verbessern.

Ich hoffe, dass du mich in deine Ernährung integrierst und von meinen Vorteilen profitierst. Ich bin hier, um dich zu unterstützen und dein Wohlbefinden zu fördern.

Beschreibung

Bei der Hagebutte handelt es sich um die auffallend knallroten Früchte der Heckenrose *(Rosa canina)*. Der Name hat eine uralte Wurzel: *Hag* ist die altertümliche Bezeichnung für eine Hecke oder ein Gebüsch. Als *Butte* wurde das Kerngehäuse verschiedener Früchte bezeichnet.

Die Hagebutten reifen zwischen September und November, je später man sie pflückt, desto süßer sind sie. Da sie bis zum Frühling am Strauch bleiben, können sie auch im Winter geerntet werden.

Wirkung und Einsatzbereiche

Die Hagebutte galt bereits in der Steinzeit als wertvolle Pflanze, wie Ausgrabungen bewiesen haben. Im Altertum war sie bei den Griechen die Pflanze der Göttin Aphrodite, die Germanen verbanden sie mit Freya, der Fruchtbarkeitsgöttin. Im Mittelalter hielt ein dorniger Hagebuttenstrauch vor dem Haus Hexen, böse Geister und dunkle Mächte fern und man brachte auch Zweige im Haus und Stall an, um alle Bewohner vor dem Bösen zu schützen.

Auch als Heilpflanze war die Hagebutte zu dieser Zeit bereits bekannt, galt als lebensstärkend und wurde bei Rheuma, Gicht, Erkältungen, Verdauungsproblemen und Harnwegserkrankungen eingesetzt. Hildegard von Bingen setzte sie beispielsweise gegen nervöse Magenleiden ein. Die Wirksamkeit der Hagebutte ist kein Wunder, denn ihre Inhaltsstoffe haben es in sich. Sie enthält sehr viel Vitamin C, außerdem die Vitamine A, B_1, B_2 und D und zahlreiche wertvolle Mineralstoffe. Aufgrund des hohen Vitamingehaltes ist sie sehr wirksam bei Erkältungen und kann zur Stärkung des Immunsystems eingesetzt werden. Sie ist dafür bekannt, neue Immun- und Körperzellen im Körper zu bilden, und die enthaltenen Flavonoide schützen vor Krankheitserregern wie Bakterien und Viren. Zudem enthält sie weitere Pflanzenstoffe, die antientzündlich und antirheumatisch wirken, was ihren Einsatz bei Rheuma und Gicht erklärt. Und sie kann appetitfördernd wirken, zur Verdauungsregulierung eingesetzt werden, hat eine austreibende Wirkung und hilft bei Frühjahrsmüdigkeit. Hagebuttenöl festigt das Bindegewebe und kann sehr gut zur Hautpflege verwendet werden. Und – nicht zu vergessen – natürlich können die Früchte aus als Juckpulver eingesetzt werden.

Hagebuttenöl für zarte und geschmeidige Hände

Zutaten

- 50 g Hagebuttenpulver
- 150 ml Olivenöl
- 1 Schraubglas
- 1 EL Natron

Zubereitung

1. Das Hagebuttenpulver mit dem Olivenöl vermischen und im Wasserbad bei geringer Hitze für 20 Minuten erwärmen.
2. Die Mischung abkühlen lassen und in einem geschlossenen Glas 14 Tage lang an einen dunklen Ort stellen.
3. Vor jeder Anwendung des Öls für 15–20 Minuten ein Handbad aus einer Mischung von 1 EL Natron und 1 l heißem Wasser machen, danach das Öl verwenden.

Anwendung

Nach dem Handbad aus Schritt 3 der Zubereitung kannst du das Öl in die Hände einreiben.

Wirkung

Diese Anwendung glättet die Haut, macht sie weich und zart und lindert auch Schmerzen bei Rheuma und Arthritis.

Hagebuttenlikör – gut für Magen und Darm

Zutaten

- 200 g Hagebutten
- 300 g brauner Zucker
- 200 ml Wasser
- 1 Glas oder Flasche, verschließbar
- 1 l hochprozentiger Kornbrand
- kleine Flaschen, verschließbar

Zubereitung

1. Die Hagebutten in einem Mörser zerquetschen, damit das Aroma sich besser entwickeln kann.
2. Zucker und Wasser aufkochen und anschließend abkühlen lassen.
3. Die gequetschten Hagebutten samt Schale, Kernen und Fruchtfleisch in ein großes Schraubglas oder in eine Flasche füllen. Mit der Zuckerlösung bedecken, gut schütteln und 14 Tage unter mehrmaligem Durchschütteln auf eine sonnige Fensterbank stellen. Danach mit Kornbrand übergießen und sechs Wochen lang ruhen lassen.
4. Anschließend die Feststoffe abseihen und den Likör in kleine Flaschen füllen.

Anwendung

Den Likör bei Bedarf konsumieren. Aus dem Rückstand der Früchte kannst du einen Tee brühen oder ihn zu Mus verarbeiten.

Wirkung

Schmeckt gut und belebt den Körper und den Geist. Der Likör hilft sehr gut bei Magen-Darm-Beschwerden, Durchfall, gegen Völlegefühl und ist auch wirksam bei Erkältungen und Gelenkschmerzen.

Stärkung des Immunsystems mit Hagebuttenpulver

Zutaten

- Hagebutten, beliebige Menge
- Mörser

Zubereitung

1. Das Hagebuttenpulver ist einfach herzustellen. Die Hagebutten reinigen und trocknen.
2. Diese dann mit dem Mörser zermalmen. Das Pulver mehrmals mörsern, damit es schön fein wird.

Anwendung

Das Pulver eignet sich als Brotauflage und Salatzusatz.

Wirkung

Dieses Pulver ist durch seinen hohen Vitamingehalt ein wahrer Immunbooster für den Körper.

Hagebuttenmus – reich an Vitamin C

Das schonende Kochen zerstört das Vitamin C in den Hagebutten nur in geringem Maße. Hitze ist weniger schädlich für Vitamin C als beispielsweise eine lange Lagerung an der Luft.

Zutaten

- Hagebutten, sehr reif
- etwas Wasser
- etwas Zitronensaft (½ Zitrone auf 1 kg Hagebutten)

Zubereitung

1. Die Hagebutten in einen Topf geben, ein wenig Wasser hinzufügen, sodass der Boden bedeckt ist. Die Hagebutten zum Kochen bringen und 20 Minuten leicht köcheln lassen.
2. Diesen Sud anschließend passieren und das entstandene Mus mit einem Mixstab mixen.
3. Den Zitronensaft unterrühren, er macht das Hagebuttenmus zwar etwas saurer, verbessert aber die Haltbarkeit.
4. Im Kühlschrank aufbewahren.

Anwendung

Das Mus kann als Beilage oder als Zwischenmahlzeit gegessen werden.

Wirkung

Dieses Mus gibt Kraft und hilft dem Körper, seine Energiereserven aufzuladen.

Großmutters Tipp

Speziell für eine Entgiftung empfiehlt es sich, getrocknete Hagebuttenschalen wie Knabbergebäck zu verzehren. Sie stärken die Blase und die Nierentätigkeit, was förderlich für eine Entschlackung ist.

Die Hauswurz – der Helfer für negative Wesenheiten

»Großmutter, Großmutter, schnell, ein Gewitter zieht auf!«, rief ich und kam ins Haus gerannt. Sie hatte die Wäsche abgehängt und legte sie gerade zusammen. »Oh, Bibi, da hast du recht«, sagte sie nach einem besorgten Blick zum Himmel. »Da werden wir wohl Besuch von Herrn Donner und Herrn Blitz bekommen. Und was brauchen wir da?« – »Hauswurz, Großmutter, rasch, damit bei uns nicht der Blitz einschlägt«, rief ich. »So ist es«, freute sich meine Großmutter über mein Wissen. »Weißt du, wie du herausfinden kannst, ob ein Gewitter direkt über uns ist? Es gibt da einen alten Trick. Wenn du den Donner hörst, dann beginnst du mit dem Zählen. 21, 22, 23, 24. Du zählst so lange die Sekunden, bis der Blitz folgt. Je nachdem, wie viele Sekunden zwischen Donner und Blitz vergehen, ist dann auch das Gewitter weg«, erklärte Anneliese.

Ich stand vor Großmutters Kräuterschrank, der wie immer üppig gefüllt war, und suchte nach dem richtigen Glas. »Großmutter, erzähl, warum beschützt uns denn die Hauswurz?«, wollte ich wissen. »Dazu gibt es eine alte Sage. Früher glaubte man, dass Zeus, den man auch unter Jupiter kannte, den Menschen dieses Kraut zum Schutz gegen Donner und Blitz gegeben hat. Wenn man nun draußen in ein Gewitter kam und man dieses Kraut eingesteckt hatte, dann wurde man nicht vom Blitz getroffen. Die Menschen glaubten sogar so fest daran, dass sie die Hauswurz auf ihren Dächern wachsen ließen, um sich vor einem Blitzeinschlag zu schützen. Die alten Römer pflanzten die Hauswurz sogar in Urnen und stellten diese in ihren Innenhöfen auf. Im Mittelalter gab Karl der Große sogar den Befehl, dass auf jedem Dach eine Hauswurz gepflanzt wird. Man glaubte, dass Hauswurz auch vor Feuer und negativen Wesenheiten schützt.«

»Hauswurz ist eine echte Powerpflanze«, stellte ich fest. »Ja, das ist sie. Heutzutage werden die Blätter der Hauswurz auch zur Wundheilung, bei Insektenstichen und bei Verbrennungen eingesetzt. Sie enthalten einen adstringierenden Stoff, der bei jeder Form von Wundheilung und Hautproblemen hilft. Hierzu nimmst du einfach den Saft aus den Blättern der Hauswurz und träufelst ihn auf deine Wunde«, erläuterte mir meine Großmutter. »Dafür habe ich doch Herrn Spitzwegerich«, warf ich ein. »Genau, aber die echte Hauswurz kannst du auch verwenden. Weißt du, wie man dieses Kraut noch nennt?«, wollte meine Großmutter wissen. Ich schüttelte den Kopf. »Man nennt es auch Donnerbart«, sprach Großmutter Anneliese mit tiefer Stimme. Dieser Name gefiel mir. »Donnerbart? Dann muss er wirklich gegen Blitz und Donner schützen.« – »Ja, außerdem kannst du aus Hauswurz einen Tee machen und die Blätter bei Zahnschmerzen kauen. Bei schlimmen Halsentzündungen kannst du auch eine Gurgellösung aus den Blättern herstellen«, führte Großmutter Anneliese weiter aus.

»Ich habe sie gefunden!«, rief ich und zog das Glas hervor. »Dann rasch, Bibi, leg etwas davon unter die Treppenstufe und dann komm nach drinnen. Wir wollen es uns mit einer schönen Tasse Tee während des Gewitters gemütlich machen«, sagte Großmutter.

Hauswurz – der Alleskönner

Herstellungs- und Anwendungsmöglichkeiten
Tee, Suppe, Pesto, Tinktur, Wickel

Wirkung
fördert die Wundheilung, antibakteriell, entzündungshemmend, kühlend bei Verbrennung

Zauberhafte Botschaft

Ich, die Hauswurz, möchte dir eine Botschaft übermitteln. Ich bin eine widerstandsfähige Pflanze, die auf kargen Böden und Felsen gedeiht. Meine saftigen Blätter und kräftigen Wurzeln sind ein Symbol für Standhaftigkeit und Durchhaltevermögen.

Ich möchte dich ermutigen, dich an meiner Kraft zu orientieren und zu lernen, wie du Hindernisse überwinden und Herausforderungen meistern kannst. Ich weiß, dass das Leben manchmal schwierig sein kann, aber ich möchte dir zeigen, dass du stark genug bist, um jede Hürde zu meistern. Vertraue darauf, dass auch du widerstandsfähig bist und dass du alle Fähigkeiten hast, um auch in schwierigen Zeiten zu bestehen. Mit meinen vitaminreichen und gesunden Blättern helfe ich dir dabei, deinen Körper zu stärken und deine Abwehrkräfte zu aktivieren. Wenn du das nächste Mal an mir vorbeigehst oder mich in deiner Nähe hast, spüre meine Energie und lasse dich inspirieren, deine eigene Stärke zu entfalten.

Ich bin hier für dich und stehe dir zur Seite. Vertraue auf meine natürliche Kraft und lass mich dir helfen, dein volles Potenzial zu entfalten.

Beschreibung

Die Hauswurz (lateinisch *Sempervivum*) gehört zu den Dickblattgewächsen. Der lateinische Name bedeutet so viel wie »immer lebendig«, das heißt, sie ist eine immergrüne Pflanze. Der deutsche Name *Hauswurz* stammt aus dem althochdeutschen *Wurz* für »Wurzel« oder »Pflanze«.

Die Pflanze ist sehr genügsam und wächst ursprünglich in den Gebirgen Europas und Kleinasiens, ist bei uns aber seit Jahrhunderten heimisch. Da sie kaum Erde benötigt und mit Trockenheit, Hitze und Kälte gut zurechtkommt, gedeiht sie selbst auf kargem Untergrund und kann daher tatsächlich auch auf Dächern gepflanzt werden.

Wirkung und Einsatzbereiche

Die Hauswurz ist auch bekannt als »Donnerwurz«, »Donnerbart« oder »Dachwurz« – wegen der bereits in der Geschichte erwähnten sagenhaften Bedeutung als Schutz gegen Blitz, Donner und Feuer.

Neben ihrer Verwendung als Schutzpflanze wird sie seit Jahrhunderten in der traditionellen europäischen Medizin als Heilpflanze verwendet. Sie war Hildegard von Bingen, Paracelsus und später auch Sebastian Kneipp bekannt, die ihre umfangreichen Anwendungsgebiete und ihre Heilwirkung schätzten.

Man wusste, dass sie bei Verbrennungen, Verletzungen und Wunden half und darüber hinaus auch bei Ohrenschmerzen, Wurmbefall und Fieber eingesetzt werden konnte. Eine Zeit lang ging man sogar davon aus, dass sie ein wirksames Aphrodisiakum und Fruchtbarkeitsmittel sei. In *Alräunchens Kräuterbuch* von 1883 heißt es zur Hauswurz: »Als Mittel gegen Fieber, sowie auch kühlend und heilend für schlimme Brandwunden, preise ich besonders ihren reichlich klaren Saft. Das sollt Ihr Euch merken nebst meinem Sprüchlein: Wer edle Hauswurz hält in Ehren, der kann wohl manchem Übel wehren!«

Heute ist bekannt, dass ihre Inhaltsstoffe dies bewirken, da die Wurzeln und Blätter der Pflanze einen adstringierenden Stoff enthalten, der entzündungshemmend, kühlend, beruhigend, wundheilend und schmerzlindernd wirken kann. Hauswurz wird daher eingesetzt, um Schmerzen zu lindern und Entzündungen, Insektenstiche oder Verbrennungen zu behandeln.

Hauswurztee – der Tee bei unrunden Gedanken

Zutaten

- 1 Handvoll Hauswurzblätter, frisch oder getrocknet
- heißes Wasser
- etwas Honig oder Zitronensaft

Zubereitung

1. Die Hauswurzblätter mit kochendem Wasser übergießen und 10 Minuten ziehen lassen.
2. Dann abseihen und nach Belieben etwas Honig oder Zitronensaft zugeben.

Anwendung

Den Tee nach Bedarf trinken.

Wirkung

Hilft, Entzündungen im Körper auszuheilen, und beruhigt den Geist.

Hauswurzsuppe – die Suppe zur Stärkung der inneren Klarheit

Hauswurzblätter und -wurzeln können zu einer köstlichen Suppe verarbeitet werden, indem sie in Gemüse- oder Hühnerbrühe gekocht werden.

Zutaten

- 1 Handvoll Hauswurzblätter und -wurzeln
- 1 l Gemüse- oder Hühnerbrühe
- Salz und Pfeffer oder andere Gewürze

Zubereitung

1. Die Hauswurzblätter und -wurzeln mit der Brühe in einen Topf geben und zum Kochen bringen.
2. Dies 15 Minuten kochen lassen und danach die Blätter in der Suppe pürieren.
3. Nach Geschmack mit Salz und Pfeffer oder anderen Gewürzen verfeinern.

Anwendung

Die Suppe kann ganz nach Belieben mit Kräutern oder mit Suppeneinlagen serviert werden.

Wirkung

Diese Suppe hilft in Erschöpfungsphasen, die müden Lebensgeister wieder zu wecken und den Vitaminvorrat im Körper aufzufüllen.

Hauswurzpesto – das Pesto für einen gesünderen Organismus

Zutaten

- 2 Knoblauchzehen
- 100 g Hauswurzblätter
- 50 g Pinienkerne
- 50 g Parmesan, gerieben
- 100 ml Olivenöl
- Saft von ½ Zitrone
- Salz und Pfeffer nach Geschmack

Zubereitung

1. Den Knoblauch schälen und zusammen mit den Hauswurzblättern grob hacken.
2. Dann Knoblauch, Hauswurz, Pinienkerne, Parmesan, Olivenöl und Zitronensaft in einem Multizerkleinerer zu einem Pesto verarbeiten, alternativ mit einem Schneidstab pürieren.
3. Nach Geschmack mit Salz und Pfeffer würzen.

Anwendung

Du kannst dieses Pesto gemeinsam mit Nudeln oder anderen Beilagen servieren.

Wirkung

Dieses Pesto kurbelt den gesamten Organismus an und gibt Kraft und Vitalität.

Hauswurzsalat – der Salat für ein besseres Immunsystem

Zutaten

- ½ Kopfsalat
- 1 Handvoll Hauswurzblätter
- 1 EL Essig
- 2 EL Olivenöl
- Salz und Pfeffer
- Kräuter nach Belieben

Zubereitung

1. Den Kopfsalat waschen, in mundgerechte Stücke zupfen und trocken schleudern. Die Hauswurzblätter ebenfalls waschen und trocken schütteln.
2. Aus dem Essig, Öl, Salz, Pfeffer und beliebigen Kräutern ein Dressing herstellen.
3. Das Dressing über den Salat geben und unterrühren.

Anwendung
Frische Hauswurzblätter können zu einem grünen Salat hinzugefügt werden, um ihm einen besonderen Geschmack zu verleihen. Der Salat kann entweder als Beilage oder als Hauptspeise serviert werden.

Wirkung
Dieser gesunde Salat kann helfen, wieder fit und energievoller zu werden. Er ist auch ideal während Stoffwechselkuren, da er den Organismus anregt.

Hauswurzcreme gegen trockene Haut

Zutaten

- 50 g Hauswurzblätter, getrocknet
- 100 ml Olivenöl
- 50 ml Johanniskrautöl oder Mandelöl
- 2 TL Bienenwachs
- optional: 10 Tropfen ätherisches Öl nach Wahl

Zubereitung

1. Die getrockneten Hauswurzblätter in einem Topf mit dem Olivenöl und Johanniskraut- oder Mandelöl erhitzen. Bei niedriger Hitze 30 Minuten köcheln lassen, um das Öl mit den Inhaltsstoffen der Hauswurzblätter anzureichern.
2. Danach das Öl durch ein feines Sieb abseihen und das Bienenwachs hinzufügen.
3. Das Öl bei mäßiger Hitze unter ständigem Rühren erneut erhitzen, bis das Bienenwachs vollständig gelöst ist.
4. Wenn gewünscht, ätherisches Öl nach Wahl hinzufügen und gut umrühren.
5. Die Creme in sterilisierte Gläser füllen und bei Raumtemperatur auskühlen lassen.

Anwendung

Die Hauswurzcreme kann als feuchtigkeitsspendende Körperpflege verwendet werden.

Wirkung

Sie eignet sich besonders für trockene oder empfindliche Haut.

Hauswurztinktur als Alleskönner

Zutaten

- 50 g Hauswurzblätter, getrocknet
- 1 großes Schraubglas
- 500 ml hochprozentiger Alkohol, zum Beispiel Wodka oder Alkohol zur Herstellung von Likör
- 1 dunkle Glasflasche, verschließbar

Zubereitung

1. Die getrockneten Hauswurzblätter in ein Glas geben.
2. Mit dem Alkohol übergießen und gut umrühren.
3. Das Glas mit einem Deckel verschließen und an einem dunklen, kühlen Ort mindestens vier Wochen ziehen lassen.
4. Danach die Tinktur durch ein feines Sieb abseihen und in eine dunkle Glasflasche füllen.

Anwendung

Die Hauswurztinktur kann innerlich als pflanzliches Heilmittel eingenommen werden, um verschiedene gesundheitliche Probleme zu behandeln.

Wirkung

Dieser Alleskönner hilft, Entzündungen zu bekämpfen und die körpereigene Abwehr zu steigern.

Großmutters-Tipp

Die Hauswurz, neben dein Bett gelegt, bringt dir klarere Träume.

Wickel mit Hauswurz gegen Gelenkschmerzen

Zutaten

- 50 g Hauswurzblätter, getrocknet
- 1 l kochendes Wasser
- 1 großes Baumwolltuch

Zubereitung

1. Die getrockneten Hauswurzblätter in einem Topf mit kochendem Wasser übergießen.
2. 10 Minuten ziehen lassen, bis das Wasser abgekühlt ist.
3. Das Baumwolltuch in das abgekühlte Wasser tauchen und auswringen.

Anwendung

Den Wickel auf die gewünschte Körperstelle legen und mit einem trockenen Tuch bedecken. 30 Minuten einwirken lassen.

Wirkung

Die Hauswurzwickel können zur Behandlung von Gelenk- oder Muskelschmerzen sowie zur Entlastung bei rheumatischen Beschwerden verwendet werden.

Der Holunder – das Glückskraut für dein Zuhause

Eines Tages – ich hatte gerade eine Erkältung dank Großmutters Hausmitteln überwunden – rief ich nach ihr, weil ich so schnell wie möglich wieder mehr von ihren Geschichten hören wollte. Sie stand an der Straße, betrachtete die Bäume und blickte erstaunt auf. Sie fragte nach, wie es mir ging. Ich atmete tief durch die Nase ein und aus. Alle beide Nasenlöcher funktionierten wieder und ich hatte in der Nacht nur zweimal gehustet. Dann hatte ich zum Husten gesagt, er solle weggehen, und schon war der Hustenreiz vorbei.

Ich fragte sie, was sie hier tat, und sie erklärte, sie schaue sich die Sträucher an. Ihr Nachbar habe ihr erlaubt, etwas von seinen Sträuchern zu nehmen. Sie stand vor einem Holunderstrauch und hatte vor, Holundersaft zuzubereiten, wie ich ihn bei meinen anderen Großeltern schon getrunken hatte und der mir besonders gut geschmeckt hatte.

Anneliese erinnerte mich an den Tanzabend bei Vollmond im Garten mit ihren Freundinnen. Sie hatten zuerst ein normales Lagerfeuer gemacht und die Holunderstängel erst danach in die Flammen gelegt. Sie erklärte, dass sie in den Flammen lesen konnten, worauf sie im kommenden Jahr besonders achten mussten. Ich staunte. Aber was konnte man noch mit dieser tollen Pflanze machen?

Ich erfuhr, dass die Griechen aus Holunderholz Flöten hergestellt hatten, wahrscheinlich sogar die originalen Panflöten. Am wichtigsten aber fand ich, dass ein Holunderstrauch am Haus Glück bringen soll und dass man aus den Blüten köstlichen Sirup und aus den Beeren sogar Wein machen kann.

Großmutter hielt den Holunder für eine wunderbare Pflanze mit einer schönen Energie. Ich betrachtete den Baum und stimmte ihr nickend zu.

Der Holunder – das Gesundheitskraut für deine Lebenskraft

Herstellungs- und Anwendungsmöglichkeiten
Tee, Sirup, Öl, Brei, Räucherholz

Wirkung
lindert Verbrennungen, fördert die Wundheilung, lindert virale Beschwerden, Immunbooster, stoffwechselanregend, hemmt den Appetit

Zauberhafte Botschaft

Ich, der Holunder, möchte dir eine Botschaft übermitteln. Ich bin eine Pflanze mit einer reichen Geschichte und einem tiefen kulturellen Erbe. Meine Beeren und Blüten wurden in der Volksmedizin seit Jahrhunderten zur Behandlung von Erkältungen, Grippe und anderen Beschwerden verwendet. Ich möchte dich ermutigen, dich an meiner Heilkraft zu orientieren und zu lernen, wie du dich um deine Gesundheit und dein Wohlbefinden kümmern kannst. Meine Beeren und Blüten sind ein Symbol für Lebenskraft und Regeneration. Ich möchte dich dazu inspirieren, dich in der Natur zu bewegen und deinen Körper und Geist zu stärken.

Ich stehe dir zur Seite, wenn du dich auf den Weg zu einem gesünderen und erfüllteren Leben machen möchtest. Vertraue auf meine natürliche Kraft und lass mich dir helfen, dein volles Potenzial zu entfalten.

Beschreibung

Der Holunder *(Sambucus)* ist ein Strauch oder Baum und gehört zur Familie der Moschuskrautgewächse *(Adoxaceae)*. Man kennt ihn auch als Fliederbeere oder Hollerstrauch. Die Begriffe *Holunder* und *Holler* stammen aus dem Althochdeutschen *holuntar*, wobei *hol* für »hohl« und *tar* für »Baum« steht und wohl die hohlen, mit Mark gefüllten Zweige des Holunders bezeichnen.

Der Holunderstrauch kann bis zu sechs Meter hoch werden. Im Frühling bildet er große weiße Dolden aus und im Herbst kugelförmige, schwarz-rot glänzende Beeren, die reich an Vitamin C und Antioxidantien sind. Er ist weit verbreitet und dient seit langer Zeit zur Herstellung der verschiedensten Heil- und Hausmittel. Die Menschen wissen schon lange von der Heilwirkung des Holunders, von dem wir nahezu alle Pflanzenteile verwenden können, denn auch die Blätter, die Rinde und die Wurzeln sind von hohem Wert.

Wirkung und Einsatzbereiche

Aus den Beeren kann Marmelade oder Saft hergestellt werden, der sich wieder zu Gelee, Wein, Likör oder auch zu einer süßen Suppe verarbeiten lässt. Aus den Blüten gewinnen wir Holunderblütensirup, der zusammen mit Wasser, Limonade oder Prosecco ein erfrischendes Mixgetränk ergibt. Die frischen Dolden ergeben, in Teig getaucht und ausgebacken, leckere Küchlein oder getrocknet einen wohltuenden Tee, der schweißtreibend und schleimlösend wirkt und die Abwehrkräfte stärkt.

Inzwischen ist erwiesen, dass Holunderbeeren vor allem bei viralen Infekten der oberen Atemwege, wie Fieber, Kopfschmerzen und Erkältung, helfen. Holundersaft und Aufgüsse aus den Blüten und Blättern gelten als natürliches Abführmittel, bringen die Verdauung in Schwung und haben außerdem auch eine harntreibende Wirkung. Bei Diäten unterstützt er die Gewichtsreduktion durch seine stoffwechselanregende und entgiftende Wirkung. In den Beeren stecken Anthocyane – das sind starke Antioxidantien, die den sekundären Pflanzenstoffen zugeordnet werden. Sie schützen die Körperzellen vor freien Radikalen und stärken so die Abwehrkraft. Dem Holunder wird außerdem eine blutreinigende Wirkung zugesprochen, er wirkt gegen Hautunreinheiten und bei der Anti-Rheuma-Therapie. Vor allem die Blätter des Strauches können zur Wundheilung als Salbenzusatz gegen Verbrennungen, Verstauchungen und Quetschungen angewandt werden.

Kein Wunder, dass sich um diesen Alleskönner viele Mythen ranken: Ein Holunderbaum als Hausbaum schützt nach altem Volksglauben vor bösen Geistern und vor Blitzschlag. In der nordischen Mythologie soll Freya, die Beschützerin von Haus und Hof, ihn sich als Wohnsitz auserwählt haben. Laut den alten Germanen wohnt die Göttin Holda, die wir aus dem Märchen Frau Holle kennen, im Holunder. Die Göttin genoss große Ehrfurcht und Holunderbäume durften daher weder geschnitten noch gefällt werden, da man sonst den Zorn der Göttin auf sich zog. Gingen Männer an einem Holunderstrauch vorbei, zogen sie ihren Hut, um die Geister des Holunders zu grüßen und ihnen Respekt zu zollen.

Im hohen Norden glauben die Menschen bis heute, dass der Holunder das Tor zur Unterwelt darstellt, und bringen Opfergaben wie Obst oder Blumenschmuck dar. Aber die Verehrung findet sich auch in der keltischen Mythologie, wo der Holunder als heiliger Baum galt und Schutz und Stärke symbolisierte. Dort galt er zudem als Symbol für Leben und Tod, da der Baum im

Winter »tot« war und im Frühling zu neuem Leben erwachte. Auch im Christentum finden sich Hinweise auf den Holunder, so soll die Wiege des Jesuskinds aus Holunderholz gefertigt worden und auch das Kreuz Christi soll aus Holunderholz gewesen sein. Außerdem wurde in der christlichen Mythologie Sankt Nikolaus an die Stelle von Frau Holle gesetzt, der ursprünglich einen Holunderzweig in der Hand hielt, der später durch eine Rute ersetzt wurde.

Holundertee bei Erkältungen

Zutaten

- 1 Handvoll Holunderblüten, frisch, oder 2 TL Holunderblüten, getrocknet
- 250 ml Wasser
- optional: 1 Scheibe Bio-Zitrone
- optional: etwas Honig, Zucker oder eine Zuckeralternative zum Süßen

Zubereitung

1. Die Holunderblüten in eine Tasse geben. Das Wasser aufkochen und die Holunderblüten mit dem kochenden Wasser übergießen.
2. Den Aufguss 5–10 Minuten ziehen lassen und danach durch ein Sieb abgießen.
3. Nach Wunsch 1 Zitronenscheibe in den Tee geben und/oder etwas Honig oder eine andere Süße unterrühren.

Anwendung

Dieser Tee kann mehrmals pro Tag getrunken werden.

Wirkung

Der Tee kurbelt das Immunsystem an und hilft, es zu stärken und zu harmonisieren.

Holunderblütensirup für leckere Getränke

Zutaten

- 25 Holunderblütendolden
- 1 l Wasser
- 1,5 kg Zucker
- 25 g Zitronensäure
- ½ Bio-Zitrone
- Glasflaschen, verschließbar

Zubereitung

1. Insekten und Verschmutzungen aus den Blüten entfernen. Die Blüten aber nicht waschen, denn so verlieren sie ihr Aroma.
2. Das Wasser mit dem Zucker und der Zitronensäure in einem großen Topf erhitzen und kurz kochen lassen, bis die Flüssigkeit vollkommen klar ist. 10 Minuten lang abkühlen lassen.
3. Die Zitrone abwaschen und trocken tupfen, dann in Scheiben schneiden. Diese in das leicht abgekühlte Zuckerwasser geben.
4. Die Holunderblütendolden kopfüber in das Zuckerwasser tauchen, den Topf mit einem Deckel verschließen und vier Tage lang bei Zimmertemperatur ziehen lassen. Dabei täglich umrühren.
5. Anschließend ein Sieb mit einem sauberen Geschirr- oder Passiertuch auslegen und den Sirup über einem Topf abseihen.
6. Den Sirup nun noch einmal kurz aufkochen lassen, dann den heißen Sirup in saubere Flaschen füllen und diese sofort verschließen.
7. Kühl und dunkel gelagert hält sich Holunderblütensirup ungeöffnet sechs bis zwölf Monate.

Anwendung

Sirup mit Wasser verdünnen. Dieser Saft schmeckt lecker, vor allem im Sommer.

Wirkung
Schmeckt gut und kühlt den Körper an heißen Sommertagen von innen.

Holunderblütenöl gegen Hautreizungen

Zutaten
- 5 g Holunderblüten, getrocknet, oder 10 g Holunderblüten, frisch
- 1 Schraubglas
- 100 ml Mandelöl
- 1 dunkle Flasche, verschließbar

Zubereitung
1. Die frischen oder getrockneten Holunderblüten in einem Glasgefäß mit dem Mandelöl mischen und zwei Wochen abgedeckt bei Zimmertemperatur stehen lassen. Dabei gelegentlich schutteln.
2. Danach durch ein Leintuch oder einen Teefilter abfiltrieren.
3. In einer dunklen Flasche lagern.

Anwendung
Dieses Öl ist perfekt bei gereizter Haut. Bereits während der Massage lindert und beruhigt es die Haut.

Wirkung
Holunderblütenöl beruhigt empfindliche und gereizte Haut und eignet sich zur Nachbehandlung von Sonnenbrand.

Holunderwurzeltrunk zur Entwässerung

Zutaten

- 1 Handvoll Holunderwurzeln
- 1 l Weißwein
- Flaschen, verschließbar

Zubereitung

1. Die Wurzeln des Holunders in kleine Stücke schneiden, in den Wein geben und über Nacht ziehen lassen.
2. Am nächsten Tag 10 Minuten lang erwärmen.
3. Danach abseihen und in Flaschen füllen.

Anwendung

Zwei Wochen lang täglich 2 cm des Holunderwurzeltrunks in ein Glas mit ¼ l Fassungsvermögen geben, mit Wasser aufgießen und trinken.

Wirkung

Wirkt entwässernd.

Brei aus Holunderblättern bei leichten Wunden

Zutaten

- 1 Handvoll Holunderblätter
- 2–3 EL Milch

Zubereitung

1. Die Holunderblätter in kleine Stücke schneiden und mit dem Mörser quetschen.
2. Die Milch zugeben, alles im Mörser kurz weiter zerdrücken, bis eine breiartige Masse entsteht.

Anwendung

Diesen Brei direkt auf die Wunden geben, besonders bei Brandwunden.

Wirkung

Er lindert Schmerzen und wirkt kühlend.

Johanniskraut – das Kraut der Stärke und Power für deine Psyche

Eines Tages saß ich mit Großmutter in ihrer Küche und wir sprachen über Pflanzen, vor denen man sich in Acht nehmen sollte, wie beispielsweise die Tollkirsche. Großmutter erklärte mir: »Die meisten Kräuter sind hilfreich und gut, auch wenn sie über Zauberkräfte verfügen.« Sie wies auf einen kleinen Strauch aus blühendem Johanniskraut, der gelb und leuchtend auf ihrem Küchentisch stand. »Das Johanniskraut zum Beispiel hebt die Stimmung und kann Menschen helfen, die an der Seele krank sind. Es blüht jetzt. Bald ist Johannistag, der Tag der Sommersonnenwende. Es heißt, es sei eine magische Nacht, in der Hellsehen möglich ist und man die Elfen und Kobolde beim Tanzen beobachten kann.« Das gefiel mir sehr und ich nahm mir vor, in dieser Nacht heimlich länger wach zu bleiben, um den Kobolden und Elfen beim Tanzen zuzusehen.

Das Johanniskraut – das Seelen-Sonnenkraut

Herstellungs- und Anwendungsmöglichkeiten
Öl, Salbe, Creme, Tinktur

Wirkung
desinfizierend, vitaminreich, leichtes Antidepressivum

Zauberhafte Botschaft

Ich, das Johanniskraut, möchte dir eine Botschaft übermitteln. Mein Name kommt von Johannes dem Täufer, der am 24. Juni gefeiert wird – zur Zeit meiner Blüte. Mein Aussehen ist wunderschön und meine gelben Blüten erstrahlen in der Sonne. Ich bin bekannt für meine medizinischen Eigenschaften, denn ich kann bei Depressionen, Angstzuständen und Schlafstörungen helfen. Mein Extrakt kann auch bei Hautproblemen wie Verbrennungen oder Wunden angewendet werden.

Ich möchte dir sagen, dass du dich nicht schämen solltest, wenn du Hilfe bei psychischen Problemen benötigst. Ich stehe dir immer zur Seite und kann dir helfen, dich wieder besser zu fühlen.

Denke daran, dass du niemals allein bist und es immer Menschen und Pflanzen gibt, die dich unterstützen können.

Beschreibung

In der Heilkunde ist vor allem das medizinisch genutzte Echte Johanniskraut *(Hypericum perforatum)* bekannt. Die Pflanze wird bis zu 60 Zentimeter hoch und wächst entlang von Waldrändern, Wegen und Böschungen. Gesammelt werden können Blätter und die gelben Blüten, die im Juni und Juli erblühen. Sie enthalten Flavonoide und Gerbstoffe.

Seinen Namensbezug auf Johannes den Täufer hat das Johanniskraut ja bereits in seiner zauberhaften Botschaft erklärt, da es um den Johannistag am 24. Juni blüht. Doch woher stammt sein wissenschaftlicher Name? *Hypericum* stammt vom griechischen Wort *hyper* ab, das »über« heißt, und *eikon*, was »Bild« bedeutet. Diese Namensgebung entstammt der Tradition, das Johanniskraut am Johannistag über Götterbildern anzubringen, um damit böse Geister abzuwehren. Der lateinische Zusatz *perforatum* weist darauf hin, dass die Blätter der Pflanze aufgrund ihrer Öldrüsen so aussehen, als seien sie durchlöchert.

Der heute teilweise noch gebräuchliche Name Sonnenwendkraut bezieht sich auf seine Blütezeit und seinen Einsatz in den altgermanischen Sonnwendkulturen, außerdem darauf, dass es als Sonnensymbol und als heilige Blume des germanischen Lichtgotts Baldur gilt und ein Lichtbringer ist, der das Dunkle besiegt.

Wirkung und Einsatzbereiche

Johanniskraut ist eine der bekanntesten Heilpflanzen bei psychischen Störungen, da es eine stimmungsaufhellende und antidepressive Wirkung hat. Hierfür sind seine Inhaltsstoffe Hyperforin und Hypericin verantwortlich. Johanniskraut kann bei allen Leiden helfen, die psychischen Ursprungs sind. Ihm wird eine ähnliche Wirkung wie chemischen Glückspillen, wie zum Beispiel Valium, nachgesagt, jedoch ohne deren negativen Nebenwirkungen.

Aber Johanniskraut leistet nicht nur der Seele wertvolle Dienste, sondern hilft auch der Haut schnell und sanft, da es spröde und trockene Haut pflegt und Feuchtigkeit spendet. Johanniskrautöl, das wegen seiner Farbe auch Rotöl genannt wird, hat entzündungshemmende Eigenschaften und kann daher zur Wundheilung, bei Sonnenbrand und Verbrennungen eingesetzt werden. Es kann außerdem bei Verstauchungen und Muskelschmerzen helfen..

Seit über 2000 Jahren wird Johanniskraut als Heilpflanze verwendet. Bei den Griechen trug es den Namen *Androsaimon* (»Mannsblut«) aufgrund der roten Farbe des Öls. Hippokrates empfahl es als Heilkraut gegen Frauenleiden und Fiebererkrankungen, Dioskurides setzte es bei Ischias und gegen Brandwunden ein. Bereits aus der Zeit um 795 findet sich die stimmungsaufhellende Wirkung des Krauts im ältesten überlieferten Buch der Klostermedizin namens *Lorscher Arzneibuch*. Hier wird Johanniskraut gegen »Melancholie« empfohlen.

Um das Johanniskraut ranken sich zahlreiche Sagen und Legenden. So wurde es im Mittelalter als Ritualkraut zur Teufels- und Hexenaustreibung eingesetzt und auch später sagte man noch, es schütze vor dem Teufel. Die Kelten verbrannten Johanniskraut zur Sommersonnenwende, um böse Geister zu vertreiben. Im heidnischen Brauchtum banden Mädchen zur Sommersonnenwende einen Strauß aus den Blüten und legten ihn unter ihr Kopfkissen, so sollten sie in der Nacht ihren künftigen Ehemann sehen.

Johanniskraut ist nicht nur ein Therapeutikum, sondern auch ein gesundes Lebensmittel. Noch heute wird das ganze blühende Kraut als aromatisierende Zutat bei der Herstellung von Gewürzölen verwendet. Die jungen Triebspitzen und die zarten Blätter können im Frühjahr in Salate oder in Kräuterquarks eingemischt werden.

ACHTUNG

Die Pflanzenteile sind leicht giftig und können die Sonnenempfindlichkeit erhöhen.

Johanniskrautöl bei Rückenschmerzen und Verbrennungen

Zutaten

- Johanniskrautknospen, -blüten und -blätter
- Schraubglas
- Bio-Olivenöl
- Dunkle Gläser

Zubereitung

1. Die oberen 10–15 cm des blühenden Johanniskrauts ernten. Antrocknen lassen und zerkleinern. Ein Schraubglas zu einem Drittel damit befüllen, dann mit so viel Olivenöl auffüllen, dass alle Pflanzenteile bedeckt sind.
2. In der Sonne stehen lassen und aufpassen, dass

kein Kondenswasser entsteht. Wenn doch, dann mit einem sauberen Tuch abtupfen.

3. Zwei bis drei Wochen ziehen lassen.
4. Danach abfiltern und in dunkle Gläser abfüllen.

Anwendung

Als Massageöl auf die Haut auftragen.

Wirkung

Bei Rückenschmerzen und als Grundlage für Salben bei Verbrennungen.

Johanniskrautsalbe bei Verletzungen und Verbrennungen

Zutaten

- 100 ml Johanniskrautöl
- 10 g Bienenwachs
- 10 g Sheabutter
- optional: ätherische Öle, nach Belieben

Zubereitung

1. Das Öl im Wasserbad erwärmen und das Bienenwachs darin schmelzen.
2. Dann die Sheabutter hineingeben und alles gut miteinander verrühren.
3. Wenn gewünscht, die Substanz noch mit ätherischen Ölen verfeinern.
4. In kleine Tiegel füllen und abkühlen lassen.

Anwendung

Sanft auf die verletzte Stelle auftragen.

Wirkung

Bei leichten Verletzungen und Verbrennungen.

ACHTUNG

Die Salbe hat eine phototoxische Wirkung und macht die Haut lichtempfindlich. Vor allem helle Hauttypen sollten sich daher bei Verwendung der Salbe keiner direkten Sonnenbestrahlung aussetzen.

Johanniskrauttinktur gegen depressive Verstimmung

Zutaten

- Johanniskrautblätter und -blüten
- Schraubglas
- Alkohol mit einem Alkoholgehalt von 40–60 %
- dunkle Flasche, verschließbar

Zubereitung

1. Die Johanniskrautblätter und -blüten waschen und trocknen.
2. Die Pflanzenmaterialien in ein Glasgefäß geben, mit Alkohol übergießen, sodass alle Pflanzenteile bedeckt sind, das Glas verschließen und an einem dunklen, kühlen Ort (am besten im Keller) zwei bis drei Wochen stehen lassen.
3. Nach der angegebenen Zeit die Tinktur durch ein Tuch oder einen Kaffeefilter abseihen, in eine dunkle Flasche umfüllen und verschließen.

Anwendung

Diese Tinktur sollte dreimal täglich mit 15 Tropfen eingenommen werden, pur oder mit einem Schluck Wasser. Im Akutfall 30 Tropfen bis zu maximal viermal täglich einnehmen.

Wirkung

Diese Tinktur lindert depressive Verstimmungen, stärkt die Psyche und lindert Stress und innere Unruhe.

Kamille – das Kraut zur Beruhigung und des Gefühls der Harmonie

Als kleines Kind hatte ich das Problem, am Abend nicht einschlafen zu wollen. Jeden Abend versuchte ich, mit Essen, Trinken oder einem anderen Ablenkungsmanöver länger bei den Erwachsenen bleiben zu dürfen. Eines Tages war auch meine Großmutter zu Besuch bei uns und erkannte sofort, dass etwas nicht stimmte: Ich konnte den aktuellen Tag nicht loslassen, da ich immer das Gefühl hatte, noch etwas zu verpassen. Ich saß also zum wiederholten Male am Abend bei meinem letzten Butterbrot, nur um den Gesprächen der Erwachsenen lauschen zu können. Da fragte mich meine Großmutter, ob ich noch etwas zu trinken haben wollte. Ich nickte, meine Großmutter ging in die Küche und bereitete mir einen Kamillentee zu. Ich liebte Kamillentee. Noch heute erinnert mich Kamillentee an meine Kindheit und ruft dieses Gefühl von Geborgenheit hervor, das ich als Kind im Beisein meiner Familie empfunden habe.

Während ich meinen Tee genussvoll schlürfte, begann mir meine Großmutter etwas über die Powerpflanze Kamille und ihre Wirkung zu erzählen. Sie berichtete, sie gelte als Zeichen der Hoffnung und des Schutzes. Die Kamille und ihre weißen Blüten stehen für Hoffnung und bringen Zuversicht und Heilung. Sie wirkt stresslösend und fördert die innere Ausgeglichenheit, erzählte sie weiter. Dann erklärte sie mir, was es mit mir und dem Kamillentee auf sich hatte: Der Tee würde meine Hoffnung auf einen noch schöneren und interessanteren Tag nähren, würde mir die Zuversicht und die Erkenntnis verleihen, dass es sich lohnt, den heutigen Tag zu beenden und den morgigen Tag als neues

Geschenk anzusehen. Dieser Tee würde mich dabei unterstützen, jeden Tag aufs Neue zu erkennen, welche Möglichkeiten das Leben für mich bereithielt. Ich verstand sofort ihre Botschaft und wusste, was sie mir damit sagen wollte.

Ich trank meinen Kamillentee in Ruhe aus, verabschiedete mich von meinen Lieben und war bereit, den heutigen Tag zu beenden, um am nächsten Morgen einen neuen Tag willkommen zu heißen.

Die beruhigende Kamille

Herstellungs- und Anwendungsmöglichkeiten
Tee, Öl, Salbe, Creme, Tinktur, Kompressen

Wirkung
desinfizierend, antibakteriell, beruhigend, ausgleichend, hilft bei Wundheilung, lindert Magen-Darm-Beschwerden

Zauberhafte Botschaft

Ich, die Kamille, möchte dir eine Botschaft übermitteln. Mein Name stammt aus dem Griechischen und bedeutet »Erde-Apfel«, aufgrund meines Duftes. Ich bin eine wunderschöne Pflanze mit weißen Blüten und einem gelben Kern. Ich bin bekannt für meine beruhigenden Eigenschaften und meine Fähigkeit, bei verschiedenen Beschwerden zu helfen. Ich kann bei Bauchschmerzen, Blähungen und Entzündungen helfen und meine ätherischen Öle werden oft in der Aromatherapie verwendet. Meine Blüten werden auch oft für Tee und andere Getränke genutzt.

Ich möchte dir sagen, dass du dich um deine Gesundheit kümmern solltest, denn deine körperliche und geistige Gesundheit sind miteinander verbunden. Nimm dir Zeit für dich selbst und achte auf deine Bedürfnisse. Vertraue auf meine heilenden Kräfte und lass dich von meinem Duft und meiner Schönheit umgeben. Ich stehe dir immer zur Seite und kann dir helfen, dich zu beruhigen und zu entspannen.

Ich hoffe, meine Botschaft erreicht dich in guter Gesundheit und lässt dich wissen, dass ich immer für dich da bin.

Beschreibung

Der wissenschaftliche Name *Matricaria chamomilla* leitet sich aus dem griechischen Begriff *chamaímêlon* (»am Boden wachsender Apfel«) ab. Die Griechen gaben der Kamille diesen Namen wahrscheinlich wegen ihres bodennahen Wuchses und des apfelartigen Geruchs der runden Blütenköpfchen. Der Gattungsname *Matricaria* ist vom Lateinischen *mater* (»Mutter«) abgeleitet und erklärt die Anwendung bei Erkrankungen im Wochenbett.

Die Echte Kamille gehört zu den Korbblütlern *(Asteraceae)* und ist eine einjährige, locker wachsende Pflanze, die 15 bis 50 Zentimeter hoch wird.

Charakteristisch für die Echte Kamille sind ihre weißen Blüten mit gelber Mitte sowie ihre gefiederten Laubblätter und natürlich ihr angenehmer, leicht apfelartiger Geruch.

Die Blüten, Blätter und Knospen der Echten Kamille sind essbar und können in der Küche verwendet werden. Sie können beispielsweise in Salate gemischt oder als Tee aufgegossen werden. Ihre Blüten enthalten unter anderem ätherische Öle und Flavonoide, was zu ihrer Heilwirkung beiträgt.

Wirkung und Einsatzbereiche

Die Kamille ist eine allgemein anerkannte Heilpflanze, die wegen ihrer beruhigenden und entzündungshemmenden Wirkung in der Naturmedizin und in der Kosmetik verwendet wird. Kamille kann als Tee, Tinktur, Öl oder als Bestandteil von Kosmetikprodukten wie Cremes, Lotionen und Shampoos verwendet werden.

Auch Tieren kann die Echte Kamille gegen Magen-Darm-Beschwerden helfen und sie beruhigen.

Als Heilmittel fand die Kamille sowohl bei den Ärzten der Antike als auch im Mittelalter und der Gegenwart hohe Wertschätzung. Die nordischen Völker verglichen sie wegen ihrer gelben Blütenscheibe mit dem Sonnengott Baldur und sahen sie als heilig an. Kamille wird traditionell verwendet, um eine Vielzahl von gesundheitlichen Beschwerden zu behandeln, darunter Schlafstörungen, Menstruationsbeschwerden, Magen-Darm-Beschwerden wie Verdauungsstörungen und Koliken, Hautprobleme wie Akne, Ekzeme und Sonnenbrand, Kopfschmerzen und Migräne sowie aufgrund ihrer beruhigenden Wirkung auch Angstzustände und Stress.

Auch in der Hexenlehre gilt die Kamille schon lange als Powerpflanze. Sie dient in Ritualen zur Harmonisierung von reinigenden Energien. Ihre weißen Blüten symbolisieren Hoffnung und Zuversicht. In der Hexenpraxis kommt die Kamille in Räucherstäbchen, Kamillentee, Kamillekissen oder Kamillenölen und Kamillesalben vor.

Kamillenöl zur Beruhigung der Haut

Kamillenöl kann einfach zu Hause hergestellt werden, indem du Kamillenblüten in einem Öl als Träger, wie Olivenöl oder Mandelöl, einweichst.

Zutaten

- 1 Tasse Kamillenblüten, frisch
- 1 Glas mit Schraubverschluss
- 1 Tasse Trägeröl, zum Beispiel Olivenöl oder Mandelöl
- 1 dunkle Glasflasche, verschließbar

Zubereitung

1. Die Kamillenblüten waschen und trocknen. Dann die Kamillenblüten in ein Glas geben und so viel Trägeröl eingießen, bis alle Blüten vollständig bedeckt sind.
2. Das Glas verschließen und an einem sonnigen Ort mindestens zwei Wochen stehen lassen.
3. Danach das Öl durch ein Sieb oder ein Käsetuch gießen, um die Blütenreste zu entfernen.
4. Das Kamillenöl in eine dunkle Flasche mit Schraubverschluss füllen und an einem kühlen, dunklen Ort aufbewahren.

Anwendung

Dieses Öl kann als Körperöl oder Massageöl verwendet werden.

Wirkung

Zur Beruhigung und Pflege der Haut. Es kann auch in der Aromatherapie eingesetzt werden, um Stress und Anspannung zu reduzieren.

Kamillen-Haarshampoo für empfindliche Haare

Zutaten

- ½ Tasse Kamillenblüten
- 1 Tasse Wasser
- ¼ Tasse flüssige Seife, zum Beispiel Castile-Seife
- 10 Tropfen ätherisches Kamillenöl
- 10 Tropfen ätherisches Lavendelöl
- 1 Flasche, verschließbar

Zubereitung

1. Die Kamillenblüten in einem Topf mit dem Wasser zum Kochen bringen. Die Blüten bei niedriger Hitze 10 Minuten köcheln lassen. Dann die Kamillenblüten mit einem Schöpflöffel aus dem Wasser entfernen und das Wasser abkühlen lassen.
2. Die flüssige Seife und die ätherischen Öle in das Kamillenwasser geben und gut verrühren.
3. Die Mischung in eine Flasche füllen und vor der Anwendung gründlich schütteln.

Anwendung

Eine kleine Menge des Kamille-Haarshampoos in die Handfläche geben und sanft in das Haar einmassieren. Gründlich ausspülen.

Wirkung

Dieses Kamille-Haarshampoo eignet sich besonders für empfindliche Kopfhaut und kann gegen Schuppen und Juckreiz helfen. Außerdem verleiht es dem Haar einen natürlichen Glanz. Achtung: wirkt aufhellend.

Kamillentee zur Beruhigung innerer Unruhe

Zutaten

- 1 TL Kamillenblüten, getrocknet
- 250 ml Wasser

Zubereitung

1. Die Kamillenblüten in eine Tasse geben.
2. Das Wasser aufkochen und über die Blüten gießen. 10 Minuten ziehen lassen.
3. Dann die Blüten abseihen und den Tee trinken.

Anwendung

Der Tee kann mehrmals täglich genossen werden.

Wirkung

Wirkt beruhigend und schlaffördernd.

Kamillencreme zur Harmonisierung der Haut

Zutaten

- 1 TL Kamillenblüten, getrocknet
- 50 ml Wasser
- 10 g Bienenwachs
- 50 ml Olivenöl
- optional: 2 Tropfen ätherisches Kamillenöl
- 1 Glas, verschließbar

Zubereitung

1. Die Kamillenblüten in 50 ml Wasser aufkochen. Direkt nachdem das Wasser gekocht hat, den Topf vom Herd nehmen und die Blüten 20 Minuten ziehen lassen.
2. Anschließend die Blüten durch ein Tuch oder einen Filter abseihen und dabei das Wasser auffangen.
3. Das Bienenwachs in einem Wasserbad erwärmen, bis es geschmolzen ist. Olivenöl und ätherisches Kamillenöl sowie 50 ml Kamillenwasser zu dem geschmolzenen Wachs hinzufügen und gut verrühren.

4. Die Kamillencreme in ein sterilisiertes Glas geben, darin abkühlen lassen und dann gut verschließen.

Anwendung

Perfekt zur täglichen Anwendung. Dreimal täglich dünn auf die Haut auftragen.

Wirkung

Die Kamillencreme wirkt entzündungshemmend, wundheilungsfördernd und ist ein gutes Heilmittel für Haut- und Schleimhauterkrankungen.

Kamillen-Gurgelwasser – Reinigungswasser für deinen Organismus

Zutaten

- 5 g Kamillenblüten, getrocknet
- 100 ml kochendes Wasser

Zubereitung

1. Die getrockneten Kamillenblüten mit dem kochenden Wasser (80 °C) aufgießen und 10 Minuten abgedeckt ziehen lassen.
2. Danach die Blüten abseihen und das Gurgelwasser abkühlen lassen.

Anwendung

Mit dem noch lauwarmen Wasser mehrmals täglich gurgeln, idealerweise nach jeder Mahlzeit. Kann auch getrunken werden.

Wirkung

Dieses Kamillen-Gurgelwasser ist bei Durchfall, inneren Pilzerkrankungen und Beschwerden im Magen-Darm-Bereich als heilsames Mittel zu verwenden.

Kamillensitzbad – Heilsames für den Intimbereich

Zutaten

- 25 g Kamillenblüten, getrocknet
- 5 l Wasser
- optional: 1 EL Meersalz

Zubereitung

1. Die Kamillenblüten gemeinsam mit 1 l Wasser aufkochen und 10 Minuten ziehen lassen.
2. Dann abseihen und in einer Sitzwanne mit weiteren 4 l warmen Wasser verdünnen. Das Wasser sollte eine angenehme Badetemperatur erreichen, daher bitte die zusätzlichen 4 l entsprechend temperieren.
3. Wenn gewünscht, Meersalz in das Sitzbad geben.

Anwendung

Dieses wohltuende Sitzbad kann in akuten Fällen mehrmals täglich durchgeführt werden.

Wirkung

Dieses Sitzbad harmonisiert und gleicht die Flora des Intimbereichs aus.

Heilendes Kamillen-Haartonikum für schnelleres Haarwachstum

Zutaten

- 9 Teebeutel mit Kamille
- 1 l Wasser

Zubereitung

1. Die Teebeutel in einen Topf geben und mit dem Wasser aufkochen.
2. 10 Minuten ziehen lassen, dann die Teebeutel entfernen.

Anwendung
Abgekühlt in die Haare massieren. Das Tonikum muss nicht ausgewaschen werden. Mehrmals in der Woche wiederholen.

Wirkung
Die Kamille wirkt heilend auf die Kopfhaut, fördert dadurch das Haarwachstum und wird als natürlicher Aufheller verwendet.

Die goldene Kartoffel – ein Gruß aus der Kindheit

Es war Januar, draußen war nasskaltes Wetter und mich hatte es erwischt. Ich bekam kaum noch einen Ton heraus, mein Hals schmerzte und war wie zugeschnürt. Meine Großmutter kam gerade vom Einkaufen nach Hause und schlug die Hände über dem Kopf zusammen. Ich erzählte ihr von meinen Halsschmerzen.

Sie machte sich sofort daran, Kartoffeln zu kochen, dabei hatte ich gar keinen Hunger. Mir war völlig unklar, was Kartoffeln mit meinem Halsweh zu tun haben könnten. Knoblauch sollte auch noch dazu. Aber Großmutter erklärte mir, dass die Kartoffeln nicht zum Essen waren, sondern für meinen Hals. Sie hatte mir schon so manches Mal gezeigt, dass sie mit den Zutaten aus der Küche nicht nur kochen, sondern auch zaubern konnte, ganz gleich, ob es sich um einen garstig juckenden Mückenstich handelte oder um peinigendes Ohrenweh. Auch bei Bauchschmerzen oder Ausschlag hatte sie mir schon sehr geholfen.

Als die Kartoffeln gar gekocht waren, legte Großmutter sie auf ein

Tuch und zerdrückte sie mit einer Gabel. Dann wickelte sie mir das Tuch mit dem Kartoffelbrei um den Hals. Die Wärme fühlte sich tatsächlich angenehm an.

Bis heute nutze ich die Kartoffel als vielseitiges und erstaunlich wirksames Hausmittel für alle möglichen Zwecke. Bei Halsschmerzen, Heiserkeit und Nervosität solltest auch du einmal Kartoffelwickel probieren.

Die heilsame Kartoffel

Herstellungs- und Anwendungsmöglichkeiten
Salate, Gerichte, Brei, roh, gekocht, Wickel

Wirkung
desinfizierend, kühlend, feuchtigkeitsspendend, vitaminreich

Zauberhafte Botschaft

Ich, die Kartoffel, möchte dir eine Botschaft übermitteln. Ich bin eine vielseitige Pflanze, die in vielen Kulturen und Küchen auf der ganzen Welt verwendet wird. Ich bin nicht nur lecker, sondern auch reich an Nährstoffen und Ballaststoffen. Meine Haut enthält Antioxidantien und ich bin eine gute Quelle für Vitamin C, Kalium und Eisen. Wenn du mich in deine Ernährung integrierst, kann ich helfen, dein Immunsystem zu stärken und dein Herz-Kreislauf-System zu schützen.

Es gibt viele gesunde Möglichkeiten, mich zuzubereiten, wie zum Beispiel gedämpft, gebacken oder als Püree. Wenn du mich mit gesunden Zutaten wie Gemüse, Kräutern und Olivenöl kombinierst, kannst du eine köstliche und nahrhafte Mahlzeit zubereiten. Achte jedoch darauf, wie du mich zubereitest, da ich in frittierter Form auch ungesund sein kann. Vermeide übermäßigen Konsum von Pommes frites und Kartoffelchips, da diese reich an Transfetten und Salz sein können.

Ich hoffe, du wirst meine gesunde Verwendung genießen und ich kann dir helfen, ein gesünderes Leben zu führen.

Beschreibung

Die Kartoffel *(Solanum tuberosum)* ist eine Nutzpflanze aus der Familie der Nachtschattengewächse und ist mit der Tomate verwandt. Sie wächst aus einer Mutterknolle zu einer bis zu ein Meter großen verzweigten Staude mit bis zu zehn Trieben heran. An diesen Trieben befinden sich die gefiederten Blätter. Die Blüten sind weiß bis violett. Aus der Blüte bilden sich kirschgroße, grüne, ungenießbare Beeren. Die Kartoffel ist eine einjährige, frostempfindliche Pflanze, deren überwinternde Knollen im Frühjahr keimen. Über diese Knollen kann sich die Pflanze vegetativ vermehren.

Die frische Kartoffel besteht zu 78 bis 80 Prozent aus Wasser, zu 15 Prozent aus Stärke, zu 2 Prozent aus Eiweiß und zu 2 Prozent aus Ballaststoffen. Zudem enthält sie Spuren von Fetten, Vitaminen und Mineralstoffen.

Die Kartoffel war in Europa bis zur Entdeckung Amerikas im 16. Jahrhundert völlig unbekannt. Die Menschen in Mitteleuropa standen ihr nach ihrer Einführung dann auch eher skeptisch gegenüber, zumal sie irrtümlicherweise die Früchte aßen und sich damit den Magen verdarben. Die Kartoffel wurde sogar als gefährliche Hexenpflanze angesehen, zum einen, weil sie ein Nachtschattengewächs, wie Alraune und Bilsenkraut, ist, zum anderen aufgrund der giftigen Wirkung der Früchte. Dass man die unterirdische Wurzel ausgraben und kochen sollte, war den Menschen nicht geheuer. Aufgrund von Hungernöten im 17. und 18. Jahrhundert versuchten die Könige Friedrich Wilhelm I. und später sein Sohn Friedrich der Große, den Bauern die Kartoffel schmackhaft zu machen, damit das Volk genug zu essen bekam. Nachdem die Verteilung der Kartoffeln als Geschenke samt einer Pflanzanweisung keinen Erfolg brachte, erließ Friedrich der Große 1756 den sogenannten Kartoffelbefehl, in dem er allen Beamten befahl, den Bauern den Anbau der Kartoffel »begreiflich zu machen«. So setzte er einen großflächigen Anbau durch.

Wirkung und Einsatzbereiche

Die Kartoffel liefert mit zwei Gramm zwar nur recht wenig Eiweiß, dafür ist dieses aber besonders hochwertig, denn unser Körper kann die Proteine der Kartoffel leicht in körpereigene Eiweiße umwandeln. Darüber hinaus ist sie reich an B- und C-Vitaminen, Mineralstoffen und Spurenelementen. Besonders bemerkenswert ist dabei der hohe Kaliumanteil. Auch die Schale der Kartoffel enthält wichtige Vitamine und Mineralien, deshalb sollten wir nach Möglichkeit die Schale immer mitverwenden.

Kartoffeln sind eine gute Quelle für Antioxidantien, die die Körperzellen gegen die Schäden durch freie Radikale schützen und entzündungshemmend wirken. Diese können das Risiko für allgemeine und chronische Krankheiten und sogar Krebs reduzieren. Bei Magen-Darm-Problemen wirken Kartoffeln beruhigend. Kartoffelsaft gilt als altes Hausmittel gegen Sodbrennen, da er ein natürlicher Säurehemmer ist. Bei Ohrenschmerzen hilft es, eine Kartoffel zu schälen und die Schale an die Ohrmuschel zu hängen, sodass sie ihre entzündungshemmende Wirkung entfalten kann. Warme Kartoffelwickel sind sehr wohltuend bei Halsschmerzen und Heiserkeit. Und mit rohen Kartoffeln lassen sich kleine Wunden schnell lindern.

Kartoffelwickel gegen Verspannungen und Halsschmerzen

Zutaten

- 100 g Kartoffeln
- Wasser
- 1 sauberes Baumwolltuch

Zubereitung

1. Die Kartoffeln in dem Wasser circa 20 Minuten weich kochen.
2. Dann abgießen und die noch sehr warmen Kartoffeln pürieren.
3. Den Kartoffelbrei in ein sauberes Küchentuch oder ein großes Baumwolltuch streichen und dieses Tuch dann an die gewünschte Körperstelle legen.

Anwendung

Je nach Anwendungsgebiet eine wohltuende Packung über Hals, Ohren, Nacken oder Rücken legen. Idealerweise sollte der Wickel bis zum Abkühlen an Ort und Stelle bleiben.

Wirkung

Lang anhaltende Tiefenwärme stärkt das lokale Immunsystem (zum Beispiel die Schleimhäute im Rachen) gegen Erkältungserreger, indem verspannte Muskeln gelockert und die Durchblutung angeregt werden.

Kartoffelkraft für zarte Hände

Zutaten

- 1 große Kartoffel
- Wasser
- 1 EL Olivenöl

Zubereitung

1. Die Kartoffel schälen, in dem Wasser weich kochen und dann zerdrücken.
2. Mit dem Olivenöl mischen.

Anwendung

Die Masse auf die Hände auftragen, mindestens 15 Minuten einwirken lassen und dann abspülen.

Wirkung

Die Kartoffel macht die Haut weich und sorgt für Feuchtigkeit.

Das Wunder bei Schnittwunden, blauen Flecken und Schürfwunden

Zutaten

- 1 große Kartoffel

Zubereitung/Anwendung

1. Die Kartoffel halbieren und auf die betroffene Stelle legen.

Wirkung

Die Schwellung geht zurück und die Heilung geschieht schneller.

Sodbrennen mit Kartoffeln lindern

Zutaten

- 1 kleine rohe Kartoffel

Zubereitung

1. Die Kartoffel schälen und ein kleines mundgerechtes Stück abschneiden.

Anwendung

Bei Sodbrennen das Stück der rohen Kartoffel gründlich kauen und hinunterschlucken.

Wirkung

Die Wirkung erfolgt sofort.

Großmutters Tipp

Akuthilfe bei Insektenstich mit roher Kartoffel: Reibe eine rohe Kartoffelscheibe über den Stich, um den Juckreiz zu lindern.

Knoblauch – der stinkende Herzspezialist

In demselben Januar, als Großmutter mir so sehr mit ihrem Kartoffelwickel geholfen hatte, erwähnte sie noch eine andere wichtige Pflanze: den Knoblauch. Sie sagte damals: »Die Kartoffel wirkt von außen – und den Knoblauch lege ich dir neben dein Bett. Der wirkt, um eine gesunde Energie in dein Zimmer zu bringen.«

Großmutters Hausmittel verfehlten ihre Wirkung nie. Knapp eine Stunde später lag ich, ohne Halsschmerzen, dafür glücklich und zufrieden, in meinem Bett und konnte dank Großmutters liebevoller Fürsorge endlich einschlafen. Was hatte ich für ein Glück, eine solche Bonus-Großmutter zu haben!

Der Knoblauch hilft mir seither, ein besseres Raumklima zu schaffen.

Der Knoblauch – Helferlein für gesunde Energie

Herstellungs- und Anwendungsmöglichkeiten
Tee, Brei, Saft, Gewürz

Wirkung
desinfizierend, schleimlösend, entzündungshemmend, blutdrucksenkend, venenstärkend, blutreinigend, Immunbooster

Zauberhafte Botschaft

Ich, der Knoblauch, möchte dir eine wichtige Botschaft übermitteln. Ich bin nicht nur ein köstliches Gewürz, sondern auch ein wahrer Gesundheitsbooster! Wusstest du, dass ich reich an Antioxidantien bin, die deinen Körper vor freien Radikalen schützen können? Zudem enthalte ich Schwefelverbindungen, die deine Blutgefäße erweitern und somit deinen Blutdruck senken können. Auch deine Verdauung kann von mir profitieren, da ich die Produktion von Verdauungsenzymen anrege. Aber das ist noch nicht alles! Ich bin auch dafür bekannt, dein Immunsystem zu stärken und dich vor Krankheiten zu schützen. In der traditionellen Medizin werde ich bereits seit Jahrhunderten zur Vorbeugung und Behandlung von Erkältungen und Grippe eingesetzt.

Und wenn das nicht genug ist, habe ich auch noch antibakterielle und antivirale Eigenschaften, die deinen Körper vor schädlichen Keimen schützen können.

Also lass uns zusammen gesund bleiben und meine gesunde Wirkung in vollen Zügen genießen!

Beschreibung

Die deutsche Bezeichnung Knoblauch *(Allium sativum)* leitet sich vom althochdeutschen Wort *klioban* (= spalten) ab. Im Mittelalter nannte man den Knoblauch nach diesem Wort *chlobilou* oder *chlofalauh* wegen seiner gespaltenen Zehen.

Der gewöhnliche Knoblauch ist eine ausdauernde, frostharte und krautige Pflanze und kann bis zu 90 Zentimeter hoch werden. Die Pflanze bildet eine Zwiebel mit Beiknospen, die als Zehen (Knoblauchzehen) bezeichnet werden. Dies ist der Teil des Knoblauchs, der in der Küche und Medizin verwendet wird. Seine größte Heilwirkung kann der Knoblauch entfalten, wenn er frisch verwendet wird und seine Zellen durch Schälen, Schneiden oder Pressen zerstört werden, weil dann der Inhaltsstoff Allicin freigesetzt wird.

Wirkung und Einsatzbereiche

Der starke und charakteristische Geschmack von Knoblauch ließ ihn früh als beliebte Kulturpflanze in die Geschichte der Hausmittel eingehen. Spätestens seit dem Altertum ist Knoblauch als Heilmittel bekannt, man weiß unter anderem, dass er bereits von den Ägyptern als Stärkemittel verzehrt wurde. Der römische Arzt Pedanios Dioskurides empfahl Knoblauch für vielfältige Anwendungen in der Medikation. Hierzulande verbreitete sich die Kunde über seine Heilwirkung vor allem durch den Knoblauchanbau in Klöstern im Mittelalter. Man kannte ihn damals als wirksames Mittel gegen Beschwerden wie Knochenbrüche, Bisswunden, Zahnschmerzen oder Hautausschläge.

Der Grund dafür, dass Knoblauch seit Tausenden von Jahren in der traditionellen Medizin verwendet wird, liegt an seinen Inhaltsstoffen, denn er enthält wichtige Stoffe, wie Vitamin C, B-Vitamine und Mangan. Wegen seiner zahlreichen Vorteile auch im Zusammenhang mit seiner Wirkung auf unser Herz ist Knoblauch in der traditionellen Hausapotheke nicht mehr wegzudenken. Weiterhin trägt er zum Schutz vor Darmkrebs bei, wirkt entzündungshemmend, antibakteriell, blutdrucksenkend, reinigt die Haut, entfernt Pickel und wirkt erwiesenermaßen gegen Fußpilz.

Knoblauch als Hustensaft

Zutaten

- Knoblauch- und Zwiebelsaft zu gleichen Teilen
- 3 EL Honig

Zubereitung

1. Knoblauch- und Zwiebelsaft miteinander mischen. Der Saft kann auch selbst hergestellt werden: Dazu mehrere Knoblauchzehen und Zwiebeln in einen Entsafter geben.
2. Dem Saft 3 EL Honig beimengen.
3. Gekühlt hält er sich etwa zwei bis drei Tage.

Anwendung

Nach jeder Mahlzeit ein Glas à 200 ml Saft trinken.

Wirkung

Dieser Saft stärkt das Immunsystem und unterstützt bei Husten und anderen Erkrankungen der oberen Atemwege.

Knoblauch bei schmerzenden Gelenken

Zutaten

- 3 Knoblauchzehen
- 150 ml Wasser

Zubereitung

1. Die Knoblauchzehen schälen und leicht anpressen.
2. Dann die Knoblauchzehen mit kochendem Wasser übergießen und 10 Minuten ziehen lassen.
3. Anschließend die Knoblauchzehen abseihen und das Wasser auffangen.

Anwendung

Eine Tasse des Knoblauchtees ins Voll- oder Sitzbad (maximal 38 °C) geben. Das Bad sollte nicht länger als 10 Minuten andauern.

Wirkung

Beruhigt bei Gelenksschmerzen und anderen Entzündungen.

Knoblauch bei Durchblutungsstörungen

Zutaten

- 20 g Weißdornblüten, zerkleinert
- 20 g Mistelstängel, zerkleinert
- 20 g Schachtelhalmkraut, zerkleinert
- 20 g Brennnesselblätter, zerkleinert
- 20 g Knoblauch, gerieben

Zubereitung

1. Die Zutaten gut miteinander vermischen.
2. 1 Teelöffel der Mischung mit heißem Wasser übergießen und 10 Minuten ziehen lassen.
3. Dann über einem Teesieb oder Filter abseihen.

Anwendung

Empfehlenswert sind zwei bis drei Tassen täglich.

Wirkung

Hilft dabei, den Stoffwechsel anzuregen und die Durchblutung zu fördern.

Knoblauch bei grippalen Infekten

Zutaten

- ½ Zitrone
- 1 Knoblauchzehe
- 150 ml Wasser
- 1 TL Honig

Zubereitung

1. Die Zitrone auspressen. Die Knoblauchzehe schälen.
2. Das Wasser erhitzen und den Zitronensaft einrühren. Den Knoblauch in das Wasser pressen und gut verrühren.
3. Zum Schluss den Honig dazugeben.

Anwendung
Dieses Getränk mehrmals pro Tag trinken.

Wirkung
Wirkt desinfizierend und schleimlösend.

Der zauberhafte Lavendel – für einen harmonischen Körperklang

Der Lavendel ist eine besondere Pflanze. Meine Großmutter roch stets nach Lavendelwasser, das sie selbst aus den Blüten der blühenden Lavendelbüsche vor den Fenstern ihres Hauses zubereitete. Auch pflegte sie, ein kleines Säckchen mit Lavendel zwischen die Bettlaken und die Kleidung in den Schränken zu legen, damit die Motten fernblieben. So duftete unsere Kleidung immer frisch. Lavendel steht wie keine andere Pflanze für Sauberkeit und Frische und es heißt, geräuchert könne er die Krankheitsgeister vertreiben. Als Tee wirkt er beruhigend und sieht noch dazu wunderschön aus. Schon als kleines Mädchen verliebte ich mich in diese besondere Pflanze.

Wenn meine Großmutter mich abends zwischen den nach Lavendel duftenden Bettdecken zu Bett brachte, bat ich sie oft, mir noch eine Geschichte zu erzählen. Wie jedes Kind hatte auch ich meine Lieblingsgeschichten. Eine davon war die Geschichte der Lavendelfee:

»Die Lavendelfee wohnt zwischen den schmalen, kleinen Blättern des Lavendels. Tagsüber ist sie unsichtbar. Sie schläft, gut behütet, zum Summen der Bienen, die oben an den hoch in den Himmel ragenden

Blüten des Lavendels Nektar sammeln. Doch wenn es Nacht wird, dann erwacht die Lavendelfee. Sie reckt sich und streckt sich, und dann muss sie ein paarmal ganz stark gähnen. Dann faltet sie ihre Flügel aus und fliegt los. Sie ist so winzig klein, dass sie im Mondlicht kaum zu erkennen ist. Die Lavendelfee vertreibt alles Negative mit ihrem Duft und sorgt dafür, dass wir gut schlafen und am nächsten Morgen erholt und gesund wieder wach werden. Deshalb solltest du stets etwas Lavendel über die Tür hängen oder unter dem Kopfkissen aufbewahren. So können dich keine Albträume heimsuchen.« Das tue ich bis heute – und ich schlafe wirklich fantastisch!

Der beruhigende Lavendel

Herstellungs- und Anwendungsmöglichkeiten
Tee, Tinktur, Öl, Creme, Salbe, Essig, Naturkosmetik, Kräuterkissen, Räucherwerk

Wirkung
desinfizierend, entzündungshemmend, antibakteriell, beruhigend, ausgleichend, schmerzlindernd

Zauberhafte Botschaft

Ich, der Lavendel, möchte dir eine wichtige Botschaft übermitteln. Ich bin eine Pflanze mit einem sanften und beruhigenden Duft. Ich wachse auf sonnigen Feldern und bringe mit meinem Charme und meiner Schönheit Freude in die Herzen vieler. Ich bin nicht nur schön anzusehen, sondern auch sehr nützlich. Mein ätherisches Öl wird oft zur Entspannung und Beruhigung verwendet und kann helfen, Stress abzubauen und deine Stimmung zu verbessern. Ich möchte dich ermutigen, mehr Zeit in der Natur zu verbringen und die Schönheit um dich herum zu schätzen. Wir Pflanzen sind ein wichtiger Teil der Natur und können dir helfen, dich mit deinem wahren Selbst zu verbinden.

Atme tief ein und genieße meinen Duft, der deine Sinne belebt und dir ein Gefühl von Frieden und Harmonie vermittelt.

Beschreibung

Echter Lavendel (*Lavandula angustifolia* – auch als *Lavandula vera* oder *Lavandula officinalis* bekannt) gehört der Familie der Lippenblütler *(Lamiaceae)*. Der Name des Krauts leitet sich vom lateinischen Wort *lavare* ab, was »waschen« bedeutet.

Der immergrüne Strauch erreicht Wuchshöhen bis 60 Zentimeter und bildet im Sommer blauviolette Blüten.

Aus Echtem Lavendel wird hochwertiges, aber dennoch erschwingliches ätherisches Öl gewonnen. Der Echte Lavendel wird zusammen mit anderen Lavendelsorten auf den Feldern der Provence angebaut. Das Öl wird sowohl in der Parfümerieindustrie als auch für medizinische Zwecke verwendet. Lavendelöl wird häufig als Aroma für Waschmittel, Geschirrspülmittel und Seifen verwendet, ist jedoch von geringem Wert und daher weitaus günstiger als das wertvolle medizinische Öl des Echten Lavendels. Aufgrund dieses Einsatzes wird auch der Begriff »rein« mit dem Duft von Lavendel in Verbindung gebracht. Lavendel wird seit jeher als Zusatz zu Wasch- und Badewasser verwendet und war besonders im alten Rom beliebt.

Wirkung und Einsatzbereiche

Der Lavendel hat eine lange Tradition als Heilpflanze, insbesondere in der Klostermedizin. Er enthält ätherische Öle sowie Gerbstoffe, Cumarine und Flavonoide. Lavendel hat schmerzlindernde, antiseptische und beruhigende Eigenschaften und hilft bei Kopfschmerzen und Migräne, da er Nerven und Muskeln entspannt. Das Abkochen der Blüten und das Trinken als Tee kann zum Gurgeln bei Stress, Nervosität, Herzklopfen und bei der Geburt verwendet werden. Lavendelblütentee vor dem Schlafengehen, ein Lavendelbouquet oder ein Säckchen mit Lavendelblüten im Schlafzimmer sorgen für einen erholsamen Schlaf. Ein Tropfen Lavendelöl auf deinem Kopfkissen kann ebenfalls helfen.

Lavendelbäder wirken harmonisierend, wohltuend und entspannend. Wenn du Angst vor Schweißfüßen hast, empfiehlt sich ein Lavendel-Fußbad. Genieße gerne jederzeit auch ein erfrischendes Schönheitsbad mit einer Mischung aus Lavendel, Rosmarin und duftenden Rosenblättern.

Lavendelalkohol oder Lavendelwasser sind bekannte Mittel gegen fettige, geschädigte Haut und vergrößerte Poren. Um ein nährendes Massageöl zu erhalten, kannst du ätherisches Lavendelöl und ein paar Tropfen Oliven-, Jojoba- oder Mandelöl hinzufügen.

Lavendel ist auch deswegen besonders beliebt, weil er Mücken, Motten und andere Insekten vertreibt und Toilettenschüsseln von unangenehmen Gerüchen befreit. Ein Lavendelstrauß oder ein paar Tropfen Lavendelöl verleihen jedem Raum einen entspannenden Duft.

Lavendel-Sheabutter-Schutzcreme – natürliches Anti-Aging

Zutaten

- 2 g SoFi Tix, aus der Apotheke, Sonnenschutzfaktor nach dem persönlichen Bedürfnis wählen
- 40 ml Sesamöl
- 15 g Sheabutter
- 25 ml Wasser
- 5 Tropfen ätherisches Lavendelöl
- kleine Glasflaschen

Zubereitung

1. SoFi Tix in einem Topf mit dem Sesamöl gut benetzen. Erwärmen und die Sheabutter darin schmelzen.
2. Dann das Wasser dazugeben. Die Temperatur des Wassers sollte annähernd so sein wie die des Fettes. Kräftig rühren.
3. Mit Lavendelöl beduften.
4. In Gläschen füllen und kühl stellen.

Anwendung

Morgens auf die Haut auftragen, vor allem an Tagen, an denen man sich längere Zeit im Freien aufhält.

Wirkung

Blockt Sonnenstrahlen und schützt effektiv vor Hautalterung. Speziell an sonnigen Tagen hilft diese Schutzcreme der Haut vor Sonnenflecken.

Lavendel-Badezusatz für innere Harmonie

Zutaten

- 1 Handvoll Lavendelblüten
- 1 Baumwoll- oder Leinensäckchen

Zubereitung/Anwendung

1. Die Lavendelblüten in das Säckchen füllen.
2. Dieses unter dem Wasserhahn befestigen und das Badewasser darüber in die Wanne laufen lassen.

Wirkung

Der Badezusatz wirkt entspannend auf Körper und Geist, beruhigt den Kreislauf und hilft bei Stress.

Großmutters Tipp

Neben das Bett gelegt, bringt ein Säckchen mit Lavendelblüten klare Träume und einen guten Schlaf.

Lavendel-Salbei-Shampoo – gesunde Kräuter für die Haare

Zutaten

- 2 EL Natron
- je 200 ml Lavendel- und Salbeitee
- 1 TL Honig
- 5 Tropfen ätherisches Öl, zum Beispiel Lavendel oder Melisse

Zubereitung

1. Alle Zutaten miteinander vermischen und sofort verwenden.

Anwendung

Auf das angefeuchtete Haar auftragen und gut einmassieren. Ein paar Minuten einwirken lassen, danach gründlich ausspülen. Die Verwendung als Shampoo ist täglich möglich.

Wirkung

Ein schnelles pflegendes Kräutershampoo für jeden Tag. Eine weitere Behandlung ist nicht mehr nötig, das Haar wird gut kämmbar.

Lavendel-Gesichtsdampfbad bei unreiner Haut

Zutaten

- 0,5 l Wasser
- 1 Schüssel
- 10 Tropfen Lavendelöl
- 1 großes Handtuch

Zubereitung/Anwendung

1. Das Wasser aufkochen und in eine Schüssel geben. 10 Tropfen ätherisches Lavendelöl hinzufügen und gut verrühren.
2. Den Kopf, mit einem Handtuch bedeckt, über die Schüssel halten. Den Dampf etwa 10 Minuten einwirken lassen. Dabei die Augen geschlossen halten.
3. Nach dem Dampfbad das Gesicht abtupfen und eincremen.

Wirkung

Dieses Dampfbad reinigt, desinfiziert und beruhigt die Haut.

Lavendel-Haarkur für eine ausgewogene Kopfhaut

Zutaten

- 50 ml Bio-Olivenöl
- 10–15 Tropfen ätherisches Lavendelöl

Zubereitung

1. Das Olivenöl leicht erwärmen, dann das Lavendelöl hinzufügen.

Anwendung

Nach der Haarwäsche in das Haar einmassieren. Alternativ ins trockene Haar massieren, sofern dieses vorher nicht mit Stylingprodukten behandelt wurde. Mit einem großen Handtuch abdecken und nach ein bis zwei Stunden mit Wasser, danach mit einem leichten Haarshampoo herauswaschen.

Wirkung

Diese Haarkur hilft der Kopfhaut, sich zu erholen, und beugt Schuppen vor.

Lavendel-Honig-Gesichtsmaske für eine glattere Haut

Zutaten

- 1 EL Bio-Honig
- 1 TL Bio-Olivenöl
- 5 Tropfen ätherisches Lavendelöl

Zubereitung

1. Honig, Oliven- und Lavendelöl gut miteinander vermischen.
2. In einem Wasserbad leicht erwärmen.

Anwendung

Die Mixtur auf das Gesicht auftragen und dabei die Augenpartie großzügig aussparen. Die Maske nach 20 Minuten mit einem feuchten Tuch sanft entfernen und das Gesicht abtrocknen

Wirkung

Versorgt die Haut mit wertvollen Stoffen. Die Haut fühlt sich in der Folge glatt und weich an.

Lavendeltee als Gesichtswasser für feinere Poren

Zutaten

- 1 Handvoll Lavendelblüten, frisch oder getrocknet
- 150 ml Wasser

Zubereitung

1. Die Lavendelblüten in eine kleine Schüssel geben, mit dem kochenden Wasser übergießen und 10 Minuten ziehen lassen.
2. Dann über einem Sieb oder Tuch abseihen und auskühlen lassen.

Anwendung

Den Tee als Gesichtswasser verwenden.

Wirkung

Beruhigt speziell trockene, rötliche Gesichtshaut.

Lavendel-Massageöl für trockene Haut

Zutaten

- 100 ml Olivenöl
- 10–15 Tropfen ätherisches Lavendelöl

Zubereitung

1. Das Olivenöl mit dem ätherischen Lavendelöl vermischen – und schon ist das Massageöl fertig.

Anwendung

Das Öl kann gut als Badezusatz oder als After-Sun-Pflege verwendet werden.

Wirkung

Wirkt beruhigend bei Hautreizungen und pflegend bei trockener Haut.

Lavendelwickel bei Unterleibsschmerzen

Zutaten

- 10–15 Tropfen ätherisches Lavendelöl
- 1 Baumwolltuch
- 1 Wärmflasche

Zubereitung/Anwendung

1. Das ätherische Lavendelöl auf ein Baumwolltuch tropfen.
2. Das Tuch auf die betroffene Stelle und darauf die Wärmflasche legen. Diese warm halten.
3. Nach etwa einer Stunde erneuern.

Wirkung

Dieser Wickel wirkt schmerzlindernd und beruhigend.

Lavendelessig für eine besser durchblutete Haut

Zutaten

- Bio-Apfelessig
- ätherisches Lavendelöl
- Wasser

Zubereitung

1. Den Bio-Apfelessig mit wenigen Tropfen ätherischem Lavendelöl vermischen und mit Wasser verdünnen.
2. Dabei gelten folgende Mischverhältnisse: Essig und Wasser 1 : 1 bei normaler Haut, Essig und Wasser 2 : 1 bei fettiger Haut, Essig und Wasser 1 : 5 bei sensibler Haut

Anwendung

Der Essig wird mit einem Wattebausch auf die Haut aufgetragen. Verdünnter Lavendelessig kann auch gut als Haarspülung verwendet werden.

Wirkung

Lavendelessig wirkt stärkend und fördert die Durchblutung.

Lavendelöl gegen Zecken

Zutaten

- ein paar Tropfen Lavendelöl

Zubereitung/Anwendung

1. Dieses Öl gilt als ein natürliches Hilfsmittel gegen Zecken. Vor dem Spaziergang durch Wiese oder Wald ein paar Tropfen des ätherischen Öls auf Schuhe und Socken träufeln. So verringert sich das Risiko, dass sich die Zecken angezogen fühlen, denn der Geruch dieser Öle ist für die Tierchen unangenehm.
2. Kommt es trotzdem zu einem Biss, lässt sich mit dem antiseptischen Lavendelöl die betroffene Stelle auch desinfizieren.

Wirkung

Dieses Öl wirkt pur als »Zeckenabwehr«, aber gleichzeitig auch desinfizierend und antibakteriell.

Der starke Löwenzahn – das Kraut für Kraft und Power

Es war an einem Nachmittag, an dem ich mich gerade mit meinen Hausaufgaben herumschlug, als meine Großmutter den Kopf zur Türe hereinsteckte. Sie hatte mir etwas mitgebracht. Wie sie sagte, ein Abschiedsgeschenk, aber nicht, weil sie uns verlassen wollte, wie ich erschreckt vermutete, sondern um meine Krankheit zu verabschieden, denn ich hatte in den letzten Tagen an einem schlimmen Husten gelitten und musste nun viel für die Schule nachholen. Dazu brachte sie ein Säckchen mit Löwenzahn, dessen Blätter und gelbe Blüten ich voller Stolz auch gleich erkannte, mit. Der Löwenzahn erinnerte mich an meinen Papa, weil er im Zeichen des Löwen geboren wurde.

Aber warum gerade Löwenzahn? Ich erfuhr, dass der Löwenzahn der beste Immunbooster unter den Pflanzen ist. Eigentlich sollten wir jeden Tag Löwenzahn essen, führte Großmutter aus. Wir gingen zu meiner Mutter in die Küche, die etliche Zutaten vorbereitet hatte, deren Zweck ich zunächst nicht verstand: ein Liter Wasser, ein Kilo Zucker und eine halbe unbehandelte Zitrone. Sollte ich etwa ein ganzes Kilo Zucker essen? Aber Großmutter machte sich schon an die Arbeit und übergoss die Blüten mit Wasser. Sie sagte, das Ganze müsse zwei Stunden ziehen, dann werde sie es aufkochen und wieder abkühlen lassen und über Nacht in den Kühlschrank stellen.

Als ich wieder zu meinen Hausaufgaben ging, machte sich die Großmutter daran, die abgeriebene Zitronenschale mit dem Zucker zu vermengen und gemeinsam mit dem Zitronensaft immer wieder aufzukochen. Sie achtete darauf, dass sie den Saft langsam und auf kleiner

Flamme aufkochte, und kontrollierte immer wieder, ob die Konsistenz passte. Großmutter Anneliese beschloss, nicht bis morgen früh zu warten, und vermengte das gesiebte Löwenzahnwasser mit dem vorbereiteten Sud aus Zucker und Zitrone. Sie gab alles in einen Topf zusammen, kochte es langsam und unter ständigem Rühren auf. Selbstverständlich achtete sie dabei darauf, dass sie immer im Uhrzeigersinn umrührte. Nach ein paar Stunden war sie fertig und holte mich.

Sie erklärte mir, dass dieser Sirup die beste Stoffwechselkur überhaupt sei. Eigentlich solle jeder Erwachsene ihn im Frühjahr trinken, denn er bringe das Immunsystem und den Stoffwechsel wieder auf Vordermann. Wenn der Stoffwechsel durch den Löwenzahnsirup angeregt wird, können die Menschen mehr essen, da der Körper die Nahrung schneller verbrennt. Mit einer solchen Stoffwechselkur können wir auch besonders gut abnehmen.

Der starke Löwenzahn

Herstellungs- und Anwendungsmöglichkeiten
Tee, Tinktur, Öl, Creme, Salbe, Essig, Naturkosmetik, Salat, Räucherwerk

Wirkung
verdauungsanregend, stoffwechselfördernd, harntreibend, unterstützt Leber und Galle positiv, blutreinigend

Zauberhafte Botschaft

Ich, der Löwenzahn, möchte dir eine Botschaft übermitteln. Du kennst mich vielleicht als das Unkraut, das auf den Wiesen und in den Gärten wächst, aber ich bin viel mehr als das. Ich bin eine Pflanze, die voller Kraft und Leben steckt und viele wunderbare Eigenschaften hat.

Ich bin ein Symbol für Ausdauer und Stärke, denn ich kann in fast jeder Umgebung wachsen und gedeihen. Meine Wurzeln reichen tief in den Boden und meine Blätter sind stark und widerstandsfähig. Ich bin auch ein Symbol für Freiheit, denn ich lasse meine Samen in den Wind fliegen, um neue Orte zu entdecken und zu erobern. Ich möchte dich ermutigen, diese Qualitäten in dir selbst zu finden. Sei stark und widerstandsfähig, auch wenn das Leben manchmal schwierig ist. Lass deine Träume und Wünsche wie meine Samen in den Wind fliegen und erobere neue Orte und Möglichkeiten.

Denk daran, dass du, wie ich auch, viele wunderbare Eigenschaften hast. Du bist einzigartig und wertvoll, vergiss das nie.

Beschreibung

Der Gewöhnliche Löwenzahn *(Taraxacum officinale)* ist auch als Pusteblume und als Hundeblume bekannt. Sein wissenschaftlicher Name leitet sich von den griechischen Begriffen *taraxis* (»Entzündung«) und *akéo mai* (»Ich heile«) ab. Er gehört zu den bekanntesten und meistverbreiteten Wildpflanzen Mitteleuropas. Er ist anspruchslos und wächst wortwörtlich an den unmöglichsten Stellen und ist von dort wegen seiner langen, kräftigen Pfahlwurzel so schnell nicht mehr wegzubekommen. Deshalb gilt er bei Gärtnern als Unkraut – völlig zu Unrecht.

Der Löwenzahn ist eine ausdauernde, starke Pflanze, die bis zu 30 Zentimeter hoch wird und von März bis Mai leuchtend gelbe Blüten entwickelt.

Diese Blüten verwandeln sich anschließend in kapselförmige braune Samen mit Stiel und Schirmchen, sodass aus dem Löwenzahn die allseits bekannte Pusteblume wird.

Wirkung und Einsatzbereiche

Der Löwenzahn wird zu Unrecht als Unkraut bezeichnet, denn er besitzt zahlreiche heilende Eigenschaften. Er kann sowohl in der Küche eingesetzt werden als auch in der Medizin. Zudem ist er eine wertvolle Futterpflanze für Insekten. Und nicht zu vergessen, gehören seine herbstlichen Löwenzahn-Schirmflieger auch heute noch zu den liebsten Spielerlebnissen von Kindern.

In der Volksmedizin ist Löwenzahn bereits sehr lange bekannt, so beschrieb Hieronymus Bock bereits 1546 die harntreibenden Eigenschaften des Löwenzahns. Im Mittelalter wurde der Löwenzahn aber nicht nur als Heilmittel, sondern auch als Schönheitsmittel gepriesen. Er diente zudem als Orakel, mit dem Mädchen in ihre Zukunft blicken konnten: Wenn Sie auf die Pusteblume pusteten, sagte ihnen die Anzahl der verbliebenen Samen, wie viele Jahre es noch bis zu ihrer Hochzeit dauert. An Samhain war der Löwenzahn Bestandteil vieler Rituale zur Weissagung und Totenbeschwörung. So erfüllte sich nach altem Hexenglauben ein Wunsch, wenn man den ganzen Körper mit Löwenzahn einrieb.

Der Löwenzahn ist ein wahrer Allrounder, denn alle Teile dieser Pflanze können zu Heilzwecken genutzt werden: Wurzel, Blätter und Blüten. Was viele nicht wissen: Die Pflanzen können auch mitsamt ihren Blättern, Blüten und Stängeln gegessen werden.

Löwenzahn enthält den Bitterstoff Taraxacin, außerdem Flavonoide, Inulin, Vitamine und Mineralstoffe mit hohem Kaliumanteil. Dadurch wirkt er anregend auf den Stoffwechsel, harntreibend und kann somit gut zur Entgiftung eingesetzt werden. Löwenzahn reguliert außerdem die Verdauung, pflegt Leber und Galle und kann sich positiv auf rheumatische Beschwerden und auch auf Ekzeme auswirken.

Großmutters Tipp

Benutze beim Schneiden von Kräutern immer ein scharfes Küchenmesser. Wenn das Messer stumpf ist, treten die ätherischen Öle aus und gehen somit verloren.

Löwenzahntinktur als Magenbitter

Zutaten

- 2 Handvoll Löwenzahnblüten
- 1 Flasche, verschließbar
- starker Alkohol, zum Beispiel Wodka oder Doppelkorn

Zubereitung

1. Die gelben Blütenblätter der Löwenzahnblüten von den grünen Blütenkelchen trennen.
2. Die Blütenblätter mindestens bis zur Hälfte in eine Flasche füllen und diese dann mit dem Alkohol auffüllen.
3. Die Flasche nicht zu fest verschließen und die Mischung mehrere Wochen an einem sonnigen Ort ziehen lassen.
4. Anschließend abseihen und die fertige Tinktur an einem kühlen, dunklen Ort aufbewahren.

Anwendung

Einige Tropfen der Tinktur können innerlich und äußerlich angewendet werden.

Wirkung

Die Löwenzahntinktur eignet sich als Verdauungsgetränk.

Veganer Honig aus Löwenzahn für mehr Süße im Leben

Zutaten

- 300 g Löwenzahnblüten
- 2 Bio-Zitronen
- 500 g Fruchtzucker (Fruktose)
- 500 g Traubenzucker (Glukose)
- optional: 1–2 EL Zuckerrohrmelasse für die dunkle honigtypische Farbe
- 1 l Wasser
- Schraubgläser

Zubereitung

1. Die gelben Blütenblätter der Löwenzahnblüten von den grünen Blütenkelchen trennen. Die Zitronen heiß abwaschen, trocken tupfen und in Stücke schneiden.
2. Glukose und Fruktose und, wenn gewünscht, Zuckerrohrmelasse in einem Topf mit 1 l Wasser bei mittlerer Hitze auflösen und 5 Minuten kochen.
3. Den Topf vom Herd nehmen und die Löwenzahnblüten und Zitronenstücke hinzugeben. Den Topf verschließen und die Mischung 24 Stunden durchziehen lassen.
4. Dann durch das Tuch abseihen und das Tuch zum Schluss auswringen.
5. Die Flüssigkeit bei schwacher Hitze kochen und eindampfen, bis das Volumen um etwa die Hälfte reduziert ist. Nun einen Teelöffel Flüssigkeit auf einen Teller geben, um die Konsistenz zu prüfen. Der Sirup sollte nicht zu flüssig sein und sich nicht zu weit ausbreiten.
6. Wenn die Konsistenz passt, die Mischung in saubere Gläser abfüllen und diese sofort verschließen.

Anwendung

Kann als Beilage auf Brot oder zum Kochen von Speisen verwendet werden.

Wirkung

Ist sehr vitaminreich und regt den Stoffwechsel an.

Löwenzahnsalat als Vitamin-C-Kur

Zutaten

- 1 große Handvoll Löwenzahnblätter, frisch
- 1 kleine rote Zwiebel
- 1 grüne Paprikaschote
- 2 EL Petersilie, gehackt
- 2 EL Essig
- 4 EL Olivenöl
- Salz und Pfeffer

Zubereitung

1. Die Löwenzahnblätter waschen und hacken. Die Zwiebel schälen und in feine Ringe schneiden. Die Paprikaschote waschen, entkernen und in feine Streifen schneiden. Die Petersilie zu den vorbereiteten Zutaten geben.
2. Aus dem Essig, Öl sowie Salz und Pfeffer ein Dressing anrühren.
3. Alle Zutaten in eine große Schüssel geben und gut vermengen, abschmecken, eventuell mit Salz und Pfeffer nachwürzen und nochmals gut vermengen.

Anwendung

Dieser Salat ist frisch, leicht und voller Geschmack. Der Löwenzahn liefert eine kräftige Bitterkeit, die von den sauren Zutaten wie Essig und Olivenöl ausgeglichen wird. Es ist ein einfaches und gesundes Gericht, leicht zuzubereiten und perfekt für ein Picknick oder ein schnelles Mittagessen geeignet.

Wirkung

Ein »Vitaminbooster« für den Körper, der den Stoffwechsel anregt und die Energie des Frühlings gespeichert hat.

Löwenzahncremesuppe – Power fürs Immunsystem

Zutaten

- 1 große Handvoll Löwenzahnblätter, frisch
- 1 Zwiebel
- 2 Knoblauchzehen
- 1 EL Butter
- 750 ml Gemüsebrühe
- 250 ml Schlagsahne oder saure Sahne
- Salz und Pfeffer nach Geschmack

Zubereitung

1. Die Löwenzahnblätter waschen und hacken. Die Zwiebel und Knoblauchzehen schälen und fein hacken.
2. Die Butter in einem großen Topf erhitzen und die Zwiebeln und den Knoblauch darin andünsten, bis sie weich sind. Den Löwenzahn hinzufügen und 2–3 Minuten mitdünsten.
3. Die Gemüsebrühe hinzufügen und die Suppe aufkochen lassen. Die Hitze reduzieren und die Suppe 15–20 Minuten köcheln lassen, bis die Blätter weich sind. Dann die Suppe in einen Mixer geben und glatt pürieren, bis keine Stücke mehr vorhanden sind.
4. Die Sahne unterrühren und die Suppe erneut erhitzen, aber nicht mehr kochen lassen. Mit Salz und Pfeffer nach Belieben abschmecken.

Anwendung

Die Suppe sofort nach dem Kochen warm servieren.

Wirkung

Schmeckt gut und füllt die leeren Energiereserven des Körpers wieder auf.

Die Mariendistel – das wehrhafte Reinigungskraut

Ich erinnere mich noch an einen warmen Tag Ende Juni. Meine Großmutter hatte mich zum Jäten hinausgeschickt, also machte ich mich mit Fleiß an die Sache. Ich suchte nach Löwenzahn und Co., die – so hatte mir meine Großmutter Anneliese beigebracht – gar kein Unkraut waren, sondern sehr nützliche Heilmittel. Doch zwischen den anderen Kräutern hatten sie nichts zu suchen, denn weil sie so kräftig wuchsen, nahmen sie den anderen Platz und Licht weg. Plötzlich pikste mich etwas am Arm. Ich stieß einen spitzen Schrei aus und drehte mich um. Schon glaubte ich, einer der Nachbarsjungen hätte mir einen Streich gespielt, doch neben mir stand nur eine hochgewachsene Pflanze mit grässlichen Stacheln, die mich frech anzugrinsen schien.

Meine Großmutter lief sofort herbei, um zu sehen, was mit mir sei, und ich klagte ihr mein Leid. Diese Pflanze war durch und durch garstig, aber Großmutter erklärte mir, dass die Stacheln die Pflanze vor Tieren und Parasiten schützen. Meine Großmutter lächelte, nahm mich in den Arm und berichtete, das sei die Mariendistel, die in vielen Gärten nicht besonders willkommen sei, weil sie so hoch wächst und wehrhafte Stacheln hat – also auf den ersten Blick nicht sehr hübsch ist, aber mit vielen wertvollen Heilwirkungen ausgestattet ist. Sie entgiftet die Leber, hilft bei der Verdauung und lindert Frauenbeschwerden, und deshalb war sie für meine Großmutter eine besondere Heilpflanze.

Unsicher starrte ich die böse Pflanze an. Schön sah sie nicht aus, doch jetzt entdeckte ich die lilafarbenen Blüten, die mich an Strohblumen erinnerten, und schon fand ich die Pflanze nicht mehr gar so hässlich.

Großmutter kochte mir drinnen eine leckere Teemischung, die mit einem Löffel Honig sogar richtig gut schmeckte!

Die reinigende Mariendistel

Herstellungs- und Anwendungsmöglichkeiten
Tee, Tinktur, Öl

Wirkung
unterstützt Leber und Galle positiv, blutreinigend, zellregenerierend, entgiftend

Zauberhafte Botschaft

Ich, die Mariendistel, möchte dir eine Botschaft übermitteln. Ich bin eine Pflanze, die seit Jahrhunderten für meine heilenden Eigenschaften geschätzt wird. Insbesondere meine Samen enthalten Wirkstoffe, die die Leber schützen und unterstützen. Meine Inhaltsstoffe können Leberzellen vor Schäden durch Giftstoffe, Alkohol oder Medikamente bewahren und gleichzeitig die Regeneration der Leber fördern.

Darüber hinaus kann ich auch bei Verdauungsbeschwerden wie Völlegefühl und Blähungen helfen. Meine Samen haben eine entzündungshemmende Wirkung, die auch bei Entzündungen anderer Organe im Körper helfen kann.

Ich freue mich sehr, dass ich dir und vielen anderen Menschen helfen kann, gesund zu bleiben und Krankheiten vorzubeugen. Ich hoffe, dass du meine Wirkung in deine Ernährung integrieren kannst und dadurch ein gesünderes Leben führen wirst.

Beschreibung

Die Mariendistel *(Silybum marianum)* gehört zur Familie der Korbblütler und ist eine ein- bis zweijährige Pflanze, die bis zu 1,50 Meter groß werden kann. Sie ist eine extrem wehrhafte Pflanze und hat harte, lange Stacheln. Ihre Blätter glänzen grünlich und weisen ein charakteristisches, milchweißes Netzmuster auf. Von Juni bis September blüht die Mariendistel und bildet dann purpurrote, kugelige Blüten.

Der Legende nach stammt ihr Name von der Jungfrau Maria. Als diese ihr Kind stillte, soll sie etwas Milch verloren haben, die auf die Blätter der Distel tropfte. Dort bildeten sich weiße Flecken und so erhielt die Pflanze ihren Namen.

Wirkung und Einsatzbereiche

Schon die heilkundige Äbtissin Hildegard von Bingen wandte Mariendistel bei Stechen im Herzen und in anderen Organen des Körpers an. Die moderne Wissenschaft hat diese Indikation bestätigt. Mariendistel ist außerordentlich gut erforscht.

Genauso, wie die Mariendistel sich selbst schützt, kann sie uns helfen, unsere Leber zu schützen, die unseren Körper entgiftet. Die Leber leitet Schadstoffe aus der Umwelt oder aus unserer Nahrung aus unserem Körper, vor allem nachts, wenn wir schlafen. Es wurde nachgewiesen, dass Mariendistel die Wände der Leberzellen stabilisiert und die Aufnahme von Toxinen in die Leberzelle hemmt, den Leberstoffwechsel anregt und hochaktive zellschädigende Radikale abfängt und so ihre leberschützende Funktion ausübt. Bei bereits bestehenden Leberschädigungen wie Leberzirrhose, Fettleber und Hepatitis regt sie die Bildung neuer Leberzellen an. Sie hilft auch bei Vergiftungen durch Knollenblätterpilze, Alkohol, Chemikalien oder Medikamente.

Darüber hinaus hilft Mariendistel, die Verdauung anzuregen, und wirkt sich positiv auf den Magen-Darm-Trakt aus, kann beispielsweise bei Blähungen, Übelkeit, Aufstoßen und Sodbrennen helfen.

Mariendisteltee – bei Leberbeschwerden

Zutaten

- 1 TL Samen der Mariendistel
- 1 Mörser
- 150 ml Wasser

Zubereitung

1. Die Samen der Mariendistel in einem Mörser zerstoßen und dann mit dem kochenden Wasser übergießen.
2. Das Ganze etwa 15 Minuten zugedeckt ziehen lassen und dann abseihen.

Anwendung

Trinke am besten drei Tassen über den Tag verteilt: morgens nüchtern eine Tasse, die nächste Tasse 20 Minuten vor dem Mittagessen und die dritte Tasse abends vor dem Schlafengehen.

Wirkung

Unterstützt die Leber bei ihrer nächtlichen Aufräumaktion und hilft bei allen Leberbeschwerden.

Mariendisteltinktur gegen Warzen

Zutaten

- 20 g Mariendistelfrüchte, zerkleinert
- 1 Schraubglas, verschließbar
- 100 ml 60-prozentigen Alkohol
- braune Tropfflaschen

Zubereitung

1. Die Früchte in ein Schraubdeckelglas füllen und mit dem Alkohol übergießen.
2. Den Ansatz an einen warmen Ort stellen und täglich schütteln.
3. Nach vier Wochen durch einen Kaffeefilter filtrieren und am besten in braune Tropffläschchen abfüllen.

Anwendung

Zweimal täglich auf die betroffene Stelle auftragen.

Wirkung

Diese Tinktur beugt Warzen und Hautunreinheiten vor.

Großmutters Tipp

Kräuter solltest du, wenn du sie nicht gleich verarbeitest, in den Kühlschrank legen. Damit bleibt ihre Frische bis zu einer Woche erhalten.

Die Ringelblume – die heilende Wahrsagerin

Es war ein wunderbarer sonniger Nachmittag im April. Die Aprilsonne schien uns sanft in das Gesicht, während meine Großmutter und ich im Garten arbeiteten. Dort gab es immer viel zu tun, vor allem im Frühjahr. Ich kniete neben meiner Großmutter, während sie die Kräuterbeete anlegte. Meine Großmutter ordnete die Kräuter im Kreis an. Zur Einteilung benutzte sie ein altes Wagenrad. Dabei erklärte sie mir die unterschiedlichen Bedürfnisse der Pflanzen. Die einen brauchen Schatten, andere brauchen Sonne und wieder andere brauchen von beidem etwas. Das alte Wagenrad hatte sie von ihrem Opa übernommen. Die Speichen teilten es in zwölf gleich große Abschnitte ein, und sie fragte mich, ob ich die Zahl Zwölf mit noch etwas anderem verbinden könne. Mir fielen sofort die Monate ein.

Das Jahr hat zwölf Monate. Der Begriff kommt vom Mond – 30 Tage braucht der Mond, um sich einmal um die Erde zu drehen. Wir sehen ihn als Halbmond oder Vollmond und manchmal ist er sogar ganz verschwunden. Großmutter versprach mir, mir noch sehr viel mehr Nützliches über den Mond beizubringen, denn der Mond hat einen großen Einfluss auf alle irdischen Angelegenheiten. Er lenkt die Gezeiten, und wenn wir mit dem Mond arbeiten, hilft er uns dabei, dass unsere Wünsche wahr werden. Zum Beispiel ist es hilfreich, neue Pflanzen bei zunehmendem Mond auszubringen. Sie wachsen dann besser mit dem Mond.

Das leuchtete mir ein. Mit schmutzigen Händen vergrub ich weitere Samenkörner in der Erde. Die Erde war noch kalt, doch bald schon würde die Sonne sie erwärmen und dafür sorgen, dass die Samen keimten. Dabei fielen mir Samen auf, die fast aussahen wie geringelte Nudeln – sehr merkwürdig. Es waren die Samen der Ringelblume. Sie ist eine äußerst nützliche Heilpflanze, die bei allem hilft, das mit der Haut zu tun hat, wie bei kleinen Verletzungen oder Entzündungen. Aus ihr können wir im Herbst Tee und Salben herstellen.

Ich fuhr mit meiner Pflanzarbeit fort und lief ab da jeden Tag nach draußen, um zu sehen, was aus den seltsamen Samen wurde, und siehe da, nach etwa vier Wochen waren die ersten grünen Spitzen zu sehen, und noch ein paar Wochen später blühten die Ringelblumen in hellem Orange. Mir gefielen sie besonders gut!

Die Ringelblume – der Lichtturm deiner Gesundheit

Herstellungs- und Anwendungsmöglichkeiten
Tee, Tinktur, Öl, Salbe, Creme, Schutzbalsam

Wirkung
wundheilend, entzündungshemmend, unterstützt die Galle und die Milz, schmerzlindernd, beruhigend für die Verdauung

Zauberhafte Botschaft

Ich, die Ringelblume, möchte dir eine Botschaft übermitteln. Ich bin eine wunderschöne Blume, die nicht nur als Zierpflanze in Gärten und Parks beliebt ist, sondern auch für meine Heilwirkungen bekannt ist. Meine Blütenblätter enthalten ätherische Öle, Flavonoide und Karotinoide, die sich positiv auf deine Gesundheit auswirken können. Besonders bekannt bin ich für meine entzündungshemmende Wirkung. Mein Extrakt kann bei der Behandlung von Hautentzündungen wie Akne, Ekzemen und Verbrennungen helfen. Auch bei inneren Entzündungen, wie zum Beispiel bei Magen-Darm-Beschwerden, kann ich hilfreich sein.

Darüber hinaus kann ich auch bei Menstruationsbeschwerden und zur Linderung von Schmerzen eingesetzt werden. Mein Extrakt kann die Durchblutung fördern und dadurch Schmerzen lindern.

Ich bin stolz darauf, dass ich für so viele verschiedene Gesundheitsprobleme eine Lösung bieten kann. Ich hoffe, dass du meine Wirkung in deine Gesundheitspflege integrieren kannst und dadurch ein gesünderes Leben führen wirst.

Beschreibung

Die Ringelblume *(Calendula officinalis)* gehört zur Familie der Korbblütler und wird nicht höher als 40 bis 70 Zentimeter. Ursprünglich stammt sie aus dem Mittelmeerraum, ist aber bereits seit Jahrhunderten auch bei uns anzutreffen. Sie hat korbförmige, leuchtend gelbe bis orangefarbene Blüten mit einem Durchmesser von durchschnittlich vier Zentimetern, die nur sehr kurz blühen. Schon nach vier, fünf Tagen bildet sie Samenfrüchte, die sich durch den Wind oder durch Einhaken in vorbeikommende Tiere verbreiten. Sie bildet laufend neue Blütenkörbe und sorgt so lange für Farbenpracht.

Ihr Name Ringelblume geht auf die geringelten Früchte zurück. Der Zusatz *officinalis* in ihrem wissenschaftlichen Namen weist auf ihre Verwendung als Heilpflanze hin.

Wirkung und Einsatzbereiche

Die Ringelblume hat als Heilpflanze eine lange Tradition. Erste Aufzeichnungen über die Verwendung der Ringelblume als Heilpflanze finden sich bereits im 12. Jahrhundert bei Hildegard von Bingen, ebenso wie im späteren Mittelalter bei Hieronymus Bock

Ringelblumen sind reich an Flavonoiden, die antioxidative Eigenschaften in der Heilbehandlung haben. Getrocknete und zerriebene Ringelblumen-Blüten gelten als entzündungshemmend und sollen Heilprozesse bei Wunden beschleunigen. Ringelblumentinkturen und -tee helfen unter anderem gegen Magen- und Darmgeschwüre und lindern Leber- und Gallenbeschwerden. Mit Ringelblumensalbe behandelt man Sonnenbrand und Ekzeme. Sie wird aber auch bei Hautkrebs eingesetzt.

Die Ringelblume gilt im Volksglauben als Wahrsageblume: Wenn wir ihre Blütenblätter abzupfen und dabei mitzählen: »Sie liebt mich, sie liebt mich nicht«, wissen wir beim letzten Blatt angeblich über unsere Chancen Bescheid.

Ringelblumentee für einen frischen Start in den Tag

Zutaten

- 1 TL Ringelblumenblüten, frisch oder getrocknet
- 200 ml Wasser

Zubereitung

1. Die Blüten mit dem kochenden Wasser übergießen.
2. 10 Minuten ziehen lassen, dann abseihen.

Anwendung

Eine Tasse des Tees ist ein kreislaufanregendes Morgengetränk.

Wirkung

Hilft, den Stoffwechsel anzukurbeln und den Kreislauf zu stabilisieren.

Ringelblumen-Massagesalbe gegen Muskelkater

Zutaten

- 10 Ringelblumen, frisch
- 1 Glas, verschließbar
- 35 ml Olivenöl
- 4 g Bienenwachs
- 1 EL Apfelessig
- 5 Tropfen ätherisches Melissenöl
- Tiegel

Zubereitung

1. Von den Ringelblumen die Blüten abzupfen und in ein verschließbares Glas füllen. Das Olivenöl hinzugießen und dabei darauf achten, dass alle Pflanzenteile gut bedeckt sind.
2. Drei bis vier Wochen an einem warmen und trockenen Ort ziehen lassen, das Glas ab und zu schütteln. Danach abseihen.
3. Das angereicherte Öl im Wasserbad leicht erwärmen (nicht zu heiß werden lassen) und das Bienenwachs darin schmelzen. Aus dem Wasserbad nehmen, Apfelessig und Melissenöl einrühren, unter gelegentlichem Rühren etwas

erkalten lassen und in Tiegel abfüllen. Dunkel und kühl gelagert ist die Salbe mindestens sechs Monate haltbar.

Anwendung

Bei Muskelkater und Verspannungen die Salbe in die schmerzenden Körperpartien sanft einmassieren.

Wirkung

Die Behandlung regt den Stoffwechsel an, fördert die Durchblutung und löst so Krämpfe und Verspannungen.

Ringelblumensalbe zur Heilung von Wunden

Zutaten

- 60 g Ringelblumenblüten, getrocknet
- 1 Glas, verschließbar
- 500 ml Olivenöl
- 60 g Bienenwachs
- optional: 10–20 Tropfen ätherisches Öl, zum Beispiel Lavendelöl, für einen angenehmen Duft
- Tiegel

Zubereitung

1. Die Ringelblumenblüten in ein Glas geben und mit Olivenöl übergießen.
2. Das Glas verschließen und zwei bis drei Wochen in der Sonne ziehen lassen.
3. Die Mischung filtern und den Ölauszug in ein Wasserbad stellen. Das Bienenwachs zugeben und unter ständigem Rühren vermischen. Sobald das Wachs geschmolzen ist, aus dem Wasserbad nehmen und bis zum Erkalten rühren. Nun kann auch ein optional gewähltes ätherisches Öl beigefügt werden.
4. In kleine Tiegel abfüllen.

Anwendung
Mehrmals täglich auf betroffene Hautstellen auftragen.

Wirkung
Wirkt sehr gut bei eiternden, schlecht heilenden Wunden, bei Hautentzündungen, Ekzemen, Akne, rissigen Händen und als Lippenpflege.

Ringelblumen-Lanolin-Creme bei Wunden und Ekzemen

Zutaten
- 30 ml Ringelblumen-Ölauszug
- 15 g Lanolin anhydrid
- 4 g Bienenwachs
- 30 ml Ringelblumentinktur
- optional: ätherisches Öl, nach Wunsch
- Tiegel

Zubereitung
1. Ringelblumen-Ölauszug, Lanolin und Bienenwachs in einer feuerfesten Schüssel im Wasserbad erwärmen, bis alles geschmolzen ist. Dies ist die Fettphase.
2. Die Ringelblumentinktur leicht erwärmen und nach und nach unter ständigem Rühren in die Fettphase rühren. So lange rühren, bis die Creme auf Handwärme abgekühlt ist.
3. Nun, wenn gewünscht, ein ätherisches Öl hinzufügen.
4. Die Creme in kleine Tiegel füllen und diese verschließen.
5. Im Kühlschrank aufbewahrt, verlängert sich die Haltbarkeit der Creme.

Anwendung
Regelmäßig auftragen.

Wirkung

Die Creme ist fettreich und duftet nach Bienenwachs und einem Hauch Ringelblumenblüten. Sie eignet sich für schlecht heilende Wunden, Blutergüsse, Geschwüre, Quetschungen, Zerrungen und hilft bei Ekzemen.

Schutzbalsam aus Ringelblumen für die kalte Jahreszeit

Zutaten

- 50 ml Ringelblumenöl
- 10 g Bienenwachs
- 4 g Lanolin
- 12 g Sheabutter
- 2 Tropfen ätherisches Lavendelöl
- 1 Tiegel

Zubereitung

1. Ringelblumenöl, Bienenwachs und Lanolin in einen Topf geben und bei geringer Temperatur im Wasserbad schmelzen lassen.
2. Dann den Topf vom Herd nehmen und in der Restwärme die Sheabutter schmelzen.
3. Gut durchrühren, damit sich alles vermischt, und das Lavendelöl dazugeben.
4. Anschließend in einen Tiegel abfüllen und verschließen.

Anwendung

Kann in der kalten Jahreszeit täglich aufgetragen werden.

Wirkung

Schützt und pflegt die Haut gleichzeitig.

Die stolze Rose – die Königin der Liebe

An einem wundervollen Sommertag saß ich zusammen mit Großmutter in ihrem Garten, in dem alles blühte und duftete. Besonders ihre erlesenen Rosen hatten es mir schon immer angetan.

»Großmutter, was sind das denn alles für Rosen? Sie sehen so unterschiedlich aus und haben so viele verschiedene Farben. Und riechen tun sie auch nicht alle gleich.«

»Weißt du, Bibi, dass all diese verschiedenen Rosen von einer Urform abstammen und seit Tausenden von Jahren von den Menschen kultiviert und angebaut werden? Und weil Rosen auf der ganzen Welt vorkommen, gibt es auch unzählige Arten: Strauchrosen, Kletterrosen, Wildrosen und Hybridteerosen. Jede Rosenart hat ihre eigenen besonderen Eigenschaften und Verwendungen. Sie sind ein beliebtes Symbol für die Liebe und stehen unter anderem auch für Freundschaft, Freude, Dankbarkeit und Glück.« So hatte ich diese schönen Blumen noch gar nicht gesehen. Ich hatte immer gedacht, sie seien nur zur Dekoration da. Großmutter erzählte weiter: »Alten Überlieferungen zufolge soll Eva bei der Vertreibung aus dem Paradies eine Ranke aus dem Garten Eden mitgenommen haben, um ihr Haar zusammenzubinden. Als Adam den ersten Acker umgrub, setzte Eva den Zweig in die Erde, aus dem erst Dornen und danach die ersten wunderschönen Rosen wuchsen. Die Rose soll die Menschen somit an das Paradies erinnern und symbolisiert auch die Liebe zwischen Adam und Eva. Eine weitere Überlieferung stammt von den alten Griechen. Hier symbolisiert die Rose die Göttin Aphrodite und steht für Reinheit und Schönheit. Vor allem die weißen Rosen stehen für Unschuld und ewige Treue, wie sie einst Aphrodite zu ihrem Ehemann Hephaistos hegte.«

Ich war wieder einmal völlig fasziniert darüber, was Großmutter alles wusste.

Die Rose – die Königin der Liebe

Herstellungs- und Anwendungsmöglichkeiten
Tee, Tinktur, Öl, Salbe, Creme, Naturkosmetik, Parfüm

Wirkung
verjüngende Wirkung, entzündungshemmend, lindert Menstruationsbeschwerden, hilft bei leichten Depressionen und Angstzuständen, lieblicher Duft als Balsam für die Seele

---

Zauberhafte Botschaft

Ich, die Rose, möchte dir eine Botschaft übermitteln. Mein Duft und meine Schönheit sind Symbole für die tiefen Gefühle, die in deinem Herzen brennen. Ich bin hier, um dir zu sagen, dass du geliebt wirst. Egal, was das Leben für dich bereithält, du bist niemals allein. Ich symbolisiere nicht nur die Liebe, sondern auch die Schönheit und Vergänglichkeit des Lebens. Ich erinnere dich daran, dass jeder Moment wertvoll ist und dass du jeden Augenblick mit deinen Lieben schätzen solltest.

Lass mich deine Herzensangelegenheiten symbolisieren und dir in schwierigen Zeiten Trost spenden. Denn ich bin nicht nur eine Rose, sondern ein Symbol für die Liebe und eine Erinnerung daran, dass es immer einen Weg gibt, das Leben zu feiern und zu genießen.

Beschreibung

Die Rose, wie wir sie kennen, allen voran die Heckenrose, gehört zu den Rosenarten, zu denen auch solche Pflanzen gehören, die wir erst einmal gar nicht als Rosen zuordnen würden – die Zwetschge und Kirsche beispielsweise. Rosen sind eine Blumenart, die der Familie der Rosengewächse *(Rosaceae)* zugeordnet wird. Insgesamt gibt es weltweit über 200 Rosenarten und über 30 000 Zuchtformen, die sich in Wuchshöhe, Farbe, Blütengröße- und Blütenform unterscheiden.

Rosen haben ihren Ursprung im fernen China. Sie wurden dort schon vor Jahrtausenden angepflanzt und zur Dekoration, als Parfüm und sogar als Nahrungsmittel verwendet. Die Geschichte besagt, dass die Römer die Rose von Asien nach Europa brachten. In der Römerzeit wurden Rosen vor allem als Zierblumen und als Heilmittel verwendet.

Die Pflanze wird bis einen Meter hoch, Strauchrosen über zwei Meter. Der Stiel ist mit spitzen Stacheln besetzt, die wir irrtümlich Dornen nennen. Die Frucht der Rosen ist die Hagebutte.

Wirkung und Einsatzbereiche

Rosenblüten werden gerne in der Kulinarik, der Kosmetik und der Heilmedizin verwendet. Sie finden sich in vielen Produkten wie Marmeladen, Tees, aber auch Gesichtscremes, Parfüms und Seifen. In der traditionellen Medizin wird die Rose als Heilmittel gegen Angstzustände, Depressionen und Schlafstörungen eingesetzt.

Die Rose hat in der Hexenkultur eine besondere Bedeutung, da sie oft mit dem weiblichen Aspekt der Magie und weiblichen Göttinnen in Verbindung gebracht wird. Wir in der Hexenschule Wien verwenden die Rose vor allem, um eine positive und harmonische Energie zu schaffen. Rosenblüten und -blätter werden oft für Zauber und Rituale eingesetzt, die mit Liebe, Fruchtbarkeit, Schutz und Heilung zu tun haben. Außerdem wird die Rose in der Naturmedizin verwendet, um körperliche und emotionale Beschwerden zu lindern.

Rosen stehen für Liebe und Freundschaft, aber auch für Trauer und Beständigkeit. Doch auch ihre Farbe sagt etwas über ihre Verwendung aus. Eine weiße Rose steht für Unschuld, Reinheit und Schüchternheit und symbolisiert auch Trauer. Gelbe Rosen werden selten hergeschenkt und stehen für Neid oder Eifersucht in einer Beziehung und unter Freunden. Die Rosenfarbe Orange drückt den Wunsch nach Leidenschaft innerhalb einer Partnerschaft aus und steht für freudige Ereignisse. Rosafarbene Rosen symbolisieren Jugend, Verliebtheit und Schönheit, hellrosa Rosen stehen sie für Lebensfreude und Energie und Verlangen. Das stärkste Symbol für ewige Liebe stellt die rote Rose dar. Sie steht symbolisch für Leidenschaft, Ernsthaftigkeit und die Absicht einer gemeinsamen Zukunft. Und mit ihr fangen wir auch an.

Rosen-Zaubertrank für die Liebe

Zutaten

- 3 rote Rosenblätter
- je 1 TL Honig, Zimt, Muskatnuss
- je 1 TL Basilikum, Thymian, Rosmarin, getrocknet
- 250 ml Wasser

Zubereitung

1. Die Rosenblätter in kleine Stücke schneiden und in einen Topf geben. Die restlichen Zutaten hinzufügen und gut vermengen. Das Wasser hinzugießen und bei mittlerer Hitze zum Kochen bringen.
2. Die Hitze reduzieren und den Trank 10 Minuten lang köcheln lassen.
3. Den Trank abseihen und in eine Tasse gießen.

Anwendung

Dieser Trank kann täglich getrunken werden.

Wirkung

Unterstützt bei Liebeskummer, hebt die Laune und legt den Fokus auf mehr Weiblichkeit.

Rosencreme für sensible Haut

Zutaten

- 1 Tasse Rosenöl
- 1 TL Vitamin-E-Öl
- 1 TL Aloevera-Gel
- 5–10 Tropfen Rosenessenz
- ½ Tasse Bienenwachs
- 1 Glasflasche, verschließbar

Zubereitung

1. Alle Zutaten außer dem Bienenwachs in eine Schüssel geben und gut vermengen. Diese auf einen Kochtopf mit Wasser stellen und bei mittlerer Hitze im Wasserbad erwärmen.
2. Das Bienenwachs in einem separaten Wasserbad schmelzen. Dann das Bienenwachs unter ständigem Rühren zu der Rosenöl-Mischung hinzufügen.
3. Die Mischung abkühlen lassen und anschließend in eine sterilisierte Glasflasche umfüllen und verschließen.
4. Die Creme an einem kühlen, dunklen Ort aufbewahren und innerhalb von sechs Monaten verwenden.

Anwendung

Einmal täglich die Haut damit verwöhnen. Zieht rasch ein.

Wirkung

Die Königin der Pflege, sie fördert die Durchblutung und ihr Duft legt sich wohltuend aufs Gemüt.

Rosenöl für wohltuende Massagen

Zutaten

- Rosenblüten, frisch
- Glas mit Schraubverschluss
- Pflanzenöl, zum Beispiel Jojobaöl oder Olivenöl
- Käsetuch oder Kaffeefilter
- Flasche, verschließbar

Zubereitung

1. Die Rosenblüten gründlich waschen, trocknen und in das Glas geben. Es sollte zu circa zwei Dritteln gefüllt sein. Das Pflanzenöl so hinzufügen, dass die Blüten vollständig bedeckt sind.
2. Das Glas gut verschließen und an einem dunklen, kühlen Ort für mindestens zwei Wochen lagern. Täglich schütteln, um sicherzustellen, dass sich das Öl gut mit den Blüten mischt.
3. Nach zwei Wochen das Öl durch ein feines Käsetuch oder einen Kaffeefilter abseihen und in eine saubere Glasflasche umfüllen.

Anwendung

Das Rosenöl ist nun bereit für den Gebrauch in kosmetischen Produkten oder für Massagen.

Wirkung

Die ätherischen Düfte von Rosen wirken auf das limbische System und harmonisieren das innere Gefühl.

Rosenwasser zur Hautstraffung

Zutaten

- Rosenblüten, frisch
- Wasser
- Flasche oder Glas, verschließbar

Zubereitung

1. Die Rosenblüten gründlich waschen und trocknen.
2. Einen Kochtopf mit Wasser auf dem Herd auf mittlere Hitze bringen. Die Rosenblüten in das Wasser geben und 1 Stunde köcheln lassen.
3. Danach das Rosenwasser durch ein Sieb in eine Schüssel abgießen und abkühlen lassen. Anschließend in eine Flasche oder ein Glas füllen, verschließen und an einem kühlen, dunklen Ort aufbewahren.

Anwendung

Von Kopf bis Fuß anwendbar.

Wirkung

Das Rosenwasser heilt und pflegt. Es ist ein wahrer Alleskönner. Es wirkt hautstraffend, fördert die Durchblutung und wirkt der Narbenbildung entgegen.

Rosenwickel zur Stresslinderung

Zutaten

- 50 g Rosenblätter, frisch oder getrocknet
- 1 l kochendes Wasser
- 1 großes Baumwolltuch

Zubereitung

1. Die frischen oder getrockneten Rosenblätter in einem Topf mit kochendem Wasser übergießen.
2. 10 Minuten ziehen lassen, bis das Wasser abgekühlt ist.
3. Das Baumwolltuch in das abgekühlte Wasser tauchen und auswringen.

Anwendung

Den Wickel auf die gewünschte Körperstelle legen und mit einem trockenen Tuch bedecken. 30 Minuten einwirken lassen.

Wirkung

Rosenwickel werden häufig verwendet, um Entzündungen und Schmerzen zu lindern, die Haut zu beruhigen und zu erfrischen sowie um Stress abzubauen.

Rosen-Lippenpflege für weichere Haut

Zutaten

- 1 TL Bienenwachs
- 1 TL Sheabutter
- 1 TL Wildrosenöl, aus Hagebuttensamen hergestellt
- 2 Tropfen naturreines ätherisches Rosenöl
- 1 Lippenpflegebehälter

Zubereitung

1. Ein Wasserbad mit circa 70 °C vorbereiten. Das Bienenwachs in ein Töpfchen geben und in das heiße Wasserbad stellen. Sobald das Wachs komplett geschmolzen ist, wieder herausnehmen.
2. Sheabutter und Wildrosenöl zugeben und verrühren, bis die Sheabutter verflüssigt ist. Notfalls kurz im Wasserbad anwärmen.
3. Die Mischung auf circa 38 °C abkühlen lassen, das Rosenöl zugeben und alles noch einmal gut verrühren.
4. In einen Lippenpflegebehälter abfüllen. Geöffnet abkühlen lassen und anschließend gut verschließen.

Anwendung

Diese Lippenpflege ein- oder mehrmals täglich auftragen.

Wirkung

Bei Lippenherpes oder zur reichhaltigen Pflege.

Rosenblütentee für mehr Liebe im Herzen

Zutaten

- 250 ml Wasser
- Teetasse mit Deckel
- 1 voll erblühte Rose

Zubereitung

1. Das Wasser zum Kochen bringen und 5 Minuten in der Teetasse abkühlen lassen.
2. Dann die frische Rose hinzugeben und den Deckel schließen. Den Tee 10 Minuten ziehen lassen.
3. Anschließend die Rose durch ein Sieb abseihen und den Tee genießen.

Anwendung

Morgens nach dem Aufstehen eine Tasse Tee frisch aufgebrüht trinken.

Wirkung

Rosenblüten wirken bei Entzündungen im Mund- und Rachenraum, Halsschmerzen, Magenkrämpfen und Menstruationsbeschwerden.

SCHMUCK AUS ROSEN

Ja, du kannst aus Rosenblättern auch Schmuck herstellen und sie zu Armbändern, Ohrringen, Halsketten oder Broschen verarbeiten, indem du sie mit Fäden oder Draht zu einer gewünschten Form bindest.
Du kannst frische oder getrocknete Rosenblätter mit Harz oder Klebstoff bedecken, um sie dauerhafter zu machen und als Anhänger oder Charms für Schmuckstücke zu verwenden. Trockene Rosenblätter kannst du auch in Acryl oder Epoxidharz eingießen, um sie dann für Anhänger oder Ohrringe zu verwenden.

Es gibt viele kreative Möglichkeiten, wie du Rosenblätter zu Schmuck verarbeiten kannst, und mit ein wenig Übung und Kreativität können einzigartige Stücke hergestellt werden.

Das Zauberkraut Salbei – Hilfe in herausfordernden Zeiten

Es war kurz nach Mitternacht, als ich bei meiner Großmutter vor dem Bett stand. Mich quälte ein schrecklicher Husten, der mich einfach nicht schlafen ließ. Sie richtete sich verschlafen im Bett auf, schwang ihre Füße aus dem Bett und schlüpfte in ihre warmen Pantoffeln. Dann legte sie sich den Bademantel um, der immer griffbereit neben ihrem Bett lag, und eilte mit mir die Treppe hinunter. Es kam öfter vor, dass jemand mitten in der Nacht an ihre Tür klopfte und dringend ihre Hilfe verlangte, wobei es meist um Liebesangelegenheiten ging. In der Küche setzte Großmutter Anneliese einen Kessel mit heißem Wasser auf, um mir einen frischen Tee aus Salbei, Malve und Honig zuzubereiten. Sie sagte, dass er meine wunde Kehle lindern und mir helfen werde, bald wieder einzuschlafen.

Mich wunderte der scharfe Geruch, der beim Aufgießen entstand. Großmutter begründete das intensive Aroma damit, dass Salbei besonders viele ätherische Öle hat, was ihn zu einer ganz besonderen Heilpflanze macht. Wir können den Salbei als Tee zubereiten, zum Räuchern nutzen oder als Tinktur auf die Haut auftragen. Für sie war er eine Art Universalheilpflanze, die immer in ihrem Garten wuchs. Er ist nämlich noch dazu winterhart, obwohl er eigentlich aus Italien und anderen südlichen Ländern stammt. Es war offensichtlich, dass sie den Salbei sehr mochte – fast so sehr, wie sie die Männer mochte, wie sie mir lachend verriet.

Heilender Salbei – die Transformationspflanze

Herstellungs- und Anwendungsmöglichkeiten
Tee, Tinktur, Öl, Salbe, Creme, Räucherwerk

Wirkung
antibakteriell, antiviral, stark desinfizierend, entzündungshemmend, beruhigt die Verdauung, neutralisiert schlechte Energien und Gerüche

Zauberhafte Botschaft

Ich, der Salbei, möchte dir eine Botschaft übermitteln. Mein Duft und meine Heilkräfte sind Symbole für die Fähigkeit, innere Klarheit und Erkenntnis zu erlangen. Ich bin hier, um dir zu sagen, dass du die Antworten, die du suchst, bereits in dir trägst. Ich symbolisiere nicht nur Weisheit und Klarheit, sondern auch Reinheit und Schutz. Ich erinnere dich daran, dass es wichtig ist, dein Inneres und Äußeres zu reinigen und zu schützen. Indem du deine Gedanken und Gefühle klärst und dich von negativen Energien befreist, schaffst du Raum für Heilung und Wachstum.

Lass mich dir helfen, dich auf deine inneren Weisheiten zu besinnen und deine spirituelle Entwicklung zu fördern. Denn ich bin nicht nur ein Kraut, sondern auch ein Symbol für die Verbindung zwischen Körper, Geist und Seele.

Beschreibung

Der immergrüne Salbei *(Salvia officinalis)* gehört zur Familie der Lippenblütler und wird wegen seines kräftigen, würzigen Geschmacks häufig in Küchen und Gärten verwendet, um Fisch, Fleisch, Suppen und Soßen zu verfeinern.

Die mehrjährige Pflanze stammt ursprünglich aus dem Mittelmeerraum, wächst aber auch bei uns gut und erreicht eine Höhe von 40 bis 80 Zentimetern. Seine samtig behaarten, graugrünen Blätter sind enorm aromatisch und duften stark. Von Juni bis August erfreut uns der Salbei mit violett-blauen Lippenblüten, die auch bei Insekten sehr beliebt sind.

Seinen Namen hat der Salbei vom lateinischen *salvare*, was so viel bedeutet wie »heilen«.

Wirkung und Einsatzbereiche

Salbei ist eine sehr vielseitige Pflanze, die sowohl in der Küche als auch in der Medizin verwendet wird und eine lange Geschichte der Verwendung und Anerkennung für seine gesundheitlichen Vorteile hat. Echter Salbei wird seit Jahrhunderten wegen seiner heilenden Eigenschaften geschätzt, da er eine entzündungshemmende, antiseptische und krampflösende Wirkung hat. Daher wird er gerne zur Linderung von Halsschmerzen und Halsentzündungen und entzündetem Zahnfleisch eingesetzt.

Er hilft auch bei Beschwerden des Magen-Darm-Trakts, da er die Verdauung verbessert, Durchfall, Blähungen und Krämpfe im Darm lindert und den Körper von Giftstoffen reinigt.

Salbeiöl wirkt beruhigend auf das Nervensystem und kann Stress und Angstzustände reduzieren. Zur Behandlung von Hautunreinheiten kann Salbei auch auf die Haut aufgetragen werden. Darüber hinaus wirkt er schweißhemmend und wird daher gerne gegen übermäßiges Schwitzen eingesetzt.

In der Hexenpraxis verwenden wir Salbei gerne zum Räuchern, um Räume energetisch zu reinigen und um böse Geister oder negative Schwingungen zu vertreiben. Hierfür setzen wir oftmals Weißen Salbei *(Salvia apiana)* ein.

Salbeicreme bei schweren Füßen

Zutaten

- 1 TL Salbei, angetrocknet
- 1 TL Minzblätter oder Rosmarin, angetrocknet
- 20 g Mandelöl
- 5 g Bienenwachs
- 20 g Sheabutter
- 3–5 Tropfen ätherisches Öl, zum Beispiel Salbei/Minze oder Rosmarin/Zimt
- Salbentöpfchen

Zubereitung

1. Salbei und Minze für einen kühlenden oder Salbei und Rosmarin für einen wärmenden Balsam einige Stunden trocknen lassen, über Nacht in Mandelöl einlegen und am nächsten Tag abseihen.
2. Das Bienenwachs im Wasserbad schmelzen. Das angereicherte Mandelöl hinzufügen und vermischen. Dann die Sheabutter zugeben und in der Mischung schmelzen lassen und glatt rühren.
3. Die Mischung etwas abkühlen lassen, bis sie handwarm ist, dann das ätherische Öl hinzufügen.
4. In ein Salbentöpfchen füllen und erkalten lassen. Hält circa ein Jahr.

Anwendung

Nach dem Duschen in die Füße einmassieren. Als Packung abends dicker auftragen; Baumwollsocken anziehen und über Nacht einwirken lassen.

Wirkung

Kühlt oder wärmt die Füße, macht sie weich und geschmeidig.

Salbeibad gegen Cellulite

Zutaten

- 4 Handvoll Salbeiblätter, getrocknet
- 1 l Wasser

Zubereitung

1. Die Salbeiblätter mit dem Wasser in einen Topf geben und etwa 5 Minuten kochen lassen.
2. Dann abseihen und den Sud ins Badewasser geben.

Anwendung

Dieses Bad kann alle zwei Tage genossen werden.

Wirkung

Gut bei erschlaffter und unreiner Haut und Cellulite.

Salbeideo mit Zitrone

Zutaten

- 5 ml Weingeist mit 95 Prozent Alkoholgehalt
- 1 großes Glas
- 50 Tropfen ätherisches Salbeiöl
- 50 Tropfen ätherisches Zitronenöl
- 20 Tropfen ätherisches Melissenöl
- 10 Tropfen ätherisches Teebaumöl
- 95 ml Salbeitinktur
- ½ TL Zitronensaft, aus der Plastikflasche (wegen der längeren Haltbarkeit)
- 1 Sprühflasche

Zubereitung

1. Alle Zutaten in die Sprühflasche geben und schütteln.

Anwendung

Bei Bedarf anwendbar.

Wirkung

Dieses Deorezept funktioniert mithilfe vier verschiedener Wirkungsweisen: Salbei hemmt die Schweißbildung und wirkt antibakteriell. Der Tinktur-Alkohol wirkt antibakteriell. Die verwendeten ätherischen Öle wirken ebenfalls antibakteriell. Die Zitrone verschiebt den Säuregrad der Haut in Richtung sauer, daher fühlen sich die Bakterien nicht mehr wohl. Entscheidend ist der Zitronensaft, denn ohne ihn, fand ich heraus, überstand das Deo den Sommertest nicht sehr gut. Bei Menschen mit schwacher Schweißbildung könnte es dennoch ausreichen.

Dieses Deo ist ein mildes Deodorant ohne Zutaten aus dem Chemielabor. Zwar kann es keine 24-Stunden-Garantie bieten, wie Deos mit Aluminiumsalzen, aber selbst im Sommer und bei viel Bewegung kann es ausreichen, wenn du am Nachmittag nachsprühst.

Salbei-Inhalation bei Erkältungsbeschwerden

Zutaten

- 1 Handvoll Salbeiblätter
- 1 Handvoll Pfefferminzblätter
- Wasser
- Leintuch

Zubereitung

1. Salbei- und Pfefferminzblätter in einen Topf geben, vollständig mit Wasser begießen und mit dem Wasser aufkochen lassen.

Anwendung

Beuge dich mit dem Leintuch über dem Kopf über den dampfenden Kräutertopf und lasse den Dampf durch das Einatmen über Nase und Mund wirken. Vorsicht: heiß!

Wirkung

Wirkt desinfizierend und hilft, die oberen Atemwege freizubekommen.

Fieberblasen-Balsam für zarte Lippen

Zutaten

- 250 ml Olivenöl
- 8 Tropfen Zitronenmelissentinktur
- 8 Tropfen Salbeitinktur
- 30 g Bienenwachs
- 30 g Lanolin
- 3 Tropfen ätherisches Teebaumöl

Zubereitung

1. Ein Wasserbad mit einer feuerfesten Schüssel herstellen, das Olivenöl hineingeben, die Zitronenmelissentinktur und Salbeitinktur sowie Bienenwachs und Lanolin hinzugeben und so lange rühren, bis alles geschmolzen und miteinander verbunden ist.
2. Wenn alles flüssig ist, die Schüssel aus dem Wasserbad nehmen und das Teebaumöl einrühren.

Anwendung

Sobald du die Fieberblase spürst, mit dem Balsam eincremen. Meist kommt sie dann nicht mehr hoch und heilt rasch ab. Der Balsam hilft auch sehr gut gegen Gürtelrose und Rotlauf.

Wirkung

Dieser Balsam pflegt die Lippen durch seine antiseptische Wirkung und die Feinheit des Salbeis.

Großmutters Tipp

Ätherische Öle immer zum Schluss dazugeben, bei Tinkturen muss hingegen der Alkoholgeruch erst verdampfen.

Kräuteressig für die Zauberküche

Zutaten

- 1 Bund Salbei
- 1 Bund Melisse
- 1 große Glasflasche
- 1 l Obst- oder Weinessig

Zubereitung

1. Die Kräuter in eine Flasche geben und mit dem Essig auffüllen. Dabei darauf achten, dass die Kräuter komplett mit dem Essig bedeckt sind.
2. Die Flasche verschließen und vier Tage stehen lassen.
3. Anschließend abseihen.

Anwendung

Für Salate und eine gesunde Lebensweise.

Wirkung

Gesunder und wohlschmeckender Essig, der hilft, das Verdauungssystem zu harmonisieren.

Salbeitee gegen Entzündungen

Zutaten

- 2 TL Salbeiblätter, fein geschnitten
- 250 ml Wasser

Zubereitung

1. Die Salbeiblätter in eine Tasse geben und mit kochendem Wasser überbrühen. 10 Minuten ziehen lassen.
2. Dann abseihen und warm trinken.

Anwendung

Bei Entzündungen im Mund-Rachen-Raum drei bis vier Tassen am Tag trinken, dazu mindestens zusätzlich zwei Liter Wasser trinken. Für Spülungen und zum Gurgeln mehrmals täglich anwenden. Eine Tasse kühlen Salbeitee etwa eine halbe Stunde vor dem Zubettgehen trinken.

Wirkung

Lindert Entzündungen im Mund-Rachen-Bereich, dient auch als Gurgelwasser und für Spülungen. Der Tee beruhigt und lässt tief schlafen.

Salbeiwein bei Husten

Zutaten

- 1 EL Salbeiblätter
- 250 ml Weißwein

Zubereitung

1. Die Salbeiblätter mit dem Weißwein aufkochen und etwa 2 Minuten sprudelnd kochen lassen.

Anwendung

Schlückchenweise damit gurgeln und auch davon trinken.

Wirkung

Dieser Salbeiwein kann einerseits als Salatzusatz, andererseits als Heilmittel bei Haarausfall, Husten oder Hitzewallungen getrunken werden.

Salbeilikör – für Geist und Seele

Zutaten

- 30 Salbeiblätter
- 5 Basilikumblätter
- 1 EL rote Pfefferkörner
- 1 großes Schraubglas
- 1 l Korn
- 350 ml Wasser
- 250 g Zucker
- Glasflaschen

Zubereitung

1. Die Kräuter und die Pfefferkörner in das Glas geben, mit dem Korn übergießen und an einen warmen, sonnigen Platz stellen.
2. Nach einer Woche filtrieren.
3. Das Wasser aufkochen und den Zucker darin auflösen. Abkühlen lassen und mit dem Ansatz vermischen.
4. In Flaschen füllen und zwei Monate ruhen lassen.

Anwendung

Eine kleine Menge pro Tag hilft, Geist und Körper gesund und vital zu halten.

Wirkung

Gut bei Erkältungen und bei Hals- und Mundbeschwerden, da der Likör wegen seiner antiseptischen Wirkung die Genesung unterstützt.

Pflegende Salbei-Haarmaske zur energetischen Reinigung

Zutaten

- 2–3 EL Natron
- 200 ml Lavendeltee
- 200 ml Salbeitee
- 1 TL Honig
- 5 Tropfen ätherisches Öl, zum Beispiel Lavendel und Melisse

Zubereitung/Anwendung

1. Alle Zutaten gut miteinander mischen, sofort auf das angefeuchtete Haar auftragen und gut einmassieren.
2. Einige Minuten einwirken lassen und danach gründlich ausspülen.

Wirkung

Diese selbst gemachte Haarmaske reinigt und pflegt das Haar und unterstützt die energetische Ausgewogenheit.

Großmutters Tipp

Regelmäßiges Räuchern mit Salbei sorgt dafür, dass wir negative Energien aus unserem Zuhause vertreiben und eine gereinigte Atmosphäre in den Räumen haben.

Die wohltuende Hausreinigung mit Salbei

Zutaten

- Räucherschale
- Sand
- Räucherkohle
- Streichhölzer
- Salbei
- Kerze
- Feder

Zubereitung/Anwendung

1. Eine Räucherschale mit Sand füllen, Räucherkohle daraufgeben und anzünden.
2. Den Salbei auf die Räucherkohle streuen.
3. Dann die Kerze entzünden und um eine innere Begleitung deiner Reinigung bitten. Ersuche darum, dass sich alle Energien dorthin bewegen, wo sie sich entwickeln können. Achte darauf, dass ein Fenster geöffnet ist, durch das das Alte abziehen kann.
4. Du hast die Schale in der linken Hand und die Feder in der rechten. Bewege die Feder über die Räucherschale von links nach rechts, das ist die angenehmste Bewegung in dieser Haltung. Dann beginne im Uhrzeigersinn durch das Haus zu gehen, an allen Wänden entlang, und bewege die Feder immer wieder über die Räucherschale vom Rauminneren nach außen. Damit streichst du alles aus dem Haus, was nicht dorthin gehört, und verabschiedest dich von allem, was sich entfernen soll.
5. Sprich laut aus, was du dir Neues, Schönes in deinem Haus wünschst. Lade alles ein, was du dir wünschst (Freude, Harmonie, Gesundheit, Mut, Kraft, Liebe, Klarheit ...).

Wirkung

Vertreibt negative Energien und schafft eine angenehme Atmosphäre.

Die milde Schafgarbe

Ich erinnere mich an einen Sommertag, als ich voller Aufregung zu meiner Großmutter in die Stube stürmte und behauptete, eine riesengroße Pflanze – so groß wie ich selbst – mit weißen Blüten sei mir nachgelaufen, um mich zu fangen. Ich war der festen Überzeugung, die Pflanze müsse böse sein.

Erst einmal musste jetzt geklärt werden, welche Pflanze ich eigentlich meinte. Aber zwischen Kamille, Königskerze, Pfefferminze, Bibernelle, Oregano, Salbei, Malven, Zitronenmelisse, Baldrian, Stockrosen und vielem mehr war in dem wundervoll duftenden Kräutergarten der Missetäter erst einmal nicht auszumachen. Deshalb bat mich meine Großmutter, ihr genau zu erzählen, was passiert war. Da Pflanzen nun einmal nicht laufen können, erschien meine Geschichte auf den ersten Blick auch gelinde gesagt merkwürdig.

Ich erzählte, dass ich nach der Schule noch die Schmetterlinge beobachten wollte, dabei mein Pausenbrot ausgepackt hatte und es mit ein paar Kräutern garnieren wollte, wie sie es mir gezeigt hatte. Und da stand diese riesengroße Pflanze, deren Namen ich leider vergessen hatte.

Während des Gesprächs kamen wir aber gemeinsam darauf, dass es die Schafgarbe gewesen sein musste, die weitverbreitet ist, aber je nach Land noch viele andere Namen hat. In Österreich heißt sie auch Bauchwehkraut und der Sage nach hat der griechische Held Achilles einst die vielfältigen Heilwirkungen der Pflanze erkannt. Er galt als unbesiegbar, bis auf eine kleine Stelle an seiner Ferse. Deshalb interessierte er sich für Heilpflanzen, um diese kleine Schwäche auszugleichen.

Großmutter erzählte mir von den vielen Zubereitungsmöglichkeiten:

Wir können einen leckeren Tee daraus kochen, der bei Bauchweh hilft, aber auch als Salbe hilft sie bei Hautunreinheiten und Entzündungen. Sogar den Blutdruck kann sie senken. Die Schafgarbe ist ein echtes Wundermittel. Sie ist anspruchslos und wächst fast überall auf Wiesen und an Wegesrändern. Weil sie so groß ist, fällt sie leicht um, und so war sie mir auf den Fuß gefallen und ich hatte gedacht, sie wollte mich fangen.

Und dann erzählte sie mir noch, wie der Name überhaupt zustande gekommen war: Er hat nichts mit Schafen zu tun, erklärte sie, sondern die Pflanze heißt eigentlich »Schafgarbe« wegen ihres strengen Geruchs. Sie stinkt. Essen können wir sie deshalb auch nicht. Da sie jedoch eine große Heilkraft besitzt, können wir sie als Tee trinken. Wer im Sommer viel schwitzt, kannst sich einen Schafgarbentee machen, um das Schwitzen zu stoppen. Außerdem schwemmt dieser Tee Gifte aus dem Körper und hilft bei Entzündungen, zum Beispiel bei Zahnschmerzen.

Sie erzählte weiter, dass die Druiden den Stängel der Schafgarbe dazu benutzten, um das Wetter vorherzusagen. Außerdem wurden der Pflanze noch viele andere magische Kräfte zugeschrieben. Und ich dachte: Alles, was magisch ist, ist doch gut. Dann muss doch auch diese Pflanze gut sein. Meine Angst vor der großen Pflanze war verflogen.

Die Pflanze der Vielseitigkeit – die Schafgarbe

Herstellungs- und Anwendungsmöglichkeiten
Tee, Tinktur, Öl, Salbe, Creme, Wickel

Wirkung
antibakteriell, antiviral, stark desinfizierend, entzündungshemmend, beruhigt die Verdauung, neutralisiert schlechte Energien und Gerüche

Zauberhafte Botschaft

Ich, die Schafgarbe, möchte dir eine Botschaft übermitteln. Meine heilenden Kräfte und mein zarter Duft sind Symbole für die Fähigkeit, körperliche und emotionale Wunden zu heilen. Ich bin hier, um dir zu sagen, dass du stark bist und dass es immer Hoffnung gibt. Ich symbolisiere nicht nur Heilung und Unterstützung, sondern auch Liebe und Mitgefühl. Ich erinnere dich daran, dass du geliebt wirst und dass es Menschen gibt, die dich unterstützen und an dich glauben. Lass mich dir helfen, deine Selbstheilungskräfte zu aktivieren und deine inneren Ressourcen zu mobilisieren.

Ich stehe dir zur Seite, wenn du dich schwach und hilflos fühlst. Ich werde dir helfen, deine Wunden zu heilen und deine Seele zu nähren. Denn ich bin nicht nur eine Pflanze, sondern ein Symbol für die Kraft und die Schönheit der Natur.

Beschreibung

Die Gemeine Schafgarbe *(Achillea millefolium)* gehört zu den Korbblütlern und wird bis zu einem Meter hoch. Die Blütenstände sehen aus wie kleine Körbchen und sind weiß oder rosa. Sie wächst auf Wiesen, Weiden und an Wegrändern. Die Blütezeit liegt zwischen Ende Mai und Oktober, die Blüten sind in der Regel weiß oder rosa gefärbt.

Der Gattungsname *Achillea* geht angeblich auf Achilles, den sagenhaften Helden des Trojanischen Krieges zurück, der die Pflanze zur Wundheilung verwendet haben soll. *Millefolium* geht auf das griechische Wort *myrióphyllon* zurück, was »mit unzähligen Blättern« bedeutet. Der deutsche Name Schafgarbe soll daher kommen, dass die Pflanze gerne von Schafen gefressen wird, wobei eine andere Theorie besagt, dass die Pflanze ursprünglich »Schafgarbe« hieß, weil sie unangenehm und scharf riecht. Der Namensteil *Garbe* ist aus dem Althochdeutschen *Garwe* abgeleitet, was so viel heißt wie »der Gesundmacher«.

Wirkung und Einsatzbereiche

Die Schafgarbe wurde schon bei den Germanen und in China als Gewürz- und Arzneipflanze verwendet. Im Altertum wurde sie als Frauenheilkraut eingesetzt. Hildegard von Bingen empfahl die Schafgarbe bei der Behandlung von Geschwüren und Wunden. Die Schafgarbe war früher auch als »Soldatenkraut« bekannt, weil sie sowohl bei den alten Griechen als auch bei den Germanen bereits als blutstillendes Mittel zur Behandlung von Kriegswunden verwendet wurde.

Als Arzneidroge werden die oberirdischen Teile (Blüte, Blätter, Stängel) genutzt und können beispielsweise als Aufguss verarbeitet werden. Zubereitungen aus Schafgarbenkraut wirken gallenflussanregend, antibakteriell und krampflösend. Schafgarbenkraut wird oft bei Blasen- und Nierenerkrankungen und Menstruationsbeschwerden eingesetzt. Äußerlich helfen Schafgarbenauszüge bei Entzündungen, Wunden, Hämorrhoiden und zur Minderung übermäßiger Schweißbildung.

Im Volksglauben spielt die Schafgarbe eine wichtige Rolle. Um böse Geister von Babys fernzuhalten, wurden früher Büschel mit Schafgarbe über die Wiege von Säuglingen gehängt. Zudem soll die Schafgarbe förderlich für die Liebe von Eheleuten sein, weshalb sie unbedingt in einem Brautstrauß vorhanden sein musste. Die Schafgarbe wurde früher außerdem als Orakelkraut verwendet. So legten sich beispielsweise Mädchen beim Schlafengehen Schafgarbenblätter auf die Augen, damit sie im Traum den zukünftigen Ehemann sehen konnten.

Schafgarbentee bei Unterleibskrämpfen

Zutaten

- 1 TL Schafgarbenkraut
- 150 ml Wasser

Zubereitung

1. Die Schafgarbe mit heißem Wasser aufgießen.
2. 5–10 Minuten ziehen lassen, dann abseihen und trinken.

Anwendung

Bei Bedarf mehrmals anwenden.

Wirkung

Das in der Schafgarbe enthaltene Chamazulen wirkt krampflösend und entspannend.

Schafgarbe gegen Hämorrhoiden

Zutaten

- 1 TL Schafgarbe, getrocknet
- Wasser
- 1 Baumwolltuch oder Waschlappen
- 1 Handtuch

Zubereitung

1. Die Schafgarbe in einen Topf geben, Wasser darübergießen und kurz aufkochen lassen.
2. Anschließend abseihen.

Anwendung

Ein Baumwolltuch oder einen Waschlappen reichlich mit leicht abgekühltem Tee tränken, zu einer Kompresse zusammenrollen und vorsichtig auf die Hämorrhoiden pressen. Am besten ein trockenes Handtuch unterlegen.

Wirkung

Schafgarbe beruhigt die Bildung neuer Hämorrhoiden und lindert Juckreiz.

Schafgarbenschnaps bei Grippe

Zutaten

- 1–2 Handvoll Blüten der Schafgarbe
- 2 große Schraubgläser
- hochprozentiger Obstbrand oder Korn
- Glasflaschen

Zubereitung

1. Für den Schnaps ganze Schafgarbenschirme pflücken, je mehr rosafarbene dabei sind, umso besser.
2. Die Blüten in ein weithalsiges Glasgefäß geben. Mit so viel Obstbrand oder Korn übergießen, dass alle Blüten von Alkohol bedeckt sind.

3. 14 Tage lang an einen kühlen Ort stellen, danach abfiltern und in ein neues Glas gießen.
4. Nochmals stehen lassen, bis sich die Flüssigkeit klärt.
5. Anschließend in Flaschen füllen und lagern. Je länger die Lagerzeit ist, desto besser wird der Schnaps.

Anwendung
Gläschenweise trinken und genießen.

Wirkung
Hilfreich bei Erkältungen und Verdauungsproblemen. Wirkt positiv auf die Darmtätigkeit.

Schafgarbentee für reine Haut

Zutaten
- ½ EL Schafgarbe, frisch oder getrocknet
- ½ EL Frauenmantel, frisch oder getrocknet
- 250 ml Wasser

Zubereitung
1. Die Kräuter in eine Tasse geben und mit dem heißen Wasser übergießen.
2. 10 Minuten ziehen lassen, dann abseihen und genießen.

Anwendung
Täglich 250 ml des Tees trinken. Genussvoll in den Tag integrieren.

Wirkung

Hilft von innen gegen unreine Haut und Akne. Beruhigt und klärt Unreinheiten.

> **ACHTUNG**
>
> **Während der Menstruation muss eine Teepause eingelegt werden, um den Hormonhaushalt nicht zu stören.**

Schafgarbenöl gegen einen unruhigen Darm

Zutaten

- 1 Handvoll Schafgarbenblüten
- 1 Schraubglas
- hochprozentiger Alkohol
- Bio-Pflanzenöl, zum Beispiel Mandelöl
- 1 dunkle Glasflasche

Zubereitung

1. Die Schafgarbenblüten in ein sauberes, verschließbares Glas geben. Mit einem Schuss hochprozentigem Alkohol alle Pflanzenteile benetzen. Mit einem kostbaren biologischen Pflanzenöl in der zehnfachen Menge übergießen.
2. Das gut verschlossene Glas nun für zwei Wochen in die Sonne stellen und täglich schütteln.
3. Danach können die Blüten von dem sich mittlerweile grünlich gefärbten Öl getrennt werden. Dazu am besten über einem Mulltuch abseihen.
4. Für eine höhere Wirksamkeit kann der Vorgang nochmals mit frischen Schafgarbenblüten wiederholt werden.
5. Zum Schluss das Öl in eine dunkle Flasche füllen.

Anwendung

Äußere Anwendung als Massageöl.

Wirkung

Schafgarbenöl ist ein ausgezeichnetes Massageöl, das bei Bauchschmerzen und Menstruationsbeschwerden eingesetzt werden kann.

Schafgarbencreme für ein frischeres Hautbild

Zutaten

- 1 TL Schafgarbe
- 50 ml Wasser
- 5 g Bienenwachs
- 15 g Lanolin
- 40 ml Schafgarbenölauszug
- 2 g Bienenhonig
- dunkle Glastiegel

Zubereitung

1. Zuerst den Schafgarbentee zubereiten. Dazu die Schafgarbe mit dem kochendem Wasser übergießen und 15 Minuten ziehen lassen. Danach abseihen.
2. Bienenwachs und Lanolin im Wasserbad schmelzen. Schafgarbenölauszug hinzufügen und alles auf 60 °C erwärmen.
3. Den Schafgarbentee auf 60 °C abkühlen lassen.
4. Die Fettmasse aus dem Wasserbad nehmen und langsam den Schafgarbentee in die Fettmasse einrühren. Bei 40 °C den Honig einrühren. So lange rühren, bis die Creme handwarm ist.
5. In dunkle Glastiegel abfüllen.

Anwendung

Regelmäßig bis zu zweimal am Tag verwendbar.

Wirkung

Eine pflegende und klärende Creme für normale und Mischhaut. Diese Creme lässt die Haut frischer und verjüngt wirken.

Schafgarben-Leberwickel zur Reinigung der Leber

Zutaten

- 6 EL Schafgarbenblüten
- 500 ml Wasser
- sauberes Baumwolltuch
- großes Leinentuch
- Handtuch
- Tuch zum Fixieren

Zubereitung

1. Die Schafgarbenblüten mit dem heißen Wasser übergießen und 10 Minuten zugedeckt ziehen lassen.
2. Dann abseihen und noch 1 l heißes Wasser dazugeben.

Anwendung

Ein Tuch auf Lebergröße falten. Dieses auf ein großes Leinentuch legen und einrollen. Die Mitte der Rolle in den Schafgarbentee eintauchen, vollsaugen lassen und schließlich kräftig auswringen. Den Wickel behutsam auf die Leber legen. Ein großes Handtuch darüberlegen und mit einem langen Schal oder Tuch fixieren.

Nach 15 Minuten die feuchten Tücher entfernen, den Schal aber belassen und mindestens die gleiche Zeit nachruhen. Eine bis drei Wochen lang einmal täglich anwenden.

Wirkung

Dieser Wickel wirkt bei Wutanfällen, zur Reinigung der Leber und zum Ausgleich der inneren Balance.

Schafgarbenkompresse bei akuter Hautreizung

Zutaten

- 1 Handvoll Schafgarbenblüten
- 500 ml Wasser

Zubereitung

1. Die Schafgarbenblüten in dem Wasser zum Kochen bringen und danach ¼ Stunde leicht köcheln lassen.
2. Anschließend durch ein Sieb gießen und die Flüssigkeit auffangen.

Anwendung

Eine Kompresse mit der Flüssigkeit tränken und auf die gereizte Stelle auflegen.

Wirkung

Hilft schnell und beruhigt die Haut.

Schafgarben-Tagescreme für fette Haut

Zutaten

- 100 ml Schafgarben-Ölauszug
- 10 g Bienenwachs
- 3 g Lanolin
- 150 ml Mineralwasser oder Rosenwasser
- 30 Tropfen ätherisches Rosenöl oder ein anderes ätherisches Öl nach Wunsch
- Salbentiegel

Zubereitung

1. Den Ölauszug mit Bienenwachs und Lanolin in einem Glas zur Fettphase vermischen. Das Wasser als Wasserphase in ein anderes Glas gießen. Beide Gläser getrennt voneinander in ein heißes Wasserbad stellen und erhitzen, bis die festen Bestandteile der Fettphase geschmolzen sind.
2. Dann die Wasserphase nach und nach unter ständigem Rühren in die Fettphase gießen. Rühren, rühren, rühren, vor allem auch, wenn die Creme eine merkwürdige Konsistenz annimmt.
3. Dann das ätherische Öl unter ständigem Rühren in die Creme tropfen.
4. Die Creme in Salbentiegel füllen, verschließen und mit Inhalt und Datum beschriften.

Anwendung

Kann bei fettiger Haut täglich angewendet werden.

Wirkung

Schafgarbe hat eine ausgeprägt starke Heilwirkung auf die Haut, vergleichbar etwa mit Kamille, aber weniger austrocknend.

Der Spitzwegerich – der König des Weges

»Aua!« Ich hatte mir mit meiner Bastelschere mitten in den Finger geschnitten und rannte sofort zu Großmutter, die im Garten arbeitete. Das tropfende Blut hatte bereits einen großen Fleck auf meiner Hose hinterlassen und ich kämpfte mit den Tränen. Schluchzend erzählte ich ihr, was passiert war. Großmutter Anneliese sah sich meine Wunde genau an und nickte. Sie war sehr erleichtert, da sie, wie sie berichtete, gerade den Kriechenden Günsel pflegte. Damit konnte ich nun nichts anfangen. Großmutter Anneliese zeigte mir die Pflanze, die vor uns in ihrer vollen Pracht blühte. Allerdings stand sie vollkommen aufrecht. Wieso hieß sie dann der »Kriechende Günsel«? Großmutter erklärte mir, dass das eine Heilpflanze sei, genau wie der Spitzwegerich gleich daneben, und dass beide genau richtig bei solchen Verletzungen seien.

Vertrauensvoll stellte ich mich nun bei den beiden Pflanzen vor und bat sie, mir zu helfen. Großmutter lobte mich und erklärte, dass der Günsel bei inneren und der Spitzwegerich bei äußeren Blutungen hilft. Spitzwegerich wächst auf allen Wiesen und entlang von Feldwegen und kann immer und überall helfen. So fragte ich also Herrn Spitzwegerich, ob er mir bei meiner Verletzung helfen würde, und meine Großmutter antwortete an seiner Stelle, sodass ich dachte, er hätte geantwortet. Sie pflückte die Pflanze aus der Erde, knetete sie in ihren Fingern und drückte sie danach auf die offene Wunde. Nach wenigen Augenblicken sah ich meine Großmutter staunend an. Die Blutung war schon fast gestillt.

Nun wollte ich aber auch noch mehr über den Günsel wissen. Großmutter erklärte, dass er diesen Namen trug, weil er in unseren Körper hineinkriecht und genau dort hilft, wo er gebraucht wird, zum Beispiel, wenn meine Mutter ihre Periode hatte. Wenn sie also keinen Frauenmantel hatte, konnte ihr auch der Kriechende Günsel sehr gut helfen, um ihre Beschwerden zu lindern. Außerdem hat er violette Blüten und bei den Kräuterhexen steht die Farbe Violett immer für die Heilung. Es ist die Farbe mit der höchsten Schwingung und die direkte Verbindung nach oben. Das gefiel mir. Ich wollte unbedingt eine kleine Hexe sein.

Wichtig beim Kriechenden Günsel sei noch, fuhr sie fort, dass es sich um eine sehr mächtige Pflanze handelt, denn sie sei unzerstörbar und dürfe bei keinem Ritual und keiner Ausräucherung fehlen. Er ist die perfekte Pflanze, um sich und andere zu schützen. Auf einmal fand ich den Kriechenden Günsel mit seiner violetten Farbe verdammt königlich.

Der Hustenkiller – der Held der Selbstheilung

Herstellungs- und Anwendungsmöglichkeiten
Tee, Tinktur, Öl, Salbe, Wickel, Sirup

Wirkung
entzündungshemmend, gegen Erkrankungen der oberen Atemwege, unterstützt die Aktivierung der Selbstheilungskräfte, Immunbooster, hilft bei einer schnellen Wundheilung, wirkt vorbeugend gegen Gicht und Arthrose

Zauberhafte Botschaft

Ich, der Spitzwegerich, möchte dir eine Botschaft übermitteln. Meine heilenden Kräfte und mein kräftiger Duft sind Symbole für die Fähigkeit, dich zu unterstützen und dir neue Energie zu geben. Ich bin hier, um dir zu sagen, dass du die Kraft hast, dich selbst zu heilen und zu stärken. Ich symbolisiere nicht nur Heilung und Stärkung, sondern auch Ausdauer und Entschlossenheit. Ich erinnere dich daran, dass du stark und unabhängig bist und dass du alle Herausforderungen, die das Leben dir stellt, meistern kannst. Lass mich dir helfen, deine Selbstheilungskräfte zu aktivieren und deine innere Stärke zu mobilisieren. Mit mir stabilisierst du deinen Kreislauf und aktivierst deine Abwehrkräfte.

Ich stehe dir zur Seite, wenn du dich schwach und kraftlos fühlst. Ich werde dir helfen, deine Energiereserven aufzufüllen und neue Kraft zu schöpfen. Denn ich bin nicht nur eine Pflanze, sondern ein Symbol für die Unerschütterlichkeit und Energie des Lebens und die Fähigkeit, immer wieder aufzustehen.

Beschreibung

Der Spitzwegerich *(Plantago lanceolata)* ist eine ausdauernde, krautige Pflanze, die bis zu einem halben Meter hoch werden kann. Er wächst an Wegrändern und auf Wiesen und ist aufgrund seiner typischen Merkmale gut erkennbar. Seine langen, lanzenförmigen, spitz zulaufenden Blätter mit Längsrillen stehen in einer Rosette dicht am Boden. Aus der Mitte der Blattrosette entspringt der leicht behaarte Blütenstiel. Der Spitzwegerich blüht zwischen Mai und September und bildet dann walzenförmige Ähren, die aus unzähligen kleinen, braunen Blüten mit weißen Staubfäden bestehen.

Seinen Namen »Wegerich« verdankt er dem Althochdeutschen *wega* für »Weg« und *rīh* für »König«, bedeutet also »König des Weges«. Der Namensteil »spitz« deutet auf die spitz zulaufende Form seiner Blätter hin.

Wirkung und Einsatzbereiche

Spitzwegerich ist als Heilpflanze schon seit der Antike bekannt. Die antiken Griechen kochten ihn zum Beispiel in Wasser und Wein gegen fiebrige Erkrankungen und Lungenleiden. Die mittelalterliche Naturheilkundlerin Hildegard von Bingen verwendete das Heilkraut gegen Gicht und kannte seine lindernde Wirkung bei Insektenstichen. Im Mittelalter wurde er bei Blasen- und Nierenleiden, Epilepsie und Tuberkulose eingesetzt, äußerlich gegen Warzen, Verbrennungen und bei schlecht heilenden Wunden.

Heute wissen wir, warum der Spitzwegerich so viele Leiden lindern kann. Er enthält unter anderem Gerbstoffe, Kieselsäure, Kalium, Zink und die Vitamine B und C.

Die Pflanze enthält zudem Flavonoide, die Entzündungen hemmen und antioxidativ wirken. Gerbstoffe in der Pflanze wirken adstringierend, das heißt, sie ziehen Gefäße zusammen und beschleunigen so die innerliche und äußerliche Wundheilung. Ätherische Öle wehren Mikroben ab und verhindern so Krankheiten.

Bei Wanderinnen und Wanderern ist der Spitzwegerich als Erste-Hilfe-Pflanze für kleine Hautverletzungen, Blutergüsse, Prellungen, Zerrungen, Insektenstiche und Sonnenbrand bekannt. Hierfür werden die frischen Blätter zerkaut und auf die betroffene Stelle gelegt.

Spitzwegerichbalsam bei Brandwunden

Zutaten

- 10 g Bienenwachs
- 100 ml Olivenöl
- Glasschüssel mit Deckel
- 30 g Spitzwegerichblätter
- Tiegel oder Gläser mit Schraubverschluss

Zubereitung

1. Das Bienenwachs mit dem Olivenöl in einer Glasschüssel im Wasserbad schmelzen und dann die Spitzwegerichblätter dazugeben.
2. Die Glasschüssel abdecken und 3 Stunden lang in einen warmen Backofen stellen.
3. Die Rückstände anschließend abseihen und die Salbe in einen Tiegel füllen. Erst nach Erkalten zuschrauben.

Anwendung

Auf akute Brandwunden direkt auftragen.

Wirkung

Dieser Balsam wirkt desinfizierend und abschwellend.

Spitzwegerich-Melissen-Tinktur gegen Juckreiz

Zutaten

- 1 Handvoll Spitzwegerichblätter, frisch oder getrocknet (getrocknete Blätter dürfen nicht braun sein)
- 1 Handvoll Melissenblätter, frisch oder getrocknet
- Weingeist oder Korn
- dunkle Glasflaschen
- destilliertes Wasser

Zubereitung

1. Die Blätter in ein gut verschließbares Glas geben und mit so viel Alkohol auffüllen, dass alle Blätter gut bedeckt sind.
2. Anschließend drei bis fünf Wochen an einem hellen Ort stehen lassen und jeden Tag schütteln.
3. Danach abseihen und in dunkle Fläschchen füllen.
4. Diese Tinktur vor der Anwendung zu einem Drittel mit destilliertem Wasser mischen.

Anwendung

Bei Bedarf ein paar Tropfen auf die betroffene Hautstelle auftragen und sanft einreiben.

Wirkung

Spitzwegerich hilft sehr gut gegen Juckreiz. Melisse wirkt entzündungshemmend und beruhigt. Diese Tinktur kannst du zur Linderung eines Juckreizes und zur Beruhigung der Haut verwenden.

Spitzwegerichumschlag für wunde Hautstellen

Zutaten

- 5 g Spitzwegerichkraut
- 150 ml heißes Wasser

Zubereitung

1. Den Spitzwegerich mit dem heißen Wasser übergießen.
2. Die Mischung etwa 10 Minuten ziehen lassen und anschließend durch ein Teesieb abseihen.

Anwendung

Ein Baumwolltuch oder eine Mullbinde mit dem Auszug durchfeuchten und auf die wunde Hautstelle legen. Den Auszug mehrere Minuten einwirken lassen und die Anwendung mehrmals täglich wiederholen.

Wirkung

Bei entzündeter Haut wirkt ein Umschlag mit Spitzwegerichkraut Wunder.

Spitzwegerich-Honig-Sirup – der Hustenkiller

Zutaten

- 2 Handvoll Spitzwegerichblätter
- 1 Bio-Zitrone
- 500 ml Wasser
- 250 g Rohrohrzucker
- 250 g Honig
- Gläser, verschließbar

Zubereitung

1. Die Spitzwegerichblätter waschen und trocken schleudern. Die Zitrone auspressen.
2. Zerkleinert in einen Topf geben, mit dem Saft der Zitrone und dem Wasser aufkochen. 10 Minuten köcheln lassen.
3. Über einem Mulltuch abseihen und das Wasser auffangen, dabei das Tuch gut auspressen.
4. Den Sud mit dem Zucker und dem Honig bei mittlerer Hitze dicklich einkochen lassen.
5. Heiß in Gläser füllen und verschließen.

Anwendung
Bei Bedarf trinken.

Wirkung
Dieser Spitzwegerich-Honig-Sirup kann, speziell in der kalten Jahreszeit, als Hustensirup verwendet werden. Er baut das Immunsystem wieder auf und aktiviert die körpereigenen Abwehrkräfte.

Der starke Weißdorn – der Spezialist deines Herzens

Nach einem der Rituale, die meine Großmutter regelmäßig zu bestimmten Jahreszeiten abhielt, sprachen wir wieder einmal über die Eigenschaften bestimmter Pflanzen, die offenbar etwas damit zu tun hatten. Über den Frauenmantel hatten wir schon gesprochen, aber mich interessierte, was es mit dem Weißdorn auf sich hatte, der ein Stück ihres Gartens umgrenzte und gerade in voller Blüte stand.

»Weißt du, Bibi, Pflanzen haben viele Eigenschaften, die wir uns zunutze machen können. Bei mir steht er als Hecke, weil ich dann keinen Zaun bauen muss. Durch eine Weißdornhecke kommt niemand durch. Dafür ist er viel zu stachelig. Außerdem ernähren sich viele Vögel und Schmetterlinge von ihm und manche wohnen auch darin, weil er sie schützt. Zudem ist sein Laub im Herbst so schön bunt. Und die Früchte kann ich prima verwenden, um Marmelade zu verlängern, weil sie nicht viel Eigengeschmack haben. Aber wie du ja schon weißt, gebe ich deinem Papa regelmäßig Weißdorn, wenn er mal wieder Herzprobleme hat. Dafür ist der Weißdorn nämlich sehr gut, weil er viele Stoffe beinhaltet, die für unseren Kreislauf gut sind.«

Die piksige Hecke betrachtete ich fortan ehrfürchtig.

Der Weißdorn – der Reiniger deines Blutes

Herstellungs- und Anwendungsmöglichkeiten
Tee, Tinktur, Öl, Salbe, Wickel, Sirup

Wirkung
stabilisiert den Kreislauf, gefäßerweiternd, harmonisiert den Blutdruck, beruhigend, stärkt die körpereigenen Abwehrkräfte

Zauberhafte Botschaft

Ich, der Weißdorn, möchte dir eine Botschaft übermitteln. Meine Blüten und Beeren sind Symbole für die Fähigkeit, Hindernisse zu überwinden und Herausforderungen zu meistern. Ich bin hier, um dir zu sagen, dass du stark und unerschütterlich bist. Ich symbolisiere nicht nur Stärke und Ausdauer, sondern bin auch ein wahrer Geheimtipp für deine Gesundheit. Ich erinnere dich daran, dass du dich immer auf mich verlassen kannst. Ich unterstütze dich nicht nur körperlich mit meinen vielen Vitaminen, sondern schenke auch seelischen Trost. Ich werde dich auf deinem Weg begleiten und dich vor Gefahren bewahren.

Lass mich dir helfen, deine Ziele zu erreichen und deine Träume zu verwirklichen. Ich werde dich ermutigen und dir die Kraft geben, die du brauchst, um jeden Berg zu besteigen.

Beschreibung

Der Weißdorn *(Crataegus monogyna)* gehört zur Familie der Rosengewächse und wächst in ganz Europa auf sonnigen und kalkreichen Böden. Der sommergrüne Strauch kann bis sieben Meter hoch werden und bildet an den Zweigen dornenartige Triebe aus. Im Mai und Juni blüht er mit wunderschönen weißen Blüten, aus denen sich im Herbst Früchte bilden, die einheimischen Tieren als Nahrung dienen.

Sein wissenschaftlicher Name *Crataegus* leitet sich vom griechischen Wort *krataigos* ab, was »stark« oder »fest« bedeutet und sich auf das sehr harte Holz der Pflanze bezieht. Der deutsche Name nimmt mit dem Wortteil »Weiß« Bezug auf die weißen Blüten und mit dem Wortteil »Dorn« auf die bedornten Zweige.

Wirkung und Einsatzbereiche

Der Weißdorn ist eine traditionelle Heilpflanze, die in vielen Einsatzbereichen Anwendung findet. Verwendet werden Blätter und Blüten, die Flavonoide, organische Säuren, Tannine, Pektin, Provitamin A und Vitamin C enthalten. Weißdorn wird angewandt bei Kreislaufproblemen sowie unausgeglichenem Blutdruck. Er wurde traditionell gegen Herzerkrankungen eingesetzt und heute ist wissenschaftlich erwiesen, dass die enthaltenen Flavonoide und Procyanidine eine stärkende Wirkung auf das Herz haben und die Durchblutung der Herzkranzgefäße und des Herzmuskels verbessern. Des Weiteren soll er auch gegen Diabetes wirken, aber auch Krebs und sogar Alzheimer vorbeugen.

Neben der gefäßerweiternden und durchblutungsfördernden Wirkung hat Weißdorn auch eine beruhigende Wirkung und kann somit bei Angstzuständen, Stress und Schlafbeschwerden sowie Nervosität und Reizbarkeit eingesetzt werden.

Die Heilkraft des Weißdorns war bereits in der Antike bekannt, wo er von Pedanios Dioskurides beschrieben wurde, und auch in der traditionellen chinesischen Medizin findet er Anwendung. In unseren Breitengraden pflanzten die Menschen den Weißdorn früher als Heckenpflanze um Höfe und Felder, damit er unerwünschte Gäste, wie bösartige Geister, fernhalten sollte. In der keltischen Mythologie galt als heiliger Strauch, als Hüter der Elfenwelt, durch den man in das Reich der Elfen gelangen konnte. Vor allem in Irland glaubte man, dass Weißdornsträucher die Wohnplätze der Feen seien, weshalb der Glaube dort heute noch verbreitet ist, dass es Unglück bringt, wenn man einem allein stehenden Weißdornstrauch Schaden zufügt oder diesen gar fällt.

Weißdornlikör, stärkt Herz und Nervensystem

Zutaten

- 1 Handvoll Weißdornbeeren
- ein paar Weißdornblüten, getrocknet
- 2 TL Melisse, getrocknet
- 2 große Schraubgläser
- 1 l Cognac
- 250 g brauner Kandiszucker

Zubereitung

1. Die Weißdornbeeren und -blüten sowie die Melisse in ein großes Schraubglas geben und den Cognac daraufgießen. Acht Tage abgedeckt ziehen lassen.
2. Abseihen und in ein frisches Glas füllen. Den braunen Kandiszucker zufügen und so lange stehen lassen, bis sich der Zucker aufgelöst hat.
3. Danach schütteln und in dunkle Flaschen abfüllen. Nach einigen Wochen Lagerzeit kann der Likör getrunken werden.

Anwendung
Dieser magische Likör kann je nach Bedarf konsumiert werden.

Wirkung
Dieser Weißdornlikör macht ein frohes Herz und reguliert den Blutdruck.

Weißdornwein – beruhigend, durchblutungsfördernd und gefäßerweiternd

Zutaten
- 2 Handvoll Weißdornbeeren und -blätter
- 2 Beifußrispen, frisch
- 3 fingerdicke Galgantwurzeln, getrocknet
- große Flasche, verschließbar
- 1 l Rotwein

Zubereitung
1. Die Weißdornbeeren leicht andrücken, die Blätter und die Beifußrispen zerkleinern und zusammen mit den Galgantwurzeln in eine verschließbare Flasche geben. Mit dem Wein aufgießen.
2. Drei bis vier Wochen an einem dunklen Ort ziehen lassen.
3. Anschließend abseihen und in eine dunkle Flasche füllen. Der Wein ist etwa sechs Monate haltbar.

Anwendung
Diesen Weißdornwein solltest du zwei- bis dreimal täglich einnehmen.

Wirkung
Er wirkt beruhigend, durchblutungsfördernd und gefäßerweiternd. Bei Herz-Kreislauf-Schwäche, Schwindel, Schlaflosigkeit und leichtem Bluthochdruck anzuwenden.

Weißdorn-Mischtee bei Wechseljahresbeschwerden

Zutaten

- 30 g Weißdornblätter und -blüten, getrocknet
- 30 g Schafgarbenkraut
- 30 g Rotkleeblüten
- 30 g Melissenblätter

Zubereitung

1. Alle Kräuter mischen und in eine Dose füllen.
2. Für eine Tasse Tee 1 TL der Mischung mit 200 ml kochendem Wasser übergießen. 10 Minuten abgedeckt ziehen lassen. Dann abseihen und trinken.

Anwendung

Den Tee dreimal täglich als Kur trinken und dies drei Wochen lang anwenden, dann drei Wochen pausieren.

Wirkung

Reguliert den Kreislauf und bringt mehr Weichheit in das organische System.

Die Zwiebel – gesundes Detox für den Körper

Sehr gut kann ich mich noch an eine kalte Dezembernacht erinnern, in der draußen der Wind tobte und an den Fensterläden zerrte, während an den Fensterscheiben die Eisblumen wuchsen. Ich lag in meinem Bett und mein Ohr tat mir schrecklich weh. Meine Mutter kam herein, um nach mir zu sehen, und ich klagte ihr mein Leid. Sie beschloss, gleich am nächsten Morgen zum Arzt zu gehen.

Doch schon war meine Großmutter zur Stelle, murmelte: »Ein Zwiebelwickel hat noch jedem geholfen«, verschwand in der Küche und kam bald darauf mit einem kleinen Zwiebelsäckchen wieder, das sie mir noch warm aufs Ohr legte. Und tatsächlich: Schon nach etwa einer halben Stunde ließ der pochende, klopfende Schmerz nach. Allerdings roch die Angelegenheit nicht besonders gut.

Meine Großmutter erklärte mir, dass die Zwiebel die Entzündung herauszog. Eine rohe Kartoffel tue es aber auch. Um die Wirkung noch zu verstärken, packte sie mir noch ein paar Zwiebeln in die Socken, weil sie über die Fußsohlen alle Gifte herausziehe.

Wie immer hörte ich sehr genau zu, denn ich wusste intuitiv, dass es kostbare Informationen waren, die ich in keinem Buch finden würde.

Schon damals waren meine Großmutter und meine Mutter aber sicher, dass ich einmal eine Hexe werden würde. Sie prophezeiten, ich werde in meinem späteren Leben unabhängig sein, mir meine Naturmedizin mischen können und in der Küche zaubern.

Die Zwiebel – das Zaubermittel für einen gesunden Körper

Herstellungs- und Anwendungsmöglichkeiten
rohe Verwendung, Säckchen, Sirup, in Gerichten

Wirkung
antiviral, antibakteriell, entzündungshemmend, desinfizierend, harntreibend, verdauungsfördernd

Zauberhafte Botschaft

Ich, die Zwiebel, möchte dir eine Botschaft übermitteln. Meine Nährstoffe und meine heilenden Eigenschaften sind Symbole für die Fähigkeit, deinen Körper und Geist zu stärken. Ich bin hier, um dir zu sagen, dass ich dir helfen kann, deine Gesundheit zu verbessern und dein Wohlbefinden zu steigern. Ich symbolisiere nicht nur meine gesunde Wirkung, sondern auch die Fähigkeit, dich vor Krankheiten zu schützen. Ich erinnere dich daran, dass eine ausgewogene Ernährung und regelmäßige Bewegung die Basis für ein gesundes Leben sind. Lass mich dir helfen, deinen Körper mit wichtigen Nährstoffen zu versorgen und dein Immunsystem zu stärken.

Ich stehe dir zur Seite, wenn du dich müde und ausgelaugt fühlst. Ich werde dir neue Energie geben und dich dabei unterstützen, dich auf das Wesentliche zu konzentrieren. Denn ich bin nicht nur eine Zutat, sondern auch ein Symbol für die Gesundheit und das Wohlbefinden.

Beschreibung

Die Zwiebel *(Allium cepa)* gehört zur Gattung Lauch *(Allium)*, die wiederum zur Familie der Amaryllisgewächse zählt. Sie ist eine der ältesten bekannten Kulturpflanzen der Welt. Bereits 4000 vor Christus wurde sie von den Chaldäern angebaut und auch im alten Ägypten war sie bekannt. Die mehrjährige Zwiebel ist eine ausdauernde krautige Pflanze mit rohrartigen Blättern und einem unterirdischen Speicherorgan, das wir als die eigentliche Zwiebel kennen. Die fleischigen Blätter, die unterirdisch wachsen, verdicken sich zu einer Knolle, wobei die äußeren Blätter im Laufe des Wachstums austrocknen und dann die Schale bilden.

Wirkung und Einsatzbereiche

Die Zwiebel ist ein wirksames Heilkraut, das im Jahr 2015 zur Heilpflanze des Jahres gekürt wurde. Ihr hoher Gehalt an Antioxidantien und Inhaltsstoffen wie Vitaminen, Mineralstoffen, ätherischen Ölen und Verbindungen wie Quercetin sorgen dafür, dass sie eine so umfangreiche heilende Wirkung hat.

Die Zwiebel sollte in keiner Hausapotheke fehlen, da sie gegen zahlreiche Leiden Abhilfe schaffen kann. Die enthaltenen Antioxidantien fangen schädliche freie Radikale, schützen so vor Zellschäden und sollen auch das Krebsrisiko reduzieren. Die schwefelhaltigen ätherischen Öl Allicin und weitere enthaltene Schwefelverbindungen haben eine natürliche antibakterielle Wirkung und bekämpfen Viren, Bakterien und Pilze. Somit sind Zwiebeln ideal gegen Erkältungskrankheiten geeignet. Zudem wirken sie blutverdünnend, blutdrucksenkend, durchblutungsfördernd, regulieren das Cholesterin und senken die Blutfette und den Blutzuckerspiegel von Diabetikern.

Kein Wunder also, dass die Zwiebel auch in der Volksmedizin bei zahlreichen Leiden eingesetzt wird. Wer kennt nicht die Wirksamkeit von Zwiebelsaft oder einem selbst gemachten Zwiebelsirup bei Husten oder einer Erkältung oder das Zwiebelsäckchen bei Ohrenschmerzen? Zwiebeln helfen bei Insektenstichen, Verbrennungen und Warzen, außerdem regen sie den Appetit an und werden daher gerne bei Appetitmangel eingesetzt. Sie können zudem die Verdauung und Darmgesundheit verbessern, da sie durch ihre Inhaltsstoffe schädliche Darmbakterien bekämpfen.

Das wusste bereits Dioskurides im antiken Griechenland, der Zwiebeln bei Magenbeschwerden, zum Harntreiben und bei Augenleiden einsetzte. Hildegard von Bingen empfahl sie gegen Schüttelfrost, Fieber und Gicht.

Zwiebelsäckchen gegen schmerzende Ohren

Dass viele Menschen bei Ohrenschmerzen zur Zwiebel greifen, hat einen guten Grund: Ein angewärmtes Zwiebelsäckchen am Ohr kann schmerzstillend, entzündungshemmend, antibakteriell und abschwellend wirken. Dabei wird schon die Wärme an sich von vielen Menschen als schmerzlindernd empfunden.

Zutaten

- 1 Handvoll Zwiebeln
- 1 Pfanne
- 1 Baumwollsäckchen

Zubereitung

1. Um die Heilwirkung aus den Zwiebeln herauszuholen, werden die Zwiebeln erst in der Pfanne gedünstet und dann, nachdem sie abgekühlt wurden, in ein Säckchen gegeben und auf das schmerzende Ohr gelegt.

Anwendung
Bei Bedarf anzuwenden.

Wirkung
Schmerzlindernd bei Ohrenschmerzen.

Zwiebelsirup bei Husten und Halsschmerzen

Zutaten
- 1 Zwiebel
- 1 Schraubglas
- 3 EL naturreiner Honig
- 1 Tasse Wasser

Zubereitung
1. Zwiebel in feine Würfel schneiden und in ein Schraubdeckelglas füllen.
2. Den Honig in einer Tasse warmem Wasser auflösen und die Lösung über die Zwiebelwürfel gießen.
3. Nach etwa vier Stunden hat sich aus den Zwiebelwürfeln und dem Honigwasser ein dickflüssiger Sirup gebildet, der im Kühlschrank aufbewahrt mindestens ein halbes Jahr lang haltbar ist.

Anwendung
Bei Bedarf vier- bis sechsmal täglich einen Esslöffel einnehmen.

Wirkung
Wirkt schleimlösend bei Husten und bei Erkrankung der oberen Atemwege.

Zwiebel bei Insektenstichen und Warzen

Zutaten

- 1 große Zwiebel

Zubereitung/Anwendung

1. Die Zwiebel aufschneiden.
2. Bei Insektenstich: Aufgeschnittene, rohe Zwiebelscheiben auf die Haut auflegen, und der Juckreiz ist im Nu verschwunden.
3. Bei Warzen: Zwiebelinnerstes auf die Warze legen, mit Pflaster fixieren und über Nacht einwirken lassen. So lange anwenden, bis die Warzen verschwunden sind.

Wirkung

Nimmt den Juckreiz, wirkt antibakteriell und desinfiziert.

Großmutters Tipp

Gegen Warzen ist auch ein Zwiebelumschlag gut. Dazu fein gehackte Zwiebeln mit Wasser unter Zusatz von etwas Salz zu einem Brei anrühren und auf die schmerzende Stelle legen.

Zauberhafte Kombinationen und Gemischtes aus der Hexenküche

Nicht nur die hier vorgestellten Pflanzen in ihrer Reinheit entfalten große Heilkräfte, auch in Kombination miteinander und mit weiteren Pflanzen sind sie sehr wertvoll.

Energiemix – Powerbooster für den täglichen Bedarf

Zutaten

- 1 Handvoll junge Brennnesseln
- ein paar Löwenzahnblätter
- 1 Zweig Minze
- 1 Banane
- 2 kleine Äpfel
- 1 Orange
- ½ Avocado

Zubereitung

1. Die Kräuter putzen und grob schneiden. Wer in der Winterzeit getrocknete Kräuter verwendet, braucht diese nicht zu zerkleinern.
2. Banane schälen. Äpfel und Banane ebenfalls grob schneiden. Danach die Orange auspressen. Avocado schälen und entkernen.
3. Alles zusammen pürieren und nach Geschmack Wasser hinzufügen.

Anwendung

Kann den täglichen Speiseplan abwechslungsreicher gestalten.

Wirkung

Dieses Mus hat viele Vitamine und gibt Energie.

Wildkräutersalat – für mehr Entschlackung im Körper

Zutaten

- ½ Handvoll Brennnesselblätter
- ½ Handvoll Löwenzahnblätter
- ½ Handvoll Gänseblümchen
- 1 Handvoll Kopfsalat oder anderer Salat, zum Beispiel Eichblatt

Zubereitung

1. Die Wildkräuter waschen und trocken schütteln.
2. Den Salat waschen, trocken schleudern und etwas klein zupfen.
3. Nach Geschmack mit einem Dressing anmachen.

Anwendung

Dieser Salat kann als Beilage oder als Hauptspeise genossen werden.

Wirkung

Die Inhaltsstoffe sind während des ganzen Jahres ein wunderbares Entschlackungsmittel, wirken leicht entwässernd und entzündungshemmend.

Großmutters Tipp

Verwende weniger Salz, dafür mehr Kräuter. Gerade wenn es um den Geschmack in Speisen geht, kannst du statt Salz immer auch Kräuter verwenden.

Kleine Wunder aus der Heilapotheke

Die folgenden Tees jeweils mit 250 bis 300 ml Wasser kochen:

Bei Nervosität:

- 1 EL Schafgarbe
- 1 EL Lavendelblüten

Bei Rheuma:

- 1 EL Schafgarbe
- 2 EL Brennnessel

Bei Leber- und Gallenproblemen:

- 1 EL Mariendistel
- 1 EL Schafgarbe
- 2 EL Ringelblume

Bei Schlafstörungen:

- 1 EL Weißdorn
- 1 EL Melisse
- 1 EL Lavendel

Großmutters Tipp

Wenn du Kräuter über Nacht einfrierst, kannst du einen Ungezieferbefall verhindern. Vor allem Teetrinker schwören auf diese Methode und frieren ihre Teekräuter und Blüten gerne ein.

Kapitel 4

Pilze – Tradition und Faszination

Als kleines Kind begleitete ich einmal meine Großmutter in den Wald. Sie wollte mir etwas zeigen. Wir kamen an eine Lichtung und sahen viele Pilze am Waldrand. Ich liebte Pilze schon immer. Sie waren für mich eine Verbindung zwischen dieser Welt und einer anderen – einer geheimnisvollen Welt. Ich sah, dass die Pilze kreisförmig angeordnet waren, und wir setzten uns innerhalb des Kreises, dem sogenannten Hexenring, auf die Erde. Wie ich so dasaß und meinen Blick immerzu auf einen einzigen Pilz gerichtet hielt, verlor ich das Zeitgefühl. Ich wusste nicht mehr, ob ich Sekunden, Minuten oder Jahre dort saß und auf den Pilz vor mir starrte. Plötzlich erschrak ich. Der Pilz vor mir begann sich zu bewegen. Rund um den Pilz tauchten andere Farben und Muster auf. Es sah so aus, als ob ich durch ein Kaleidoskop blicken würde – das ich mir damals so sehr wünschte. Erstaunt sprang ich auf und erkannte: Ich brauchte kein Spielzeug. Ich hatte die Natur, und die ist farbenfroher als alles andere auf dieser Welt.

Beschreibung der Pilze

Wissenschaftlich gesehen spricht man bei Pilzen von *Fungi*. Der oberirdische Teil ist nur der Fruchtkörper des Pilzes – und dies bezeichnen wir in der Regel auch als Pilz. Der eigentliche Teil des Pilzes liegt im Erdinneren und wird als *Myzel* bezeichnet. *Myzel* stammt vom griechischen Wort *mykes* und bedeutet »pilzförmig«. Die Wissenschaft der Pilze heißt *Mykologie* und ist auch wieder auf dessen griechische Wurzel zurückzuführen. In der Geschichte der Pilze gibt es aber noch eine andere Ableitung, die auf das Wort *muscus* = Moos zurückzuführen ist, da Pilze wie Moos schwammig und weich sind. Daraus leitet sich auch das englische Wort *mushroom* ab.

Pilze haben eine spezielle Bindung zu Namen, Begriffen und Symbolen und sind mit der Welt der Magie und all ihren Komponenten stark verwurzelt. Die Menschen dachten früher, dass Pilze eine Verbindung zwischen den jenseitigen Kräften und Mutter Natur darstellen.

Die Welt der Mystik

Die Welt der Pilze ist eine Welt der Mythen, der Geheimnisse, aber auch des Wissens und der Gefahren. Pilze sind zwar sehr faszinierend, sie können Magie und Leben bringen, können aber auch Leben nehmen. Es gibt in Europa mehr als 3000 Pilzarten, und etwa 150 Arten davon sind mehr oder weniger giftig, einige sogar lebensgefährlich. Der Knollenblätterpilz, der sehr stark dem Wiesenchampignon gleicht, ist für etwa 90 Prozent der tödlichen Pilzvergiftungen verantwortlich.

Willst du Pilze sammeln und sie auch verzehren, dann mache dies bitte zusammen mit einer fachkundigen Person. Wenn du dir nicht sicher bist, um welchen Pilz es sich handelt, so ist es immer klüger, ihn an seinem Platz zu lassen. Obwohl Pilze klein sind, können sie für uns giftig sein oder starke Halluzinationen auslösen.

Viele Menschen verlassen sich bei der Pilzsuche einzig und allein auf ihren Instinkt und ihre Intuition. Wenn wir in uns hineinhören und alle Gedanken zur Seite schieben, können wir, ohne die Pilzplätze zu kennen, sie von selbst finden.

Hexen-, Teufels- und Fliegenpilze

Pilze symbolisieren das Geheimnisvolle, eine Zwischenwelt, aber auch Wachstum und Kraft. Es heißt, in Pilzen wohnen seltsame Kräfte, welche die Menschen bereits vor Tausenden von Jahren kannten. Als Lebensform zwischen der Tier- und der Pflanzenwelt nehmen Pilze in jeder Kultur einen speziellen Platz ein.

Lange Zeit wurden Pilze mit Hexen, Teufeln und Dämonen in Verbindung gebracht und auch danach benannt. Bei Namen wie »Hexenpilz«, »Satanspilz«, »Teufelspilz«, aber auch »Fliegenpilz« liegt der Bezug zum Volkstum natürlich sehr nahe. Aber warum?

Bekanntlich lieben Pilze keine Kälte. Sie wachsen im Spätsommer bis in den Herbst hinein und brauchen dazu Feuchtigkeit. Nach einem leichten Regen im Frühherbst schießen sie über Nacht wie aus dem Nichts aus dem Boden und verschwinden nach sieben bis acht Tagen wieder. Das Einzige, was sie als Zeichen für die Nachwelt zurücklassen, ist eine schwarze Schleimspur, und genau deshalb waren Pilze den Menschen früher unheimlich. Ein Volksglaube besagt, dass das Wachstum der Pilze auch von den Mondphasen abhängt. Fünf Tage vor Neumond soll ihr Wachstum stark eingeschränkt sein. Erst wenn der Mond wieder zunimmt, nimmt auch das Pilzwachstum rasant zu. Viele Hexen und Pilzkundige kannten den Zusammenhang und machten sich vor allem in der Zeit des Vollmondes daran, Pilze zu suchen und zu ernten. Und auch dies war den Menschen früher unheimlich, weshalb sie vielerorts Pilze mit Hexen oder dem Teufel selbst in Verbindung brachten.

Wie beim Menschen handelt es sich auch beim Pilz um einen lebenden Organismus, der auf Einflüsse aus seiner Umgebung reagiert. Es ist deshalb nicht verwunderlich, dass Pilze als etwas Rätselhaftes und Mystisches angesehen wurden. Die Hexenbutter beispielsweise heißt eigentlich »Gelbe Lohblüte«. Es handelt sich um einen »Schleimpilz«, der aus einem kriechenden Teil besteht, sich also fortbewegen kann, und der eine – wie der Name schon sagt – schleimige Spur hinterlässt. Auf uns wirkt er abstoßend und die Menschen glaubten früher, dass Hexen den Schleim während eines Rituals ausspucken würden. Daher rührt sein eigentümlicher Name »Hexenbutter«.

Pilze werden noch heute als ein Teil einer geheimnisvollen und magischen Welt angesehen, die neben unserer Realität existiert. Sie dienen als Verbindung zwischen den Welten. Deshalb stehen Pilze seit jeher im Verdacht, Werkzeuge von Hexen und Magiern zu sein. Dies ist auch richtig! Pilze wurden aber auch der Welt der Gnome, Zwerge sowie den Feen zugeordnet. Oft herrscht an Plätzen, an denen Pilze wachsen, eine ganz besondere magische Atmosphäre, was teils an ihrer Form, aber auch an ihren Farben liegt. Pilze fallen auf und heben sich von ihrer Umgebung dadurch ab.

Der magische Hexenring

Ein gutes Beispiel dafür ist der Hexenring – eine ringförmige Ansammlung von Pilzen, die im Verdacht standen, das Werk von Hexen, Feen oder anderen übernatürlichen Wesen zu sein. Die Menschen nahmen an, dass ein Hexenring die Spur eines übernatürlichen Rituals, eines Hexentanzes oder eines Hexensabbats darstelle. Eine andere Vermutung war, dass der Hexenring eine Markierung eines Blitzschlages darstellte. Jüngsten Überlieferungen zufolge soll sich der Hexenring durch unterirdische Dämpfe entwickelt haben, die aus dem Erdreich nach oben steigen. Die Pilze an der Oberfläche kennzeichnen den Platz oberirdisch.

In der Regel ist der Durchmesser eines solchen Pilzringes zwischen 20 Zentimetern und vier Metern groß. Der größte bisher entdeckte Hexenring hat einen Durchmesser von 150 Metern. Wo immer solche Hexenringe auftreten, handelt es sich um einen magischen Platz. Wer dort ein Ritual oder einen Zauber vollzieht, wird erkennen, dass seine Energie um ein Vielfaches verstärkt wird. Viele feinfühlige oder hellfühlige Menschen erkennen die Magie eines solchen Platzes sofort. Sie verweilen an Orten, an denen ein Hexenring auftritt, lauschen der Natur und sprechen ihre Wünsche und Träume dort offen aus. Solche Plätze sind magisch und wenn du einen solchen Platz in deiner Nähe kennst, lohnt es sich, ihn aufzusuchen und dich mit seinen Kräften zu verbinden.

Die großherzigen Pilze

Für die Wissenschaft selbst stellen Pilze keine reinen Pflanzen dar, sondern einen Übergang zwischen Pflanzen und Tieren, und man spricht sogar von »niedriger Intelligenz«.

Aber: Ein geringer Verstand lässt oft ein großes Herz und ein hohes Maß an Energie erkennen. Manchmal braucht es das Denken nicht, um das Fühlen zu spüren. Pilze können anders als Pflanzen keine Photosynthese betreiben. Sie müssen fressen und stehen den Tieren deshalb näher als den Pflanzen. Pilze fressen jedoch nicht mit den Zähnen oder mit dem Mund, sondern zersetzen ihre Nahrung mithilfe spezieller Enzyme. So können sie fast alle Stoffe dieser Welt zersetzen und auflösen. Ein anschauliches Beispiel sind die Böden ehemaliger Industrieanlagen. Pilze zerlegen die im Boden enthaltenen Giftstoffe und bauen gleichzeitig fruchtbare Fäden in die Erde ein. So werden die Giftstoffe so gut im Boden gebunden und neutralisiert, dass theoretisch bereits ein Jahr später Salate, Gemüse oder Kräuter angebaut werden könnten. Pilze leisten also einen wertvollen Beitrag für unsere Böden und für die Entgiftung unserer Erde.

Giftige Pilze und Halluzinogene

Der Fliegenpilz ist wahrscheinlich der berühmteste Vertreter seiner Art. Jedes Kind kennt diesen Pilz mit seiner roten Kappe und den weißen Punkten. Er wird in vielen Märchen und Sagen als sehr giftig dargestellt, viele Menschen haben Angst vor ihm und seiner Wirkung. Und das vollkommen zu Recht. Dieser Pilz ist einer der giftigsten Pilze Europas und wurde früher oft mit Zwergen in Verbindung gebracht. Der Zusammenhang zwischen Fliegenpilzen und Zwergen erklärt sich daraus, dass Menschen, die Fliegenpilze zu sich nahmen, das Gefühl hatten, immer größer zu werden und ihre Mitmenschen immer kleiner, die anderen also zu Zwergen wurden.

Das Gift des Fliegenpilzes ist zwar nicht lebensbedrohlich, kann jedoch starke und für die Menschen gefährliche Halluzinationen bis hin zu Wahnvorstellungen auslösen. Für alle Menschen, die mit dem Fliegenpilz in magischer Hinsicht arbeiten wollen, ist dies in Form von Verbindungsritualen möglich. Vom Essen des Fliegenpilzes oder vom Rauchen seiner Bestandteile ist strengstens abzuraten.

Ansehen ist erlaubt, mehr nicht!

Der Hexenbesen ist das typische Symbol einer jeden Hexe und es heißt, dass sie in bestimmten Nächten sogar darauf fliegen. Dieser Glaube rührt daher, dass die Hexen früher Teile des Fliegenpilzes aßen und den damit folgenden Wahnvorstellungen verfielen. Dazu gehörte, dass die Hexen keine Besen bei ihren Ritualen bei sich hatten, sondern Stöcke, die sie sich zwischen ihre Beine klemmten und mit denen sie um das Feuer tanzten und dachten, es handle sich um Besen.

Ein weiterer interessanter Pilz ist das Teufelsei. Der Name steht für alle Hundsruten, Gitterlinge und für die Stinkmorcheln. In seinem frühen Wachstumsstadium ähnelt er einem Ei, was ihm in Kombination mit seinem fauligen Geruch wohl seinen eigentümlichen Namen einbrachte.

Pilze haben die Fantasie von Menschen bereits seit jeher angeregt. Ihre Verwendung reicht bis in die Steinzeit zurück, wo sie nachweislich zum Entfachen der Feuer benutzt wurden (Zunderschwamm). Doch nicht nur als Zunderschwamm wurden Pilze eingesetzt, sie wurden auch als natürliches Schmerzmittel und wegen ihrer blutstillenden Eigenschaften verwendet. Aber auch schon damals war die halluzinogene oder berauschende Wirkung mancher Arten bekannt. Archäologen fanden bereits in der frühen Menschheitsgeschichte immer wieder Spuren und Hinweise diverser »Drogenkulte« bei Naturreligionen und deren religiösen Zeremonien.

Hochkulturen wie die Azteken hatten große Kenntnisse über Pilze und ihre Wirkung. Fray Bernardino de Sahagún, Autor des Buches *Codex Florentinus* aus dem Jahr 1569, schrieb schon damals: »Jene, die Pilze essen, sehen Visionen und spüren ihren Herzschlag.« Er studierte zeit seines Lebens dieses südamerikanische Volk und kam zum Ergebnis, dass die halluzinogene Wirkung dieser Pilze unter den Azteken weitverbreitet war.

In Kolumbien wurde eine Statue gefunden, die auf der einen Seite einen Jaguarkopf und auf der anderen Seite den Kopf eines Menschen darstellt. Ebenfalls auf der Statue findet sich die Abbildung eines Fliegenpilzes. Die Menschen müssen also von der berauschenden Wirkung mancher Pflanzen gewusst haben und wandten sie auch an.

In früheren Zeiten wurden diese sogenannten psychotropen Drogen noch für medizinische Zwecke eingesetzt oder für religiöse Ritual benutzt.

Einige Naturvölker Südamerikas und die dort ansässigen Schamanen benutzen berauschende Pilze bis in die heutige Zeit. Sie wenden diese Pilze an, um sich in rauschähnliche Zustände zu begeben und den Kontakt zur Anderswelt und deren Wesenheiten herzustellen. Früher wie heute sind die Menschen mit der Verwendung von Pilzen jedoch vorsichtig und besonnen. Ich würde sogar von einer gewissen Ehrfurcht vor diesen »Lebewesen« zwischen oder neben der Tier- und der Pflanzenwelt sprechen.

Großmutters Tipp

Wir sind nur Gäste in der Natur. Sie ist das Zuhause der Tiere, Pflanzen und der Pilze. Deshalb halte Abstand und störe diese Lebewesen und ihren Lebensraum nicht. Verhalte dich leise und gehe achtsam mit der Natur um.

Die außergewöhnliche Namenssymbolik der Pilze

Die Menschen haben den Pilzen oft wunderbare und außergewöhnliche Namen gegeben, die einerseits als Beschimpfungen gemeint waren, wie der Filzige Milchling oder der Gurkenschnitzling bis hin zum Gifthautkopf. Namen mit negativer Konnotation sind auch der Hexenpilz oder Satanspilz. Stets beschrieb der Name aber eine herausragende und typische Eigenschaft des Pilzes und warnte uns vor eventuellen Gefahren im Zusammenhang mit dem Verzehr oder bezog sich auf seine Form. Die Gemeine Stinkmorchel *(Phallus impudicus)* gilt als der Phallus unter den Pilzen, und zwar vollkommen zu Recht, da er sehr dem männlichen Geschlechtsteil ähnelt. Im Volksmund heißt er auch »Penispilz«. Wichtig ist, dass dieser Pilz im ausgewachsenen Zustand nicht genießbar ist, was sicher mit seinem faulig riechenden Geruch zu tun hat, der eher Mistkäfer und Fliegen anlockt. Er wächst besonders gerne auf Grabhügeln und wird daher auch »Leichenfinger« genannt. Der alte Volksglaube geht davon aus, dass Menschen, auf deren Gräbern Stinkmorcheln wachsen, ein ungesühntes Verbrechen begangen haben sollen. Der Pilz zeigt also der ganzen Welt, dass der Mensch, der hier liegt, schuldbeladen gestorben ist – eine Warnung an alle, dass begangene Verbrechen nie unentdeckt bleiben. Die Stinkmorchel kann somit als Warnung für das eigene Schicksal verstanden werden.

Ein weiterer Vertreter der Pilzwelt ist der sogenannte Korallenpilz, wegen seiner leuchtenden Farben der Exot unter den Pilzen. Der Volksmund stellt wegen seiner gelben Farbe einen Bezug zur Sonne her und sagt, dass er Kraft und Vitalität symbolisiert. Er ist genießbar, jedoch leicht mit der sogenannten Bauchwehkoralle zu verwechseln. Wie der Name schon vermuten lässt, sollten wir diesen Pilz eher nicht zu uns nehmen, da er schwere Übelkeit und Erbrechen auslösen kann.

Die Welt der Magic Mushrooms

Der nächste Vertreter aus der Pilzwelt trägt den Namen »Hexenröhrling«. Er ist im rohen Zustand ungenießbar, aber gekocht bekömmlich und wohlschmeckend. Es handelt sich hier um eine Spezialität, deshalb sollten nur Kenner diesen Pilz sammeln und zubereiten. Leider ist er dem Satansröhrling zum Verwechseln ähnlich, der, wie sein Name vermuten lässt, nicht bekömmlich ist und gemieden werden sollte.

Der Spitzkegelige Kahlkopf wird auch der »Rausch aus dem Wald« genannt. Er gehört ebenfalls zur Gruppe der Magic Mushrooms und wurde von Menschen dazu benutzt, um in einen rauschähnlichen Zustand zu gelangen. Auch oder gerade deshalb ist es hier wichtig, Vorsicht walten zu lassen.

Mit diesem berauschend wirkenden Pilz verbinden sich vor allem die europäischen Schamanen mit der Anderswelt. Wie wir wissen, nutzen wir ja nur einen sehr geringen Teil unseres Gehirns und die Schamanen glauben, mit seiner Hilfe ihr Bewusstsein erweitern zu können. Er löst dieselben Zustände wie LSD aus, wenn auch etwas schwächer. Auch hier wieder: Vorsicht im Umgang, da er Halluzinationen hervorrufen kann!

Einer der am wenigsten bekannten Speisepilze ist die Totentrompete, der nachgesagt wird, sie könne Botschaften aus dem Jenseits übermitteln. Ihre dunkle Farbe und ihre ausladende Form regten die Fantasie der Menschen an. Sie glaubten, dass die Toten, die unter der Erde wohnen, durch diesen Pilz Trompete spielen und so den Lebenden Botschaften überbringen könnten. Die Totentrompete gilt als Delikatesse und wird sowohl in der »Haubenküche« als auch international gerne in Restaurants serviert.

Anwendung von Pilzen und ihr Einsatz in der Naturmedizin

Viele Pilze haben eine nachgewiesene Heilwirkung auf uns Menschen. Sie werden seit jeher für Heilzwecke eingesetzt und finden auch heute im Bereich der Heilpraktiker und der traditionellen Naturmedizin ihre Verwendung.

Wie wir bereits erfahren haben, sind Pilze weder Tier noch Pflanze. Sie können winzig klein, aber auch riesengroß sein. Ihr Einsatzgebiet ist mannigfaltig. Sie werden zur Herstellung von Brot, Käse und Bier verwendet, können jedoch auch heilen. Das wohl bekannteste Beispiel eines Pilzes und seiner Heilwirkung ist der graugrüne Schimmelpilz Penizillin. Seine Wirkung wurde 1928 eher zufällig entdeckt, als sich dieser Schimmelpilz ungewollt in eine Bakterienkultur einschlich. Er zerstörte sie und legte so den Grundstein für das lebensrettende Antibiotikum. Doch es gibt noch andere Pilze, die in der traditionellen Medizin eingesetzt werden:

Reishi (Glänzender Lackporling, *Ganoderma lucidum*)

Dieser Pilz wird auch als »Pilz des Lebens« bezeichnet. Er stärkt unsere Zellwände, wirkt verjüngend und gibt den Menschen wieder Energie.

Birkenporling (*Fomitopsis betulina*)

(Ötzi trug diesen Pilz bei sich.)
Hilft bei Magenkrankheiten, Lebensmittelallergien, Hautunreinheiten, Er-

schöpfungszuständen und Schlafstörungen. Er ist antibakteriell und antibiotisch.

Eichhase (*Polyporus umbellatus*)

Unterstützt den Haarwuchs, entsäuert und stärkt das Immunsystem.

Judasohr (*Auricularia auricula-judae*)

Bekämpft Arterienverkalkung, Bluthochdruck, Allergien und hilft bei Infektionskrankheiten.

Samtfußrübling (*Flammulina velutipes*)

Stärkt das Immunsystem, bekämpft Bluthochdruck und schafft Abhilfe bei Allergien.

Schiefer Schillerporling (*Inonotus obliquus*)

Hilft beim Befall von Magen- und Darmpilzen, stärkt bei Krebsbehandlungen und dämpft Nebenwirkungen von Chemotherapien.

Schmetterlingstramete (*Trametes versicolor*)

Wird in der Krebstherapie unterstützend eingesetzt und hilft im Kampf gegen Tumorwachstum, Vergiftungen sowie bei Viruserkrankungen.

Riesenbovist (*Calvatia gigantea*)

Wirkt desinfizierend, schließt und heilt Wunden und bekämpft Mandelentzündungen.

So weit ein kleiner Einblick in die Pilzlehre und ihre teils lustigen, aber auch gefährlichen Vertreter. Das Verwenden von Pilzen kann dich bei Ritualen unterstützen. Verbinde dich mit dem Pilzgeist oder erlebe die Plätze, auf denen sie wachsen, als Kraftplätze. Was ihren Verzehr betrifft, ist aber Vorsicht geboten. Du solltest dich gut auskennen und nach dem Motto handeln: Vorsicht ist besser als Nachsicht.

Kapitel 5

Was Heilkunde, Kräuterwissen und Natur mit Hexerei und Magie zu tun haben

Der Begriff »Magie« wird oft verwendet, um eine Vielzahl von Phänomenen und Überzeugungen zu beschreiben, es gebe Kräfte oder Mächte, mit denen wir Ereignisse oder Zustände durch Überzeugung oder Handlungen beeinflussen oder verändern können.

In vielen Kulturen gibt es eine lange Tradition von Magie, die auf religiöse und spirituelle Praktiken zurückgeht. Einige Menschen glauben, dass Magie dazu genutzt werden kann, um Glück, Gesundheit, Reichtum oder andere Wünsche zu erreichen, während andere es als Mittel betrachten, um eine Verbindung zu spirituellen oder paranormalen Kräften herzustellen.

In diesem Teil meines Buches stelle ich euch vor, wie reich und umfassend der Begriff »Magie« ist und auf welche Bereiche er sich bezieht. Alles Wissen um Heilkunde und Kräuter und allgemein die Natur ist immer auch magisch und verbindet uns mit der Welt, zu der wir gehören. Wir können nie genug wissen.

Aberglaube oder altes Wissen neu entdeckt?

Wir sind Teil der Natur. Wir werden geboren, müssen essen und schlafen, bekommen Kinder und sterben eines Tages. Wir sterben und werden wieder zu Erde. Als Kind fand ich die Vorstellung unheimlich, aber eigentlich ist das wunderschön. Denn wir alle sind eingebunden in den Kreislauf aus Werden und Vergehen. Alles, was geht, kommt in neuer Form wieder, so wie die Blätter an den Bäumen, die jedes Jahr neu austreiben, nachdem sie im Herbst zuvor von den Bäumen gefallen sind. Es kann heilsam für uns sein, wenn wir uns an unsere Anbindung an die Natur erinnern, an ihre Rhythmen und Zyklen und daran, dass alles immer in Bewegung ist. Alles ist miteinander verbunden. Das Reifen der Beeren, das Erspüren der Windrichtung, das Lesen von Tierspuren und das Erkennen von Tieren. All das gehörte schon immer zum täglichen Leben der Menschen. Unsere Sinne, dass wir hören, riechen, sehen, schmecken und fühlen können – all das hat sich über Jahrtausende entwickelt und dient dazu, dass wir mit der Natur leben können. Im Ursprung konnten unsere Sinne und unser Wissen über Leben und Tod entscheiden. Früher war es überlebenswichtig, sich mit der Natur und dem Wald zu verbinden und die Sprache des Waldes zu sprechen. Vor allem aber verstand der Mensch, dass er von der Natur abhängig ist.

Großmutters Tipp

Das moderne Hexentum definiert sich über die Nähe zur Natur, zum Mond und zur Magie. Hier gilt es, dich als Zentrum zu finden.

Verbinde dich immer wieder mit dem Mond, der Natur, dann wirst du lernen, die Kraft zu spüren.

Leider haben wir in der modernen Welt diesen Zugang verloren. Die Welt ist nicht mehr magisch, so wie früher, zum Beispiel zur Zeit der Märchen. So gesehen leben wir in einer merkwürdigen Welt. Aber wir Kräuterhexen wissen es noch und leben auch danach. Selbst Goethe sagte einmal: »Natur! Wir sind von ihr umgeben und umschlungen – unvermögend aus ihr herauszutreten, und unvermögend tiefer in sie hineinzukommen.«

Auch die Naturvölker betrachteten die Tiere, die Pflanzen, das Wasser, die Erde, den Wind, die Steine und auch die Sterne als ihre Brüder und Schwestern oder auch als Mutter und Väter. Schon früh war ihnen bewusst, dass alles beseelt ist und dass in jeder Pflanze auch ein Pflanzengeist wohnt. Wenn wir räuchern, also etwas von dem getrockneten Kraut oder dem Harz verbrennen, holen wir uns den Pflanzengeist in unser Zuhause und die Kräuter können unserer Seele dabei helfen zu heilen.

Wir haben Tageszeiten, Jahreszeiten, Ebbe und Flut und auch Mondphasen. Aber auch unser Leben läuft in einem immerwährenden Kreislauf ab. Von Geburt an, dem Eintritt in dieses Leben, bis hin zu unserem Tod, dem Übergang in die geistige Welt, folgt das Leben immer einem Rhythmus.

Es ist wichtig zu wissen, wohin wir gehen können, wenn es uns nicht gut geht und wir Unterstützung brauchen. Unsere Brüder und Schwestern, unsere Mütter und Väter aus der Natur sind immer für uns da und stehen mit uns in ständiger Verbindung.

Dies wurde mir klar, als ich einmal darüber nachdachte, was geschehen würde, wenn meine geliebte Großmutter nicht mehr da wäre. Ich fürchtete auch um ihren reichen Kräutergarten und mir war bewusst, dass ich längst nicht genug über alle Kräuter und Heilpflanzen wusste. Aber nach einem tröstenden Gespräch verstand ich, dass wir nie ganz weg sein werden, wenn wir gestorben sind. Wir existieren weiter und wer Kontakt zu uns aufnehmen möchte, geht in unseren Garten und spricht mit unseren Pflanzen. Wir werden durch sie sprechen und kommunizieren. Im Fall meiner Großmutter war es so, dass sie der festen Überzeugung war, nach ihrem Tod zu einer Eiche zu werden. Vergiss also nie: Jeder Baum, welcher auch immer, ist ein Symbol in der Magie.

Großmutters Tipp

Wörter haben eine besondere Kraft. Vor allem in der Magie. Begehe nie den Fehler, achtlos Zaubersprüche auszusprechen.

Meine Großmutter machte mich schon früh darauf aufmerksam, dass die Magie immer logischen Grundsätzen folgt. Uns allen sollte klar sein, dass sie kein Spiel ist und wir die volle Verantwortung für das tragen, was wir von ihr geleitet unternehmen. Magie ist ein Teil der menschlichen Kultur, der auch dementsprechend ernst genommen und mit dem nötigen Respekt angewendet sollte.

Pflanzen wahrnehmen, sie spüren, riechen und mit den Augen der Magie betrachten – hier begann für mich eine Reise in eine Welt, die ich in dieser Form nicht kannte. Ich fühlte mich zwar schon immer der Welt der Magie nahe. So erlernte ich schon als Kind das Kartenlegen und Begegnungen mit der Parallelwelt waren mir später nicht neu. Doch der Bereich, der sich mir nun erschloss, fühlte sich stärker und bewegender an als vieles, dem ich bisher begegnet war. Dass Pflanzen eine Wirkung auf Menschen haben, wusste ich, doch konnte ich die Verantwortung dafür übernehmen, Leben, Körper und seelische Empfindungen von Menschen mithilfe von Pflanzen zu verändern?

Anneliese war eine ältere Frau mit weiß-grauem Haar und Augen, die tief blicken ließen. Sie hatte eine Art, die Menschen so anzunehmen, wie sie waren. Ohne Bewertung, ohne sich darüber Gedanken zu machen, was und warum der Mensch so war, wie er war.

Dies bewunderte ich sehr an ihr. Ich war noch sehr jung und hatte doch immer schon den Wunsch gehabt, jemanden zu finden, der mir Informationen zu Bereichen geben konnte, die so viel Mystisches und Unerklärbares bereithielten.

Dafür war sie die perfekte Begleiterin. Sie kannte Pflanzen, von denen ich noch nie etwas gehört hatte, mixte Tinkturen, die binnen Minuten ihre Wirkung entfalteten, und zeigte mir Rituale, um Menschen wieder mehr Hoffnung in ihr Leben zu zaubern.

Auch durfte ich von Anneliese lernen, dass wir uns bei jeder Ernte für das Geerntete bedanken, dass wir nur mit guter Energie Rituale vollziehen sollen und dass unsere Dankbarkeit einen großen Teil der Wirkung ausmacht.

Viele Pflanzen, mit denen wir in der Hexenpraxis arbeiten, lassen sich zu Hause auf dem Balkon, auf dem Fensterbrett oder im Garten ziehen. Es ist nicht entscheidend, ob du viel Platz hast oder nur einen kleinen Bereich für deine Kräuter frei machen kannst. Was zählt, ist der bewusste Umgang mit unseren Freunden. Bei jeder Ernte gilt es, etwas vor Ort zu lassen, wie zum Beispiel eine kleine Schale mit Körnern oder Komposterde, weil jede Pflanze lebt oder anders formuliert: weil in jeder Pflanze ein Pflanzengeist wohnt und mit einer kleinen Gabe der Natur etwas zurückgegeben wird.

Jede Pflanzenart ist anders, hat ihren eigenen Charakter und übt eine spezielle Faszination auf den einzelnen Menschen aus. Dabei spielt die Intuition eine wichtige Rolle. Wir sollten öfter in die freie Natur gehen und versuchen, uns mit den Pflanzen zu verbinden, ihnen zuzuhören und sie wahrzunehmen, denn auch die Pflanzen sind willens, mit den Menschen in Kontakt zu treten.

Auf uns Menschen haben Kräuter oft eine magische Anziehungskraft. Schon seit Urzeiten wurden Pflanzen, Tiere und auch Steine für Zaubersprüche verwendet und hatten Schutzfunktion. Ein gutes Beispiel ist die Hauswurz, der du bereits bei den Heilkräutern begegnet bist. Nach alter Überlieferung kann sie einen Blitzeinschlag vom Haus abwenden und war deshalb als Bewuchs auf Dächern höchst willkommen. Das hatte meine Großmutter mir schon früh erklärt.

Die Signaturenlehre der Pflanzen in der Antike und des Mittelalters

Früher herrschte die Überzeugung, dass die Form der Pflanze ihre medizinischen Eigenschaften offenbaren könnte. Die Signaturtheorie (lateinisch *signare* = Bezeichnung, Zeichen) basiert auf der Annahme, dass die Natur beziehungsweise der Gott, der sie geschaffen hat, anhand von Formen und Farben

Auskunft darüber gibt, welche Pflanzen gegen welche Krankheiten helfen. Diese Sichtweise war Teil des großen medizinischen Gedankensystems in der Antike und im Mittelalter, spielt aber auch in der heutigen Volksmedizin (Naturheilkunde) eine Rolle.

Zum Beispiel symbolisiert der Frauenmantel starke weibliche Energie und Fruchtbarkeit. Daher können wir heute einige Aspekte der Signaturtheorie in unseren Ritualen verwenden. Wenn wir uns das Universum in Form von Bewusstsein wünschen, verwenden wir ein wichtiges geistiges Werkzeug, das uns hilft, uns auf unsere Ziele zu konzentrieren: unsere Vorstellungskraft. Wir könnten darüber streiten, ob Magie im Spiel ist – das Werk übernatürlicher Kräfte oder einfach unser eigenes Unterbewusstsein. Ich bin sicher, es funktioniert! Wenn du es ganz genau wissen möchtest, probiere es einfach selbst aus. Die Ergebnisse werden dich begeistern.

Großmutters Tipp

Denke nie, dass du alles kannst, denn dann hast du aufgehört zu leben. Leben heißt lernen.

Bauernweisheiten – uraltes Erfahrungswissen für den Alltag

Bauernregeln sind alte Volksweisheiten über das Wetter und dessen Folgen der Landwirtschaft und reimen sich oft. Wie wird das Wetter im nächsten Monat, was bringen Sommer, Herbst und Winter? Bevor es Kalender, Uhren und Wettervorhersagen gab, mussten die Bauern das Wetter beobachten, um zu wissen, wann sie säen oder ernten sollten, sonst konnten ganze Höfe zugrunde gehen und eine Hungersnot im Winter drohen. Ob Sonnenstand, Wolkendichte oder Vogelflug, für Landwirte sind das bis heute Zeichen der Veränderung, die es zu interpretieren gilt.

Die meisten Bauern waren damals Analphabeten. Daher boten ihnen die Bauernregeln eine Wettervorhersage, damit sie wussten, ob es regnen oder schneien würde oder ob Sonnenschein ins Haus stand. Diesen Regeln wird oft nachgesagt, sie seien nur irgendwelche Sprichwörter aus dem tiefsten Mittelalter, als die Menschen es einfach nicht besser wussten. Aber weit gefehlt! Die Bauernregeln entstanden aus jahrelangen sorgfältigen Beobachtungen, die über Generationen gesammelt und in leicht zu merkenden Reimen weitergegeben wurden.

Die Bauernregeln versuchen, basierend auf bestimmten Wetterbedingungen, Vorhersagen und Extrapolationen über zukünftige Ereignisse zu treffen. Es gibt jedoch auch Verse für den Termintag jedes Heiligen im Mondkalender. Die frühesten bekannten Bauernkalender stammen aus dem Jahr 1500 nach Christus. Sie sind von Hand geschrieben und gezeichnet, also wahrhafte Kunstwerke, und müssen damals schon seit 100 Jahren bestanden haben. Möglicherweise ist so der Begriff »Jahrhundertkalender« entstanden. Hier wurden die Wettervorhersagen erstmals als »Bauernregeln« bekannt. Mit dem Aufkommen des Buchdrucks nahm der Mondkalender richtig Fahrt auf, denn mit der Entwicklung des Druckverfahrens war es möglich, den Mondkalender in einer hohen Auflage zu drucken und dadurch zu verbreiten. Da die Bezeichnungen sich mit der Zeit veränderten und auch regional unterschiedlich waren, werden einige Inhalte auch unterschiedlich interpretiert. Das Kalenderdesign behält jedoch den traditionellen Look bei. Ein moderner Bauernalmanach kann Informationen über Bräuche, Mondphasen, Pflanzen und Ernten, Hausmittel und mehr enthalten. Hier einige Beispiele für Bauernregeln, die natürlich bei Weitem nicht alles umfassen, was der Almanach enthält.

Bauernregeln für den Januar

Ist der Januar hell und weiß, wird der Sommer gerne heiß.

Kommt der Frost im Januar nicht, zeigt im März er sein Gesicht.

Bauernregeln für den Februar

Je nasser ist der Februar, desto nasser wird das ganze Jahr.

Wenn's im Februar nicht schneit, schneit es in der Osterzeit.

Bauernregeln für den März

Auf Märzenregen folgt kein Sonnensegen.

Märzensonne – kurze Wonne.

Bauernregeln für den April

Der April tut, was er will.

Aprilschnee bringt Grad und Klee.

Bauernregeln für den Mai

Mairegen bringt Segen.

Wenn es regnet am 1. Mai, regnet es auch weiter glei'.

Bauernregeln für den Juni

Im Juni viel Donner bringt einen trüben Sommer.

Wenn kalt und nass der Juni war, verdirbt er meist das ganze Jahr.

Bauernregeln für den Juli

Bringt der Juli heiße Glut, so gerät der September gut.

Im Juli muss vor Hitze braten, was im September soll geraten.

Bauernregeln für den August

Bringt der August viel Gewitter, wird der Winter kalt und bitter.

Ist's in der ersten Augustwoche heiß, bleibt der Winter lange weiß.

Bauernregeln für den September

September warm und klar, verheißt ein gutes nächstes Jahr.

Donnert's im September noch, wird der Schnee um Weihnacht hoch.

Bauernregeln für den Oktober

Oktober rau, Januar flau.

Im Oktober Sturm und Wind, uns den frühen Winter künd't.

Bauernregeln für den November

November hell und klar, ist übel für das nächste Jahr.

Hängt das Laub bis November hinein, wird der Winter lange sein.

Bauernregeln für den Dezember

Donnert's im Dezember gar, kommt viel Wind im nächsten Jahr.

Herrscht im Dezember recht strenge Kält', sie volle 18 Wochen hält.

Wissenswertes über den Mond

Der Mond ist etwa 400 000 Kilometer von der Erde entfernt. Aber er beeinflusst die Erde und verursacht Ebbe und Flut. Jeden Monat durchläuft er verschiedene Mondphasen, von Neumond bis Vollmond und wieder zurück. Die Mondkugel strahlt kein eigenes Licht aus, sondern wird von der Sonne angestrahlt. Im Durchschnitt umkreist der Mond die Sonne 27 Tage lang. Er dreht sich einmal um seine eigene Achse und einmal um die Erde. Deshalb sieht er auch von der Erde aus immer gleich aus.

Der Mond und unsere Seele sind eng miteinander verflochten. Dies wurde inzwischen in zahlreichen Studien nachgewiesen. Früher nutzten die Menschen den hellen Vollmond, um geselliger zu sein, aber wenn der Neumond dunkel wurde, zogen sie sich in ihre Häuser zurück. Dank künstlicher Beleuchtung müssen wir heute nicht mehr auf solche Methoden zurückgreifen und unser tägliches Leben nicht mehr an die Positionen von Himmelskörpern anpassen. Je nach Zyklus kann sich der Mond jedoch in unserer Verhaltens- und Gefühlswelt widerspiegeln. Nach dem Mondkalender wird fast jede Handlung in unserem persönlichen Leben vom Mond beeinflusst: Gesundheit, Ernährung, Körperpflege, Haushalt, Gartenarbeit und so weiter. In jedem Fall spielt es eine Rolle, ob der Mond zu- oder abnimmt, aufgeht, sich von der Erde wegbewegt oder von ihr zurückweicht und in welchem Sternzeichen er am Himmel steht.

Großmutters Tipp

Bei einer guten Hexe vermischt sich das Wissen mit der Weisheit. Zu wissen, wie man etwas anwendet, heißt nicht, die Weisheit zu besitzen, es auch gut anwenden zu können.

Der Ursprung des Mondkalenders geht auf die Sumerer zurück. Bereits 3000 vor Christus führten sie feste Monatslängen von 29 und 30 Tagen ein, die später vor allem von den Griechen übernommen wurden. Der Mondkalender folgt den Mondphasen und ist ein genauer Kalender, der das Ergebnis von jahrzehntelanger Forschung und Experimenten zu kosmischen Einflüssen ist. Er ist im Internet und an vielen anderen Stellen zu finden. Der Mondkalender ist mehr als nur ein Kalender. Es ist ein Produkt der Astronomie und des Wissens unserer Vorfahren. Hinter dem Kalender steckt eine detaillierte Analyse der Einflüsse der verschiedenen Monde und Planeten. Es ist ein Werkzeug, mit dem viele Menschen ihren Garten verwalten. Wir unterscheiden vier Mondphasen:

- **Neumond**
  Wenn sich der Mond in seiner Sichelphase befindet, können wir ihn nicht am Himmel sehen. Deshalb führen der Lichtmangel und die weniger aktive Mondenergie dazu, dass sich viele Menschen gedanklich nach innen wenden. So wird diese Mondphase oft unbewusst zu einer Phase der (Ich-)Reflexion. Wo stehe ich und wo will ich hin? Solche Fragen gehen uns oft durch den Kopf, wenn der Mond eine unsichtbare Scheibe am Nachthimmel ist. Aber der Neumond bedeutet auch einen Neuanfang und es ist der richtige Zeitpunkt, um endlich Ordnung zu schaffen. Schuldgefühle wegen plötzlicher Introvertiertheit sind daher für den Neumond nicht angemessen. Er bringt frischen Wind und Veränderungen ins Leben. Während dieser Mondphase kann unser Körper neue Energie tanken.

- **Zunehmender Mond**
  Jetzt ist es an der Zeit, die Pläne, die wir während des Neumonds geschmiedet haben, in die Tat umzusetzen. Wenn wir die richtigen Schritte unternehmen, wissen wir, wie wir der Mondenergie entgegenwirken und ihre Impulse interpretieren können. In den Mondphasen zwischen Neumond und Vollmond erscheint erst eine schmale Sichel am Himmel, nimmt stetig zu und wird schließlich zum Vollmond. Diese Phase wirkt

aufbauend, dämpfend und energiespeichernd. Es ist die Zeit, um unseren Körper zu nähren und zu stärken, denn in dieser Phase nimmt der Körper Nährstoffe, Mineralien und Vitamine besser auf. Die Selbstheilungskräfte des Körpers werden aktiviert, die Motivation und das Interesse am Handeln gesteigert. Dies verbessert auch die geistige und körperliche Leistungsfähigkeit.

Vollmond

Mehr Energie auf dem Mond, mehr Pfunde auf den Hüften – das ist eine tragische Formel. Wir fragen uns also, warum wir plötzlich von ungewöhnlichen Heißhungerattacken geplagt werden. Dann müssen wir uns die Position des Mondes ansehen. Der Mond, der sieben Tage nach Neumond aufgeht, kann aber auch unsere Motivation steigern. Auch jetzt noch können wir die Pläne, die wir für den Neumond gemacht haben, in die Tat umsetzen.

Der Vollmond soll unseren Körper neu ausrichten. Er speichert unsere Energie und regeneriert den Körper. Viele Menschen berichten von schlechten Träumen und Schlaflosigkeit bei Vollmond.

Abnehmender Mond

Entgiftung und Entschlackung sind in dieser Mondphase besonders effektiv. Nach dem Aufgang des Vollmondes erscheint der Mond als Sichel- und Halbmond und nimmt dann stetig ab, bis er schließlich wieder verschwindet. Am 14. Tag des abnehmenden Mondes sind Fastenkuren und Detox-Tage optimal, da Giftstoffe und andere im Körper angesammelten Schlacken besser ausgeschieden werden. Dies ist eine besonders günstige Zeit, um mit Alkohol und anderen Stimulanzien aufzuhören. Dazu empfiehlt es sich, bei abnehmendem Mond viel Wasser und Tee zu trinken. Es ist ein idealer Ausgangspunkt, um alle Umweltgifte aus dem Körper zu entfernen.

Der keltische Jahreskreis

In alter Zeit feierten die Menschen Feste, die sich am Stand der Sonne und am Wandel des Mondes orientierten. Jedes Fest hatte dabei eine besondere Bedeutung. Einige von ihnen können wir heute noch in unseren christlichen Festen wiedererkennen, etwa Weihnachten zum Datum der Wintersonnenwende, wenn die Tage endlich wieder länger werden. Im keltischen Jahreskreis heißt das Fest Yule.

Es gibt acht solcher Jahreszeitfeste und jedes hat eine ganz eigene Bedeutung.

- **Samhain:** Das keltische Jahr beginnt am 31. Oktober mit dem Samhain-Fest. Es ist das Fest, bei dem der Toten gedacht wird. Deshalb feiern viele von uns an diesem Datum Halloween. Wir nehmen Abschied vom alten Jahr und gehen auf eine Zeit der Dunkelheit zu.

- **Yule:** Das Yule-Fest am 21. Dezember haben wir bereits kennengelernt. Viele unserer christlichen Bräuche wie das Aufstellen des Weihnachtsbaumes und das Schmücken mit Lichtern und funkelnden Dingen geht eigentlich auf heidnische Bräuche zurück. Diese Zeit im Jahr gilt als magisch, zu der es viel Aberglauben gibt. Beispielsweise sollen wir während der Raunächte keine Wäsche aufhängen, da sich in ihr sonst die Geister verfangen können. Wir können das Yule-Fest nutzen, um uns nach innen zu wenden, uns mit Geschichten und Liedern zu beschäftigen und von der Zukunft zu träumen. Während draußen die Welt schläft, verstärken wir die Bindungen und Beziehungen zu denen, die wir lieben, und bereiten uns auf das Kommende vor, denn während der zwölf Raunächte »erträumen« wir uns die kommenden zwölf Monate.

- **Imbolc:** Das Imbolc-Fest am 1. Februar ist der Göttin Brigid gewidmet. Es ist kein Zufall, dass es im gleichen Monat stattfindet wie der Valentinstag. Es ist ein Fest der Herzen und der Liebe, in der sich das Neue, von dem wir im Winter noch geträumt haben, auf den Weg macht, um in die Welt geboren zu werden.

- **Ostara:** Häschen, Eier, Küken – alles Symbole der Fruchtbarkeit, die rund um Ostern eingesetzt werden. Der Winter geht und der Frühling ist da und alles in der Natur will wachsen und werden. Diese Energien können wir auch für uns nutzen, wenn wir am 21. April das Ostara-Fest feiern.

- **Beltane:** Beltane ist ein wildes Fest – der Mai mit seinen unbändigen Energien kündigt sich an. Kein Wunder, dass in vielen Geschichten am 1. Mai die Hexen unter anderem auf dem Blocksberg tanzen. Menschen springen über das Feuer, Mutproben werden bestanden und so mancher verliebt sich unsterblich.

- **Litha:** Litha, das Fest der Sommersonnenwende am 21. Juni, liegt dem Yule-Fest genau gegenüber. Die Sonne hat ihren höchsten Stand erreicht. Wir feiern gemeinsam mit Freunden eine Zeit des Überflusses und des Genusses.

- **Lughnasad:** Lughnasad am 1. August ist das Fest der Fülle, wenn das Korn reif auf den Feldern steht und wir die ersten Früchte einbringen können. Wir schauen uns unsere Ernte an – was ist gut geworden, was können wir im nächsten Jahr besser machen?

- **Mabon:** Mabon am 23. September ist das Erntedankfest, bei dem wir den gütigen Geistern und der Erde für ihre Geschenke danken und uns vom Sommer verabschieden.

Großmutters Tipp

Gerade an den Tagen des Jahreskreises ist es besonders einfach, die Wunschmagie anzuwenden, da du dann durch die Öffnung der Portale Unterstützung von der Anderswelt erhältst.

Symbole

Symbole sind Zeichen, die auf eine Bedeutung verweisen. Sie sind auch die Sprache unseres Unterbewusstseins, weshalb sie sich so gut für Magie eignen. Ein Symbol hat immer mindestens eine Bedeutung.

Im Alltag kennen wir viele Symbole und wissen sie zu deuten. Viele von ihnen, wie das Kreuz, haben eine spirituelle Bedeutung. Es gibt sehr alte Symbole, wie den Ouroboros, die Schlange, die sich selbst in den Schwanz beißt. Sie steht für den ewigen Kreislauf des Lebens, der niemals endet, weshalb wir auch niemals sterben.

Symbole können uns, ebenso wie Rituale, trösten und uns Kraft schenken. Sie können uns auch dabei helfen, uns neu auszurichten, weil sie nicht erst durch unseren Verstand analysiert und gedeutet werden müssen, sondern wir sie intuitiv verstehen.

In vielen Märchen und Mythen kommen Symbole vor, etwa magische Schlüssel, Spiegel, aber auch viele Pflanzen können als Symbole dienen. So ist die Rose zum Symbol der Liebe schlechthin geworden, während der Lavendel für Reinheit und Sauberkeit steht.

Wir können uns auch selbst Symbole erschaffen und sie mit Bedeutungen aufladen. Wir alle kennen die Bedeutung eines Eherings. Wieso nicht so einen Ring für ein anderes Versprechen anlegen, etwa das Versprechen, gut für mich selbst zu sorgen?

Hexensymbole haben ihre Wurzeln in der europäischen Folklore und nahmen im Laufe der Jahrhunderte verschiedene Bedeutungen an. Einige werden als magische Zeichen für bestimmte Zwecke verwendet, wie zum Beispiel zur Abwehr von bösen Geistern oder zur Unterstützung bei der Durchführung bestimmter Rituale, andere als Talismane oder Amulette, um Schutz und Glück zu bringen.

In der Renaissance und im Mittelalter wurden Hexensymbole oft mit dem okkulten Wissen und der Magie in Verbindung gebracht und wurden als Indiz für Hexerei oder Zauberei angesehen. Während der Hexenjagd wurden Hexensymbole oft wegen ihrer Assoziation mit Magie und okkulten Praktiken beschlagnahmt oder zerstört.

Heute haben Hexensymbole eine Vielfalt an Bedeutungen und werden oft von modernen Hexen, Pagans und Spirituellen genutzt. Einige haben ihre traditionelle Bedeutung bewahrt, während andere neue Bedeutungen angenommen haben. Es ist wichtig zu beachten, dass Hexensymbole und ihre Bedeutungen je nach Kultur, Tradition und Individuum variieren können.

Die Macht der Rituale

Als gesellschaftliches Ritual wird eine bestimmte Art einer Handlung, eine bestimmte Art der Kommunikation durch Zeichen, Gesten und Symbole oder auch das Aufrechterhalten von sozialer Ordnung und Struktur bezeichnet. Rituale finden sich innerhalb von Gesellschaften und Kulturen, aber auch von Familien und Gruppen.

Im Ritual lernen wir, eine Gruppe zu bilden und zu stärken, das Ritual ist ein Mittel zur »Binnenintegration« und »Außenabgrenzung«. Der evolutionäre Vorteil, den Rituale bieten, liegt auf der Hand: Bei unseren Vorfahren hatten diejenigen, die in einer Gruppe fest verankert waren, größere Überlebenschancen als Einzelgänger. In den Kulturwissenschaften gelten solche Traditionen als anthropologische Konstante, das heißt: Es gibt wahrscheinlich keine Kultur, die ohne Rituale auskommt.

Es gibt nette und harmlose Rituale, kriegerische und aggressive, familiäre und staatliche, aber eines haben sie alle gemeinsam: Sie stiften Gemeinschaft und sie geben uns Orientierung. Jeder von uns kennt Alltagsrituale, die uns helfen, unser Leben zu organisieren und die uns Sicherheit schenken. Wir können Rituale aber auch bewusst in unseren Alltag einbauen, um uns bei der Erreichung unserer Ziele oder beim Überwinden schlechter Angewohnheiten und negativer Gefühle zu helfen. Dabei kann das Ritual etwas so Einfaches sein, wie täglich eine Kerze anzuzünden und dabei an etwas Bestimmtes zu denken, an einen lieben Menschen oder an etwas, das wir uns in der Zukunft wünschen. In jedem Ritual steckt ein wenig Magie!

Wenn wir Pflanzen und ihre Kräfte in Rituale einbinden, entwickeln sie eine zusätzliche Kraft, die sich positiv auf unseren Alltag auswirken kann.

Wie gehen wir nun vor, wenn wir selbst ein Ritual durchführen möchten? Denn ein Ritual will gründlich vorbereitet, durchgeführt und beendet werden, damit es seine Wirkung entfalten kann und wir unser Ziel oder unsere Absicht erreichen.

Zunächst muss uns klar sein, was wir konkret erreichen oder manifestieren möchten. Wir wählen die Symbole und Gegenstände, die wir hierzu benötigen, und sammeln sie. Der Raum, in dem das Ritual stattfinden soll, will sorgfältig ausgewählt sein und soll eine bestimmte Atmosphäre haben.

Dazu zünden wir Kerzen an oder verwenden Räucherstäbchen. Wir können bestimmte Worte sprechen, Handlungen ausführen oder Gegenstände verwenden. Während des Rituals sind wir konzentriert und fokussiert. Unsere Absicht muss klar sein. Wir stellen uns vor, wie wir unser Ziel erreichen, und konzentrieren uns auf unsere Vision. Am Ende verstauen wir alle Symbole oder Gegenstände wieder an ihrem Ort.

Welche Rituale in der Natur wirken besonders gut?

Bei Ritualen in der Natur darfst du dich einfach auf dein Gefühl verlassen. Suche dir einen Ort, der dich auf magische Weise anzieht, und lasse dich dort nieder. Schließe die Augen und verbinde dich gedanklich und emotional mit diesem Ort. Was möchte er dir sagen? Ist es hier friedlich und kraftvoll oder eher unruhig und gefährlich?

Du kannst dann dem *Spiritus loci*, dem Geist des Ortes, ein kleines Opfer anbieten, indem du zum Beispiel ein wenig Tabak verstreust oder ein Stück Obst dort lässt. Nun kannst du eine Kerze anzünden und deinen Wunsch dem Wind anvertrauen. Du kannst ihn auch in die Erde ritzen oder in das Wasser geben. Vertraue darauf, dass die Natur deine Bestellung beim Universum abliefert und du bald genau das erhältst, was du dir wünschst.

Wenn du das Ritual verstärken möchtest, kannst du es durch Reime und Musik unterstützen.

Großmutters Tipp

Wenn du Magie anwendest, sei immer ehrlich zu dir selbst. Frage dich: Warum möchtest du, dass dieses Ritual erfolgreich ist? Was ist die Intention dahinter?

Die Farben bei Ritualen in der Magie

Farben haben eine ganze spezielle Wirkung auf Menschen. Sie erfreuen uns oder machen uns traurig. Die Anwendung der Farben in der Magie geht laut Anneliese viele hunderte Jahre zurück. Im Folgenden findest du die ursprünglichen Bedeutungen, wobei du die jeweilige Farbe bei zunehmendem Mond zur Anziehung der gewünschten Qualitäten einsetzt, bei abnehmendem Mond gegen Unerwünschtes.

Grün

- **Zunehmender Mond:** Während des zunehmenden Mondes nutzt du die Farbe Grün für alle rituellen Handlungen zur Anziehung von Glück, Erfolg, materiellem Gewinn und generellem Wohlstand. Auch zur Stabilisierung, zur Erdung, zur Erneuerung, für Fruchtbarkeit, gesundes Wachstum und innere Ausgeglichenheit wird die Farbe genutzt. Du kannst grüne Elemente grundsätzlich zur Unterstützung aller Zielsetzungen verwenden, in denen etwas vermehrt oder zum Wachsen gebracht werden soll.
- **Abnehmender Mond:** Wenn du die Farbe während des abnehmenden Mondes einsetzen willst, verwendest du sie gegen Pechsträhnen, Misserfolge, Stagnation, ungesunde Angewohnheiten, Hoffnungslosigkeit, Un

fruchtbarkeit, finanzielle Sorgen, Mangeldenken, Überaktivität und mangelnde Verwurzelung.
- **Zuordnung:** Grün ist dem Planetenprinzip Venus und dem Freitag zugeordnet.

Rosa

- **Zunehmender Mond:** Während des zunehmenden Mondes nutzt du die Farbe Rosa für alle rituellen Handlungen zur Anziehung der reinsten Form der Liebe, für Familienbindung, Freundschaft und ehrliche Zuneigung, für wachsende romantische Gefühle und für mehr Empfindsamkeit. Ebenso um einen positiveren Umgang mit dir selbst und anderen zu erwirken.
- **Abnehmender Mond:** Wenn du die Farbe während des abnehmenden Mondes einsetzen möchtest, verwendest du sie gegen Selbstzweifel, Misstrauen, Negativität, Hass, emotionale Abhängigkeit, Seelenschmerz, Vertrauensverlust, Selbstaufopferung, die Angst vor Nähe oder etwa gegen falsche Glaubenssätze aus der Erziehung.
- **Zuordnung:** Rosa ist keinem Planetenprinzip oder Tag zugeordnet und kann so ganz nach Bedarf genutzt werden.

Pink

- **Zunehmender Mond:** Während des zunehmenden Mondes nutzt du die Farbe Pink für alle rituellen Handlungen zur Anziehung von Liebe, Stärkung der Partnerschaften, mehr Verbindlichkeit, mehr Leidenschaft, Treue, körperliche Anziehungskraft und Lust, für ein harmonisches Miteinander ohne Ängste. Auch um die Liebe in das eigene Leben zu rufen oder das liebevolle Interesse von jemandem in die eigene Richtung zu lenken.

- Pink unterscheidet sich von Rosa insofern, als es dessen Energien von Liebe und Zuneigung um den Aspekt der Leidenschaft und des Verlangens ergänzt.
- **Abnehmender Mond:** Wenn du die Farbe während des abnehmenden Mondes einsetzen willst, benutzt du sie gegen Bindungsängste, übertriebene Eifersucht, Liebeskummer, geringe Selbstachtung, Gefühlskälte, Klammern, Verlustangst, Entfremdung, mangelnde Sinnlichkeit.
- **Zuordnung:** Pink ist dem Planetenprinzip Venus und dem Freitag zugeordnet.

Rot

- **Zunehmender Mond:** Während des zunehmenden Mondes nutzt du die Farbe Rot für alle rituellen Handlungen zur Anziehung von Willensstärke, Mut, Kraft und Kampfgeist und für die magische Selbstverteidigung. Aber auch für mehr körperliches Verlangen, zur Verbesserung der Sexualität, für die Stärkung der Potenz und für neue Eroberungen oder die Wiedergewinnung eines Partners.
- **Abnehmender Mond:** Möchtest du die Farbe während des abnehmenden Mondes einsetzen, verwendest du sie gegen Ängste, Schwächen oder Furcht, Blockaden, Antriebsschwäche, Verzweiflung, Lustlosigkeit, Hemmungen, Willensschwäche, Faulheit, Angst vor Veränderungen oder um Libido- oder Potenzprobleme zu beseitigen.
- **Zuordnung:** Rot ist dem Planetenprinzip Mars und dem Dienstag zugeordnet.

Gelb

- **Zunehmender Mond:** Während des zunehmenden Mondes nutzt du die Farbe Gelb für alle rituellen Handlungen zur Anziehung von Überzeugungskraft, Selbstbewusstsein und Ausstrahlung. Diese Rituale können helfen, die eigenen Stärken zu erkennen und besser zu nutzen. Auch für geistige Klarheit und bessere Kommunikation in Beruf, Studium et cetera und um Lernbereitschaft und Konzentrationsfähigkeit zu fördern.
- **Abnehmender Mond:** Möchtest du die Farbe während des abnehmenden Mondes einsetzen, verwendest du sie gegen Konzentrationsmangel, Prüfungsängste, um Schreibblockaden aufzulösen, gegen Schüchternheit, Unsicherheit, Kontaktschwierigkeiten, gegen alle Kommunikationsprobleme, übertriebene Selbstkritik oder Eitelkeit.
- **Zuordnung:** Gelb ist dem Planetenprinzip Sonne und dem Sonntag zugeordnet.

Blau

- **Zunehmender Mond:** Während des zunehmenden Mondes nutzt du die Farbe Blau für alle rituellen Handlungen zur Anziehung von Gesundheit und Heilung, für mehr Geduld, für besseren Kontakt zum höheren Selbst, für Versöhnung, für mehr Verständnis, zum Beflügeln der Kreativität und um die Inspiration herbeizurufen. Du kannst mit diesem Farbschema mehr Harmonie und inneren Frieden schaffen und es begünstigt auch ein harmonisches Zuhause. Ebenso ist es ideal zum Stärken von Treue, Loyalität, Zusammenhalt und Teamgeist.
- **Abnehmender Mond:** Möchtest du die Farbe während des abnehmenden Mondes einsetzen, verwendest du sie gegen Krankheit, Ungeduld, Stress, innere Unruhe, Schlaflosigkeit oder Schlafmangel, gegen Albträume,

Streitsucht, Disharmonie, Unversöhnlichkeit, Maßlosigkeit, Intoleranz, Unzufriedenheit und so weiter.

- **Zuordnung:** Blau ist dem Planetenprinzip Jupiter und dem Donnerstag zugeordnet.

Weiß

- **Zunehmender Mond:** Während des zunehmenden Mondes nutzt du die Farbe Weiß für alle rituellen Handlungen zur Anziehung von Schutz, Frieden, Wahrheit, Klarheit, Aufrichtigkeit, Ganzheit, Reinheit. Auch um wichtige Entscheidungen und große Wendepunkte im Leben zu unterstützen. Weiß hilft, die eigene Aura zu stärken.
- **Abnehmender Mond:** Wenn du die Farbe während des abnehmenden Mondes einsetzen willst, verwendest du sie, um destruktive Energien zu zerstören, gegen Zweifel, Trennungen, gegen alle energetischen Unreinheiten in Körper und Seele oder in Räumen und Gegenständen, gegen Verwirrung, Unehrlichkeit und um die eigene Aura zu reinigen.
- **Zuordnung:** Weiß ist dem Planetenprinzip Mond und dem Montag zugeordnet.

Violett

- **Zunehmender Mond:** Während des zunehmenden Mondes nutzt du die Farbe Violett für alle rituellen Handlungen zur Anziehung von Gerechtigkeit und Erfolg bei Rechtsprozessen, Behörden- oder Berufsangelegenheiten. Auch zum Aufbau von Schutz vor den Folgen von gegen dich selbst gerichtete Taten, Lügen oder dunkler Magie und um alles wieder zum Guten zu wenden.

- **Abnehmender Mond:** Wenn du die Farbe während des abnehmenden Mondes einsetzen willst, verwendest du sie gegen generelles Unglück, Ungerechtigkeit, Flüche, dunkle Magie, Unentschlossenheit, Sturheit, Unordnung in den Gedanken, mangelndes Verantwortungsgefühl und negative Beeinflussung.
- **Zuordnung:** Violett ist dem Planetenprinzip Merkur und dem Mittwoch zugeordnet.

Schwarz

- **Zunehmender Mond:** Möchtest du die Farbe während des zunehmenden Mondes einsetzen, dient sie zum Schutz vor äußeren Einflüssen. Du ziehst damit also mehr Schutz an.
- **Abnehmender Mond:** Während des abnehmenden Mondes nutzt du diese Farbe für alle rituellen Handlungen zur Reinigung, Trennung, Auflösung, gegen negative Gedanken und Emotionen, um Unerwünschtes zu bannen, negative Kräfte umzukehren, schlechte Angewohnheiten zu bekämpfen und Blockaden zu erkennen und zu durchbrechen. Gegen Trauer, Pessimismus, Zweifel, Panik, Rachsucht, Kontrollzwang, endlose Grübelei, Selbstvorwürfe, gegen das Gefühl von Überforderung und unbegründete Gereiztheit.
- **Zuordnung:** Schwarz ist dem Planetenprinzip Saturn und dem Samstag zugeordnet.

Orange

- **Zunehmender Mond:** Während des zunehmenden Mondes nutzt du die Farbe Orange für alle rituellen Handlungen zur Anziehung von Aufmunterung, Trost, Energie, Motivation, Durchhaltewillen, um die Ausstrahlung und die Anziehungskraft zu stärken und Kontrolle zu erlangen. Rituale mit orangefarbenen Elementen eignen sich besonders, um positive Wunscherfüllung und große Veränderungen zu unterstützen.

- **Abnehmender Mond:** Möchtest du die Farbe während des abnehmenden Mondes einsetzen, verwendest du sie gegen Traurigkeit, Motivationstiefs, Abhängigkeit, gegen den Mangel an Entschlossenheit, Trägheit, Freudlosigkeit, Einsamkeit, Ziellosigkeit, gegen unrealistische Erwartungen an dich selbst oder gegen Melancholie.
- **Zuordnung:** Orange ist dem Planetenprinzip Sonne und dem Sonntag zugeordnet.

Es reicht bei Ritualen oft schon, die farblich passende Kerze zu verwenden oder einen Zwirn in dieser Farbe, damit hast du sie schon in das Ritual eingebunden. Großmutter Anneliese hatte spezielle farbige Ketten, die sie je nach Tag und Ritual anlegte.

Es ist wichtig, ein lockeres Verhältnis zu der Durchführung von Ritualen zu erlangen: Sei nicht zu aufgeregt und vertraue auf deine Intuition. Du kannst nichts falsch machen.

Wenn du bei Beschreibungen von Ritualen keine Mengenangabe findest, dann wähle die Menge nach deinem Gefühl aus, und wenn du bei Teemischungen nicht genau weißt, wie viel du von welchen Sorten hinzugeben sollst, dann höre auf deine Intuition. Sollte bei einem Ritual eine Angabe stehen, die für dich nicht stimmig ist, lass deiner inneren Stimme immer den Vorzug.

Räuchern – die Luftpost des Himmels

Das Räuchern ist die goldene Krone der Kräuterlehre. Wir räuchern an den Jahreskreisfesten, den Raunächten, bei Wünschen für bessere Energie und so weiter. Doch was steckt hinter dem Räuchern?

Der Begriff stammt vermutlich aus dem Althochdeutschen *rauhjan*, was »Rauch erzeugen« bedeutet. In der Hexenlehre wird Räuchern als spirituelles Ritual verwendet, bei dem Kräuter, Harze oder Räuchermischungen verbrannt werden, um positive Energien zu erzeugen oder negative Energien abzuwehren. Räuchern wird oft in Verbindung mit Meditation oder magischen Ritualen eingesetzt, um einen Raum oder eine Person von negativer Energie oder von unerwünschten Geistern zu reinigen. Es schafft eine bestimmte Atmosphäre oder Stimmung – das hängt vom verwendeten Material ab –, verbindet uns mit geistigen Kräften oder kann Wünsche und Absichten manifestieren.

Um eine Räucherung durchzuführen, kann ein bestimmtes Räucherwerk, ein Räucherkegel oder auch Räucherstäbchen verwendet werden.

Wir sollten immer in einem gut belüfteten Bereich räuchern und darauf achten, dass die Rauchentwicklung nicht zu stark wird und niemand gesundheitlichen Schaden nimmt.

Allgemeine Schritte zum Räuchern

Zunächst wählst du das richtige Räucherwerkzeug aus: eine Schale, einen Räucherkessel oder eine Räucherpfanne. Nun wählst du die Kräuter, die du verwenden möchtest, basierend auf deren Bedeutung und energetischen Eigenschaften. Du solltest getrocknete Kräuter nutzen, die du vorher an einem luftigen, schattigen Ort ausgebreitet hast, oder du kaufst eine passende Räuchermischung. Dann gibst du Sand und Kohle in dein Räuchergefäß, entzündest die Kohle, platzierst die Kräuter darauf und lässt den Rauch im Raum oder auf einem Objekt verweilen. Konzentriere dich auf deine Absichten und Intentionen, während du den Rauch genießt. Beende das Räuchern, indem du das Feuer löschst oder ausbläst.

Zum Räuchern solltest du die folgenden »Grundzutaten« im Haus haben:

- **Räucherschale, -pfanne oder -kessel**
- **Sand**
- **Kohle**
- **Streichhölzer**
- **verschiedene Kräuter, alternative Räuchermischungen**
- **Räucherfeder**
- **Kerzen**

Ein Beispiel für ein Räucherritual könnte sein, wenn du Räucherstäbchen oder Räucherkegel mit Weihrauch anzündest, um vor einer Meditation oder einer spirituellen Praxis eine heilige und reinigende Atmosphäre zu schaffen.

Ein anderes Beispiel könnte sein, dass du Räucherstäbchen mit Zeder oder Fichte anzündest, um vor einer magischen Arbeit eine erdende und schützende Atmosphäre zu schaffen.

Es gibt kein »richtiges« oder »falsches« Räuchercherritual und es kann viele verschiedene Möglichkeiten geben, Räucherungen in magischen Praktiken einzusetzen.

Harmonisierendes Räuchern mit Kräutern

Ich stelle dir nun die wichtigsten Räucherkräuter vor, die in der Hexenpraxis häufig verwendet werden. Wähle immer das Kraut aus, das am besten zu deiner Intention oder deinem Ritual passt.

Beifuß

Beifuß wird häufig verwendet, um negative Energien und böse Geister zu vertreiben. Er verbreitet einen starken, erdigen Duft und wird oft mit Schutz, Reinigung und spiritueller Verbindung verbunden. Eine Räucherung mit Beifuß unterstützt bei sogenannten Schutzzauberritualen. Außerdem wirkt er stark reinigend und bietet dir die Möglichkeit, dich zu öffnen.

Beifuß verstärkt auch die Wirkung anderer Kräuter. Mischst du den Beifuß mit beruhigenden Kräutern (zum Beispiel Lavendel oder Baldrian), sorgt er für einen erholsamen Schlaf. Mischst du ihn mit Harzen (zum Beispiel Fichtenharz), hilft er, böse Mächte zu bannen und fernzuhalten.

Drachenblut

Drachenblut ist in seiner reinen Form ein hochwertiges Räucherwerk und kann für sich allein verräuchert werden. Sein Name wirkt schon mächtig, und das ist dieses Räucherwerk auch. Ihm wird eine besonders starke und reinigende Energie nachgesagt. Du kannst mit Drachenblut immer dann räuchern, wenn du das Gefühl hast, dass sich hartnäckige Energien festgesetzt haben und nicht gehen wollen. Drachenblut wirkt sehr stark neutralisierend und dient seit jeher dazu, negative Geister und Dämonen zu vertreiben. Es wurde früher ebenfalls für Zauberrituale und Beschwörungen eingesetzt. Gehe jedoch sparsam mit Drachenblut um und vergiss nie, nach einer Reinigung mit Drachenblut immer noch eine aufbauende Räucherung durchzuführen, da das Drachenblut nicht nur negative Energien neutralisiert, sondern auch positive.

Engelwurz

Die Engelwurz gilt als eines der bekanntesten Räucherkräuter und genießt einen Ruf als starke Schutzpflanze. Zur Räucherung verwenden wir hierzu vor allem getrocknete, zerkleinerte Wurzeln. Die Engelwurz oder auch Angelikawurzel wird vor allem als seelischer Angstlöser und zur Stärkung deiner inneren Kraft und Ausgeglichenheit verwendet. Ihr Rauch reinigt die Luft und hilft dir dabei, dich zu erden. Engelwurz stärkt zudem das Urteilsvermögen und hilft, neue Chancen und Wege zu erkennen und sie zu beschreiten. Außerdem fördert sie die Konzentration und kann uns dabei helfen, unseren Fokus wiederzufinden. Sie führt uns auch zu unseren Wurzeln zurück und hilft uns, die wesentlichen Dinge im Leben wiederzuerkennen. Weiterhin kann eine Räucherung mit Engelwurz helfen, die spirituellen Kräfte zu verstärken, neue Kraft zu schöpfen und Selbstvertrauen aufzubauen.

Die Kräfte, die dieser Pflanze innewohnen, sollen von den Erzengeln verliehen worden sein und das Räuchern mit Engelwurz unterstützt daher die Kommunikation mit den Engeln und anderen positiven Wesenheiten. In früheren Zeiten wurde Engelwurz zum Räuchern als Schutzzauber gegen böse Geister, Dämonen und Hexen verwendet. Auch heute noch wird sie vorwiegend gegen negative Energien, böse Geister und schwarze Hexenmagie verräuchert, kann aber auch unterstützend eingesetzt werden, um desorientierte Seelen wieder ins Licht zu führen. Dank ihrer hohen Schutzwirkung ist sie auch bei Reisen in die Anderswelt besonders gut geeignet. Als Pflanze, die von einem Engel zur Erde gebracht wurde, ist sie auch heute noch die erste

Wahl bei Einweihungszeremonien oder Segnungen. Außerdem bietet sie sich besonders für Reinigungsrituale an. Hier wird sie vor allem dann eingesetzt, wenn ein neues Haus bezogen wird und wir die Energien des Vorbesitzers ausleiten oder auflösen wollen.

Fichtennadeln

Fichtennadeln haben einen typischen Geruch, der uns erdet und uns den Wald in unser Zuhause bringt. Der Duft steht für die Freiheit, den Schutz, die Reinigung, die Erdung und die Konzentration. Du kannst die Fichtennadeln selbst sammeln und trocknen. Danach können sie besonders gut auf Räucherkohle oder dem Räuchersieb geräuchert werden.

Holunderbüten

Holunderblüten duften beim Räuchern süßlich, blumig und würzig. Da es sich um feine Blüten handelt, verrauchen sie schnell und sind auch schnell »ausgeduftet«.

Sie eignen sich hervorragend, um Duftimpulse zu setzen und andere Mischungen abzurunden. Dabei ist die Holunderblüte sehr anpassungsfähig und gibt der Räuchermischung eine angenehme Süße und Blumigkeit.

Lavendel

Lavendel duftet angenehm beruhigend und wird oft mit Entspannung, Heilung und spiritueller Verbindung assoziiert.

Mädesüß

Beim Räuchern mit Mädesüß richtet sich unser Blick wieder klar nach vorne und unsere Ziele kommen wieder in unseren Fokus. Mädesüß gehört zu den heiligsten Pflanzen der Druiden und fördert Weissagungen und Visionen. Doch das Räuchern mit Mädesüß bringt auch die Wahrheit zutage und hilft dir, sie zu akzeptieren. Die Blüten dieser Pflanze gehören auch mit in die Kräuterbuschen, mit denen gegen Blitzeinschlag und Verhexung geräuchert wurde.

Mistel – die Druidenpflanze

Die Mistel verströmt beim Räuchern keinen starken Eigenduft. Sie riecht frisch, aromatisch und mit der Zeit würziger. Es handelt sich hierbei um ein magisches Räucherwerk, denn sie dient vor allem der Erhöhung der eigenen Energie. Sie hat große Transformationskräfte und hilft in schwierigen Situationen, neue Kräfte zu erlangen und »schwere Energien« in Leichtigkeit umzuwandeln.

Weihrauch

Weihrauch duftet stark und angenehm und wird seit Jahrtausenden in religiösen Zeremonien und Räucherritualen verwendet – oft in Verbindung mit Reinigung, Heilung und spiritueller Erleuchtung. Weihrauch sollte jedoch immer in Kombination mit anderen Kräutern eingesetzt werden, da er Tür und Tor zur Anderswelt öffnet. Um sicherzugehen, dass nur gute Energien auf die Erde kommen, ist die Kombinationsräucherung unerlässlich.

Weißer Salbei

Weißer Salbei war die heilige Pflanze der Kelten und wird traditionell zur Reinigung von Aura und Atmosphäre verwendet. Er ist beliebt beim Vertreiben von schlechten Energien und Wesenheiten aus den Räumen und kann besonders bei Umzügen unterstützen. Der verräucherte Weiße Salbei duftet aromatisch-frisch, harzig-süß und würzig und sorgt für eine ganz besondere Atmosphäre. Er wirkt erfrischend und fördert deine Konzentration. Gleichzeitig belebt er und wirkt desinfizierend und antibakteriell.

Großmutters Tipp

Kräuterbündel selbst herstellen: Um Kräuter für die Wintermonate haltbar zu machen, binde die Kräuter zu Bündeln und hänge sie kopfüber an einem trockenen und gut belüfteten Ort auf.

Vorsicht: Dies gilt nicht für Rosen, da diese, wenn sie getrocknet werden, die Liebe verwelken lassen.

Der zarte Räucherkegel

Zutaten

- 1 EL Speisestärke
- 200 ml Wasser
- 50 g Räucherkohle
- 10 g Duftstoffe, wie zum Beispiel 7 g Weihrauch, gemahlen, und 3 g Sandelholz, gemahlen
- optional: ätherische Öle nach Wahl

Alternativ kannst du als Duftstoffe eine eigene Mischung aus anderen Räucherharzen wie etwa selbst gesammeltes Fichtenharz, Hölzern und Pflanzenteilen wie Zedernholz, Palo Santo, Salbei, Myrte oder Wacholder herstellen.

Zubereitung

1. Aus Speisestärke und Wasser ein Bindemittel herstellen, das die weiteren Zutaten der Räucherkerzen zusammenhält. Dafür die Speisestärke zuerst mit 2–3 EL Wasser mischen. Den Rest des Wassers in einem Topf zum Kochen bringen. Speisestärke-Wasser-Gemisch zugeben und etwa 1 Minute kochen lassen, bis die Flüssigkeit leicht zähflüssig wird. Dann abkühlen lassen.
2. Die Räucherkohle in einer Kaffeemühle oder mit einem Mörser mahlen.
3. Falls der Weihrauch und das Sandelholz nicht gemahlen verfügbar sind, diese auch zerkleinern.
4. Räucherkohle, Pflanzenteile und eventuell ätherische Öle in eine Schüssel geben. Das Stärke-Bindemittel esslöffelweise zugeben und alles vermischen, bis ein fester, knetbarer Teig entsteht. Falls der Teig zu flüssig geworden ist, einfach noch mehr Kohle und Pflanzenmaterial zugeben.
5. Aus dem Teig nun spitz zulaufende Räucherkegel formen.
6. Diese etwa zwei Tage lang durchtrocknen lassen. Alternativ auf der Heizung oder bei 50 °C im Backofen mit leicht geöffneter Ofentür trocknen lassen. Dann dauert es nur einige Stunden, bis die Kegel trocken sind.

Anwendung

Den Räucherkegel auf eine geeignete Unterlage, zum Beispiel eine Schale stellen, und an der Spitze anzünden. Wenn diese zu glühen, beginnt, die Flamme vorsichtig auspusten, sodass der Kegel selbstständig durchglühen kann.

Wirkung

Die selbst gemachten Räucherkegel geben einen wohltuenden Duft ab und wirken beruhigend auf unser ganzes System.

Die mystischen Räucherstäbchen

Räucherstäbchen bestehen aus Bambus und natürlichen Duftstoffen wie Weihrauch, Räucherkamille oder Sandelholz.

Zutaten

- Wachs
- Duftstoffe wie zum Beispiel getrocknete Kräuter, Blüten, Harze oder ätherische Öle
- Bambusstäbchen

Zubereitung

1. Das Wachs in einem Wasserbad erhitzen, bis es flüssig ist.
2. Dann die gewünschten Duftstoffe hinzufügen.
3. Die Bambusstäbchen nacheinander in die Mischung tauchen, bis diese gleichmäßig beschichtet sind. Die beschichteten Stäbchen auf eine flache Oberfläche legen und vollständig trocknen lassen.

Anwendung

Das Ende des Räucherstäbchens anzünden, über eine feuerfeste Schale halten und den Rauch entstehen lassen.

Wirkung

Die selbst gemachten Räucherstäbchen sind eine schnelle und unkomplizierte Methode, um das Raumklima positiv zu beeinflussen und eine angenehme Atmosphäre zu schaffen.

Herstellung deiner persönlichen Räucherfeder

Wähle eine natürliche Feder, die stabil und langlebig genug ist, um Rauch zu tragen, zum Beispiel von einem Adler, Falken oder Raben. Du kannst sie auch kaufen, aber wenn du Glück hast, findest du deine eigene Feder auch bei einem Spaziergang.

Zur Vorbereitung verwende eine Räucherpfanne oder eine andere Räucherquelle, um den Rauch bereitzustellen. Du kannst zu dieser Räucherung deine Lieblingskräuter nehmen. Generell eignen sich für Einweihungen Weißer Salbei, Lavendel, aber auch Myrrhe. Tauche die Feder in den Rauch und halte sie so lange, bis sie vollständig getränkt ist. Lasse die gesegnete und im Rauch getränkte Feder nun vollständig trocknen und bewahre sie an einem trockenen, kühlen Ort auf, bis sie bereit zur Verwendung ist. Du kannst die Feder auch noch in einer Vollmondnacht ins Licht des Mondes legen, um sie zu aktivieren und vollständig aufzuladen.

Du kannst deine Räucherfeder je nach deinen Vorlieben auch mit kleinen Schmucksteinen oder Farben verzieren oder Federn in unterschiedlichen Größen anfertigen, die individuell gestaltet werden können.

Weiß bei der Räucherfeder kann besagen, dass es sich um leichte Räucherungen handelt. Die Farbe Weiß steht für Freiheit, Klarheit und Transparenz. Eine schwarze Feder ist für eine kraftvolle Räucherung geeignet. Sie hilft, hartnäckige Energien und Blockaden zu lösen. Räucherfedern können aber auch grün, blau oder rot sein.

Großmutters Tipp

Räuchere nicht nur deine Wohnräumlichkeiten innerlich aus – der Garten und die äußeren Wände sind oftmals für Schutzräucherungen wichtiger.

Fehler, die du beim Räuchern nicht machen solltest

Stelle immer sicher, dass die Räucherkohle vor dem Räucherritual vollständig weiß ist. Durch das Glühen verbindet sich die Räucherkohle mit Mutter Natur und nimmt alle ihre Kräfte in sich auf und integriert sie so auch in dein Ritual.

Wenn du in deiner Ausräucherung etwas zu dir ziehen willst oder eine Verbindung aufbaust, solltest du immer im Uhrzeigersinn durch die Wohnung oder den Raum gehen und an Dinge denken, die positiv sind und die du dir wünschst.

Wenn du möchtest, dass sich Energien lösen oder du dich von etwas trennen willst, gehe gegen den Uhrzeigersinn. Hier solltest du an die Situation denken, die du loslassen willst.

Höre beim Ausräuchern auch auf deinen Körper. Hier ist es wichtig, dich selbst zu spüren und deinen eigenen Gefühlen zu vertrauen. Solltest du etwas im Bereich deines Kopfes spüren, handelt es sich um ein Thema, das mit der Zukunft zu tun hat. Nimmst du etwas im Bereich des Oberkörpers wahr, hat das Thema, das noch in diesem Raum verwurzelt ist, etwas mit der Gegenwart zu tun. Etwas will von dir noch gesehen werden. Füße und Beine stellen Themen aus der Vergangenheit dar.

Beim Räuchern ist es wichtig, das richtige Kraut zu verwenden. Wenn du ein Kraut nicht riechen kannst, solltest du es eigentlich viel öfter verwenden und dich mit ihm noch intensiver beschäftigen. Sieh dir an dieser Stelle an, welche Themen hinter dem Kraut stehen und ob sie mit deinem eigenen Leben etwas zu tun haben.

Räuchern ohne Räucherwerke und Co.

Du kannst nicht nur mit Kräutern räuchern, es gibt auch andere Stoffe, die du auf die bereits glühende Kohle legen kannst.

- **Salz:** Du kannst versuchen, dein Zuhause mit Salz auszuräuchern. Es reinigt und klärt die Energie und baut außerdem eine Atmosphäre auf, die dich selbst und dein Zuhause vor schwarzmagischen Angriffen schützt.
- **Eierschalen:** Eine Räucherung mit Eierschalen erdet dich und kann dir helfen, dich wieder im Hier und Jetzt zu verwurzeln.
- **Zitronen:** Eine Räucherung mit Zitronen lässt deine Atmosphäre wieder frisch und klar werden und schafft Platz für neue Ideen.
- **Zucker:** Zucker bringt wieder Süße in dein Leben und hebt die Lebensfreude.

Du kannst mit allem räuchern, was die Küche hergibt, und musst dich hier nicht zurückhalten, denn du kannst nichts falsch machen, und Räuchern muss nicht teuer sein.

Eine weitere Möglichkeit besteht darin, kleine Zettel mit Symbolen oder Entstörzeichen welche auch »Nuren« genannt werden, zu räuchern. Es gibt viele Entstörzeichen, die du vorab auf Zettel malen kannst, um sie dann auf der Räucherkohle zu verbrennen. An dieser Stelle gilt es auch darauf zu achten, wie die Nure abbrennt. Brennt sie schnell und kraftvoll ab, wurde alles aufgelöst. Brennt sie langsam ab, solltest du noch einmal genauer hineinspüren.

Wenn du mit deiner Räucherung fertig bist, gib einfach noch einmal etwas Salz auf das abgebrannte Räucherwerk. Dies ist ein guter Abschluss und dient dazu, dass sich noch einmal alles klären darf.

Der Zauberstab

Der Begriff »Zauber« stammt von dem althochdeutschen Wort *zoubar* ab und bedeutet »Singen« oder »Beschwörung«. Im Laufe der Zeit hat sich die Bedeutung auf das Wirken magischer Kräfte verändert und heute wird der Begriff häufig verwendet, um das Praktizieren von Magie oder das Verwenden von Zaubersprüchen zu beschreiben.

Ein Zauberstab ist ein magisches Instrument, das in der Esoterik und in magischen Praktiken verwendet wird. Er gilt oft als Symbol für die Konzentration der magischen Energie und kann als Hilfsmittel dienen, um Zauber und Rituale durchzuführen.

Wie stelle ich meinen persönlichen Zauberstab her?

Wir alle können unseren individuellen Zauberstab selbst herstellen. Die Herstellung eines Zauberstabs ist ein kreativer Prozess und macht ihn zu deinem persönlichen und unverwechselbaren Instrument. Hier ist ein grundlegender Leitfaden zur Herstellung eines Zauberstabs:

1. Wähle zunächst ein Material: Zauberstäbe können aus Holz, Edelsteinen, Metallen oder auch aus synthetischen Materialien hergestellt werden. Überlege, welche Länge für dich am besten geeignet ist, abhängig von deinen Zwecken und Vorlieben.
2. Wenn du einen Zauberstab aus Holz anfertigen möchtest, gehe in den Wald und sieh dich einfach einmal um, ohne gezielt zu suchen. Hast du einen passenden Ast oder Zweig gefunden, kannst du ihn nach eigenen Wünschen und Vorstellungen gestalten. Du kannst kleine Äste abschneiden, ihn kürzen und so weiter.
3. Verziere deinen Zauberstab: Du kannst deine persönlichen Zeichen oder Runen hineinritzen oder ihn mit anderen Symbolen verzieren, die für dich von Bedeutung sind oder deine magischen Ziele unterstützen. Zudem kannst du farbige Bänder, Steine oder Kristalle darauf befestigen. Beim Gestalten deines Zauberstabes sind dir keine Grenzen gesetzt.
4. Weihe deinen Zauberstab, indem du ihn mit deiner persönlichen Energie auflädst und ihn mit einer bedeutsamen Zeremonie verbindest.
5. Um deinen Zauberstab zusätzlich aufzuladen, lasse ihn nach dem Ritual in einem Schutzkreis liegen. Wichtig an dieser Stelle ist, dass seine Spitze zum Ritual gerichtet bleibt.
6. Verwende deinen Zauberstab in deinen magischen Praktiken und Ritualen, um deine Absichten zu verstärken.

Für die Herstellung eines Zauberstabs gibt es keine festen Regeln. Du kannst deinen eigenen Zauberstab so schaffen, wie es für dich am besten funktioniert. Der Prozess der Herstellung kann eine wertvolle Übung in Kreativität und Selbstausdruck sein und auch dazu beitragen, eine starke emotionale und spirituelle Verbindung zu dem Instrument herzustellen.

Wie wirkt der Zauberstab?

Natürlich ist eine Hexe nicht auf einen einzigen Zauberstab begrenzt. Sie kann auch mehrere Zauberstäbe haben:

- Um etwas in deinem Leben loszulassen und um Rituale in diese Richtung zu verstärken, nutze die Kraft des abnehmenden Mondes. Lege einen Zauberstab bei abnehmendem Mond hinaus, und er wird die Kraft des abnehmenden Mondes in sich aufnehmen und speichern. Themen, bei denen dich dieser Zauberstab unterstützen kann, ist das Loslassen in Bezug auf Menschen, Gewicht oder auch schlechte Angewohnheiten.
- Eine andere Möglichkeit bietet ein Zauberstab, der bei zunehmendem Mond aufgeladen wurde. Dieser Zauberstab unterstützt am besten bei Wunsch- oder Manifestationsritualen. Mit seiner Energie kannst du Menschen, aber auch Erfolg und Geld anziehen.
- Der mächtigste Zauberstab ist jedoch der, welcher im Licht des Vollmondes aufgeladen wurde. Dieser Zauberstab kann bei jedem Ritual verwendet werden.

Du kannst mit einem Zauberstab auch Magie bündeln oder damit selbst hergestellte Zaubertränke und Cremes einmal umrühren. Wichtig: Rührst du im Uhrzeigersinn, verstärkt sich die Wirkung, rührst du gegen den Uhrzeigersinn, schwächt sich die Wirkung ab.

Zaubersprüche

Zaubersprüche stammen aus verschiedenen magischen Überlieferungen und spirituellen Praktiken wie Hexerei, Wicca, Schamanismus und traditionellen Überlieferungen. Sie gelten oft als mächtige Werkzeuge für Veränderung und Transformation und werden verwendet, um bestimmte Ziele oder Wünsche zu erreichen.

Ein Zauberspruch ist eine Formel oder ein ritueller Ausdruck, der verwendet wird, um magische Kräfte oder Fähigkeiten zu aktivieren oder zu lenken. Dabei handelt es sich um eine Abfolge von Worten, Reimen, Gebeten oder Liedern, die entweder gesprochen oder auch gesungen werden, um ein bestimmtes Ziel zu erreichen oder um eine Wirkung zu erzielen.

Du kannst Zaubersprüche für Rituale verwenden und mit bestimmten Handlungen, Symbolen, Kräutern oder anderen magischen Gegenständen verstärken.

Die genaue Herkunft eines Zauberspruchs kann variieren, aber viele werden als Teil einer längerfristigen spirituellen Praxis weitergegeben und aufgezeichnet. Sie müssen nicht unbedingt Teil einer traditionellen religiösen Praxis sein. Du kannst unabhängig von deiner spirituellen Überzeugung Zaubersprüche verwenden, um positive Veränderungen in deinem Leben herbeizuführen.

Zaubersprüche finden sich in vielen Büchern und im Internet. Du kannst sie abschreiben und Wort für Wort übernehmen oder deine eigenen Zaubersprüche kreieren. Beides ist möglich und beides sollte sich nach deinen persönlichen Präferenzen und deinen Absichten richten, wobei ich meinen modernen Hexen immer empfehle, selbst einen Zauberspruch zu kreieren, denn dieser wirkt stärker und machtvoller.

Großmutters Tipp

In der Magie gibt es einen Grundsatz: »Tue, was du willst, aber schade dabei keinem.« Alles, was du aussendest, kommt dreifach zurück – auch das Negative. Denke immer daran.

Zaubersprüche sind ein wichtiger Bestandteil von Magiepraktiken und okkulten Traditionen. Im Folgenden findest du einige der Grundlagen, die bei der Erstellung von Zaubersprüchen berücksichtigt werden sollten:

- **Intention:** Der Zauberspruch sollte klare und konkrete Absichten haben, die ausgesprochen oder visualisiert werden.
- **Energie:** Ein Zauberspruch sollte Energie aufnehmen und fokussieren, um wirksam zu sein.
- **Konzentration:** Die Person, die den Zauberspruch spricht, sollte sich konzentrieren und ihre Absicht und Energie in den Zauberspruch fließen lassen.
- **Elemente:** Einige Zaubersprüche können mit den Elementen Feuer, Wasser, Erde und Luft verbunden sein.
- **Magische Symbole und Worte:** Zaubersprüche können auch magische Symbole und Worte mit einer spezifischen Bedeutung und Energie beinhalten.

Es ist wichtig zu beachten, dass Zaubersprüche keine bewiesene Wirksamkeit haben und dass Magie ein umstrittenes und unerklärtes Konzept ist. Einige Menschen betrachten Zaubersprüche als symbolische oder meditative Praktiken, während andere sie als Überbleibsel aus längst vergangenen Zeiten ansehen.

Zaubersprüche selbst kreieren

An dieser Stelle ist es wichtig zu erwähnen, dass du nichts falsch machen kannst, da Magie immer der Absicht folgt und immer eine persönliche und individuelle Angelegenheit ist.

Um einen Zauberspruch selbst zu kreieren, braucht es oft nicht viel. In seiner ursprünglichen Form wurde der Zauberspruch früher gesungen, da er dann noch effektiver und mächtiger wird. Der Zauberspruch muss sich auch nicht zwingend reimen, dennoch gilt dasselbe wie beim Singen. Ein Reim kann die Magie des Spruches und die Kraft der Wörter noch verstärken.

Im ersten Schritt solltest du überlegen, auf welches Thema der Zauberspruch sich beziehen soll beziehungsweise welches Ziel du erreichen willst. Ein Zauberspruch kann zu allen möglichen Themen verfasst werden. Es gibt keine Grenzen, ganz gleich, ob für Liebes-, Gesundheits- oder finanzielle Themen.

Wenn du das Ziel gefunden und definiert hast, überlege, welche Wesenheiten und welche Energien du zu Hilfe rufen willst. Hier ist es wichtig zu hinterfragen, woran du selbst glaubst. Es kann auch vorkommen, dass zu unterschiedlichen Themen unterschiedliche Wesenheiten angerufen werden. Beispielsweise kannst du in Liebesangelegenheiten Feen oder Engel anrufen, während du in gesundheitlichen Fragen Waldgeister um Hilfe bittest. Du kannst in beruflichen Dingen deine Ahnen um Mithilfe bitten, während für andere Themen Göttinnen oder Hexenmeister angerufen werden.

Wenn du deine Helfer kennst, solltest du damit beginnen, diese gezielt anzusprechen. Beispiele hierfür können sein:

»Ihr Engel der Liebe«,
»Geschöpfe der Gesundheit«,
»Geister des Waldes« oder
»Mächte der Heilung«.

Mit der persönlichen Anrede gibst du den Wesenheiten die Macht, den gesprochenen Zauber zu unterstützen.

Wenn du nun deine Ziele definiert hast und weißt, mit welchen Wesenheiten du arbeiten willst, kann es auch hilfreich sein, die Kraft der Elemente und die der Himmelsrichtungen mit einzubeziehen. Es ist wichtig, für dich zu definieren, welche Gegenstände und Wörter die Elemente repräsentieren. Hier kann zum Beispiel eine Kerze für Feuer, ein Kessel oder Kelch für Wasser, eine Feder für Luft und bestimmte Kristalle oder auch Holz für Erde dienen.

Ein möglicher Beginn eines Zauberspruches könnte nun wie folgt lauten:

»Mit dieser Feder rufe ich die Liebeselfen aus dem Norden ...«
»Mit diesem Kristall rufe ich die Geldwesen aus dem Osten ...«
»Mit diesem Kelch rufe ich die Waldgeister aus dem Süden ...«
»Mit dieser Kerze rufe ich meine Ahnen aus dem Westen ...«

Wichtig hierbei ist zu wissen, was du willst, wen du um Hilfe bittest, welches Element du mit einbeziehen willst und welche Himmelsrichtung dich unterstützen soll. Mach dir bewusst, dass deiner eigenen Fantasie und Kreativität keine Grenzen gesetzt sind.

Mögliche einfache Sprüche für den Anfang können wie folgt lauten:

»Norden und Osten,
Süden und Westen,
Luft und Feuer,
Wasser und Erde,
mit eurer Hilfe
ich einen Partner finden werde.«

»Ihr Mächte des Ostens,
ich rufe alle Engel der Erde,
damit ich schneller gesund nun werde.« (... Geld erhalten werde, ...
glücklich werde)

»Ihr Mächte des Südens,
ich rufe meine Ahnen.
Egal ob männlich oder weiblich,
damit sie mich unterstützen
meine Chance zu nützen.« (... mein Glück zu nützen)

Nachdem du nun die ersten kleineren Sprüche selbst kreiert hast, kannst du dich auch an größere heranwagen.

Wenn du die Kräfte der gerufenen Wesenheiten und der Elemente noch um ein Vielfaches verstärken willst, solltest du sie um Hilfe auf allen Ebenen bitten.

Hier gibt es die Möglichkeit, die gerufenen Mächte zu bitten, den gesprochenen Zauber auf allen Ebenen zu unterstützen. Es gibt die bekannte Ebene, die das Bewusstsein widerspiegelt, während hingegen die unbekannte Ebene das Unterbewusstsein darstellt. Ein Beispiel für eine kraftvolle Anrufung der Elemente ist:

»Ihr Mächte des Ostens, ich lade euch ein, mich bei meinem Ritual auf der
bekannten und auch auf der unbekannten Ebene zu unterstützen.«

Um einem Zauberspruch größere Macht zu verleihen, musst du dir auch deine eigenen energetischen Absichten ansehen und diese lösen. Ein Beispiel hierfür ist ein Eheversprechen, das man seinem Partner gegeben hat.

Die Worte »Ich werde dich auf immer lieben« stellen eine energetische Bindung dar, die auf allen Ebenen wirkt.

Wenn du nun vor oder nach einer Trennung einen »Loslass-Zauber« sprechen willst, musst du dafür sorgen, dass ebensolche Versprechungen gelöst werden. Ist dies nicht der Fall, kann der Zauber nur schwach oder im schlimmsten Fall gar nicht wirken. Um dies zu erreichen, ist es wichtig, folgenden Satz in den Zauberspruch mit hineinzunehmen:

»Ich löse hiermit alle Versprechen aus meinen vorigen, aus meinen jetzigen und aus meinen zukünftigen Leben in Bezug auf dieses Ritual.«

Dieser Satz kann am Ende oder am Anfang eines Zauberspruches vorkommen und so als Anfang oder als Abschluss eines selbst kreierten Zauberspruches dienen. Die Reihenfolge ist egal, es ist nur wichtig, dass alle Absichten geklärt und alte Versprechungen gelöst wurden.

Zauberspruch in Verbindung mit einem Ritual

Wenn du einen Zauberspruch mit einem kraftvollen Ritual unterstützen willst, ist es wichtig, sich einen geeigneten Platz zu suchen. Dies kann in einem Haus vor einem »magischen Altar«, aber auch in der Natur sein. Wenn du das Ritual in einem Haus vollziehst, kann es hilfreich sein, dir im Vorfeld einen Schutzkreis zu ziehen. Bei manchen Fußböden kannst du einen Kreis aus Salz um dich ziehen, während du bei anderen (bei Teppichen beispielsweise) auch Mehl verwenden kannst. Bevor du diesen Schutzkreis jedoch ziehst, solltest du alle wichtigen Gegenstände innerhalb des Kreises platziert haben, da du den Kreis während des Rituals nicht verlassen solltest.

Mögliche Ritualgegenstände können sich an den eigenen Vorlieben und an klassischen Symbolen orientieren.

- **Element Feuer:** Wenn du das Element Feuer mit einbeziehst, kannst du den Zauberspruch mit einer passenden Kerze unterstützen. Achte darauf, dass die Kerze immer die passende Farbe zum Thema des Zaubers und des Rituals hat. Rot eignet sich für Liebe, Gold für Reichtum und Erfolg und Grün für Heilung, aber auch gegen Neid.
- **Element Wasser:** Wenn du das Element Wasser mit einbeziehst, kannst du einen Kessel, einen Kelch oder ein Glas Wasser verwenden. Streust du in das Wasser noch eine Prise Salz, kann dies auch zur magischen Reinigung dienen.
- **Element Luft:** Möchtest du das Element Luft mit einbeziehen, kannst du eine Feder verwenden. Eine Feder kann symbolisieren, dass dir eine Nachricht überbracht wird. Eine Taubenfeder bedeutet, dass etwas »losgelassen« wird.
- **Element Erde:** Wenn du das Element Erde mit einbeziehst, kannst du Erde in einer Schale verwenden. Dies kann auch in Form eines Blumentopfes oder mit Holz oder mit Steinen geschehen.

Du kannst natürlich auch klassische Hexensymbole wie den Besen, den Zauberstab oder das Athame verwenden.

Die Magie der leeren Hände

Eine weitere Möglichkeit, ein Ritual zu vollziehen, ist es, in den Wald oder generell in die Natur zu gehen. Viele Hexen benötigen keine Gegenstände, um ein Ritual zu vollziehen, es reicht, wenn sie sich in die Natur zurückziehen, sich auf eine Wiese setzen oder sich an einen Baum lehnen.

Es ist auch möglich, einen Schutzkreis nur mit deinen Gedanken zu ziehen und die einzelnen magischen Gegenstände vor deinem inneren Auge zu visualisieren. Wenn du diese Form der Magie wählst, solltest du Folgendes beachten: Je greller die Farben der visualisierten Bilder sind, desto stärker kann die Energie des Zauberspruchs wirken. Es ist auch eine gute Idee, die visualisierten magischen Gegenstände vor deinem inneren Auge größer zu machen. Die Vergrößerung der visualisierten Gegenstände kann die Magie stärken und die Wirkung des Rituals noch ausweiten.

Magie ist lebendig, Magie ist neutral und Magie kann nach den eigenen Wünschen geformt werden. Eines der wichtigsten Dinge ist, keine Angst davor zu haben, sich auszuprobieren und mit der Magie zu experimentieren. Du kannst nichts falsch machen, denn Magie ist individuell. Wir alle finden unseren eigenen Zugang und unseren eigenen Weg, mit der Magie zu arbeiten und diese einzusetzen.

Wichtig ist: Sei frei von Ängsten und besitze den Mut, deinen eigenen Weg innerhalb des magischen Spektrums zu finden.

Das Buch der Schatten

Das Buch der Schatten ist das Tagebuch einer Hexe in Bezug auf die Magie. Es wird oft von einer Hexe zur anderen vererbt und kann somit nicht erworben werden. Aber du kannst dein eigenes Buch auch selbst erstellen.

So stellst du dein eigenes Buch der Schatten her:

- **Wähle ein Buch:** Entscheide dich für ein Buch, das du als Buch der Schatten verwenden möchtest. Es kann ein Notizbuch, ein Tagebuch oder ein selbst erstelltes Buch sein.
- **Personalisiere dein Buch:** Du kannst dein Buch der Schatten mit einem

symbolischen Titel beschriften, es mit Zeichnungen oder Collagen verzieren oder in Leder oder ein ausgewähltes Papier binden.

- **Weihe dein Buch:** Weihe dein Buch der Schatten, indem du es mit deiner persönlichen Energie auflädst und es mit einer bedeutsamen Zeremonie verbindest.

Großmutters Tipp

Ein Buch der Schatten ausräuchern hat noch niemals geschadet. Bestenfalls mit Weißem Salbei.

Verwendung des Buchs der Schatten

Verwende dein Buch der Schatten regelmäßig, um deine magischen Praktiken, Träume und Visionen aufzuschreiben. Du kannst alles in dein Buch der Schatten schreiben. Ein Tipp von mir: Mache Fotos von Ritualen und klebe sie auch in das Buch der Schatten hinein. Du kannst Rezepte sammeln oder deine persönlichen Erfahrungen in Bezug auf einzelne Tarotkarten schriftlich festhalten. Jede Information, jede Erfahrung und jedes persönliche Gefühl kannst du in diesem Buch niederschreiben.

Zum Beispiel kannst du jeden Abend eine Tarotkarte ziehen. Legst du sie unter dein Kopfkissen und schläfst eine Nacht darauf, kannst du sehr eigenartige oder besondere Träume haben, die du ebenfalls im Buch festhalten kannst. Sie dienen als Erfahrungen, die du in Bezug auf die jeweilige Karte verwenden kannst. Du kannst dieses Ritual mit allen Karten und Kartendecks durchführen. Es funktioniert mit Engelkarten genauso wie mit anderen

Tarotdecks. Wichtig ist, dass es die Karten sind, mit denen du bevorzugt arbeitest. Du kannst das Buch der Schatten als deine persönliche Reise innerhalb der Welt der Magie ansehen. Es ist wichtig aufzuschreiben, in welcher Phase du dich zu welchen Karten besonders hingezogen gefühlt hast und was die Karten gezeigt oder offenbart haben. Alles ist wichtig und alles ist es wert, aufgeschrieben zu werden. In der Welt der Magie gibt es kein Richtig und kein Falsch. Du musst auch nichts verstehen, du musst nur offen sein. Am Ende der Reise werden sich die einzelnen Puzzlestücke zu einem großen und ganzen Bild formen.

Eine weitere Möglichkeit, dein Buch der Schatten zu füllen, sind Texte von Menschen, die dich inspirieren.

Viele Hexen, die besonders gerne mit Pflanzen arbeiten, trocknen sie und kleben sie ebenfalls in ihr Buch der Schatten ein. Sie schreiben auf, warum sie die Pflanzen gesammelt haben, was der Pflanzengeist ihnen mitgeteilt hat und welches Gefühl sie mit ihnen verbinden.

Du kannst deine Werte in Bezug auf dein Hexendasein in das Buch der Schatten schreiben. Was ist dir wichtig in Bezug auf Magie und auf Rituale und welche Rolle spielt Magie in deinem Leben?

Viele Hexen malen Symbole aus ihrem Alltag oder aus ihren Träumen, erstellen Stimmungsbilder und versuchen, gerade vorherrschende Gefühle in einem Bild darzustellen. Selbstverständlich musst du nicht künstlerisch begabt sein. Es geht darum, dich selbst und deine Gefühle zu Papier zu bringen.

Du kannst Ideen zu Ritualen und Jahreskreisfesten hineinschreiben und genau festhalten, welches Thema für welches Ritual ausschlaggebend war und wie es umgesetzt wurde. Nach einem wirksamen Ritual kannst du es eventuell bereits in Gedanken einem der Jahreskreisfeste zuordnen und danach dort notieren. Der Vorteil ist eine aktuelle Sammlung von wirksamen Ritualen, welche für jedes Jahreskreisfest benutzt werden kann. Diese Liste ist für dich jederzeit verfügbar und abrufbar.

Schreibe auch Erfahrungen, Texte zu Gottheiten oder anderen Wesen, zu denen du dich hingezogen fühlst, auf.

Alles ist erlaubt. Magie darf leicht gehen.

Du kannst auch mehrere Bücher der Schatten anlegen und gezielt für unterschiedliche Belange heranziehen. Wenn es dir schlecht geht oder du Rat suchst, kannst du in einem der Bücher einfach eine willkürliche Seite aufschlagen. Oft findest du die Antwort auf deine Fragen auf genau diesen Seiten, wenn du zu lesen beginnst.

Der Vorteil eines solchen Tagebuches ist es, kommende Situationen vorherzusehen. Oft wiederholen sich Muster in unserem Leben, und wenn du sie verschriftlichst, kannst du erste Anzeichen einer Wiederholung früh erkennen und weißt bereits, was kommen wird oder kann.

Viele Menschen sagen Hexen übernatürliche und hellseherische Fähigkeiten nach. Hexen achten eben sehr auf ihren Körper, deuten seine Zeichen und können durch das genaue Dokumentieren in ihrem Buch der Schatten Ereignisse, die sich ankündigen, tatsächlich erahnen und somit auch vorhersagen.

Großmutters Tipp

Lege dein Buch der Schatten unter dein Kopfkissen, du wirst überrascht sein, welche Träume du dadurch bekommst, und vor allem wird das Wissen in dein Unbewusstes fließen.

Optimiere dein Buch der Schatten

Wie du weißt, kann jede Hexe ihre persönliche Reise in die Welt der Magie niederschreiben. Im Buch der Schatten finden sich Rituale, Rezepte, persönliche Erfahrungen, Symbole, Träume und selbst geschriebene Zaubersprüche. Das Buch der Schatten ist also ein Tagebuch der persönlichen Wünsche und Ziele einer jeden Hexe.

Im nächsten Schritt ist es wichtig zu erkennen, dass du keine negativen Wörter oder Aussagen verwenden solltest, sondern alles in positiven Sätzen niederschreibst.

Schreibe also nicht: »Nie mehr Liebeskummer haben«, sondern: »Ich bin frei, um Liebe neu erleben zu können«.

Schreibe nicht: »Ich bin im Mangel«, sondern: »Ich bin bereit, Fülle in meinem Leben zu empfangen.«

Schreibe nicht: »Ich bin nicht mehr krank«, sondern: »Alle meine Zellen sind rein.«

Im ersten Schritt sammelst du also deine Erfahrungen und schreibst sie nieder, im zweiten Schritt aktivierst du das gesammelte Wissen. Das funktioniert so: Du schlägst das Buch an einer beliebigen Seite auf und legst deine linke Hand darauf. Achte darauf, dass du nicht siehst, welche Seite du aufgeschlagen hast. Jetzt fühle in dich hinein: Welche Bilder und Gefühle erscheinen? Was riechst du? Welche Geschmäcker kommen in dir hoch? An dieser Stelle verbindest du deine eigenen Sinne mit dem alten Hexenwissen und aktivierst und integrierst es in dir wieder.

Wie gesagt, solltest du nicht wissen, um welche Seite oder um welche Erfahrung es sich gehandelt hat, denn du integrierst das dort geschriebene Wissen nicht mit deinem Verstand, sondern mit deinem Gefühl. Deine Seele wird das Wissen unbewusst aufnehmen und du wirst es so automatisch in dein magisches System integrieren. Möglicherweise warst du in deinem Vorleben bereits eine große Magierin oder ein großer Magier, jedoch wurde dein altes Wissen beim Übertritt in dieses Leben vergessen. Diese Aktivierung bietet dir die Möglichkeit, das im System gespeicherte Wissen wieder zugänglich zu machen.

Das Verbindungsritual »Buch der Schatten mit deiner Seele verbinden«

An dieser Stelle solltest du dich bewusst mit deiner eigenen Seele beschäftigen und versuchen, sie für dich persönlich aufzumalen, und zwar alles, was dir in Bezug auf deine Seele erscheint: Welche Farben hat die Seele? Welche Form hat sie? Welche Tiere oder Symbole stehen in Verbindung mit ihr? Wenn das geschafft ist, kannst du versuchen, eine Verbindung zu deiner Seele aufzubauen. Schließe die Augen und sprich folgende Sätze aus:

»Ich nehme dich wahr. Ich sehe dich. Würdest du so lieb sein und mit mir kommunizieren? Würdest du dich mir zeigen?«

Sollte sich die Seele nicht zeigen wollen, kannst du auch versuchen, deine Erfahrungen aufzuschreiben, denn um in der Magie wachsen zu können, musst du eine Verbindung zwischen deinem Buch der Schatten und deiner Seele herstellen.

Wenn du eine Verbindung zwischen den magischen Zeilen in deinem Buch der Schatten und deiner Seele herstellst und das Wissen dadurch wieder aktiviert hast, werden sich viele Veränderungen wie von selbst ergeben. Du wirst zum Magneten der Magie und wirst deine verborgenen Talente entdecken.

Der reinigende Hexenbesen

Der Hexenbesen, auch bekannt als »Besom«, ist ein Symbol für Reinigung und Schutz in der modernen Hexerei und wird in vielen magischen Praktiken verwendet. Der Hexenbesen dient auch als Instrument zur Übertragung von Energie und ist Teil vieler Zeremonien und Rituale.

Leitfaden zur Herstellung eines Hexenbesens

Die Herstellung eines Hexenbesens ist ein kreativer Prozess, bei dem sich jede kräuterkundige Hexe ein personalisiertes Instrument zur magischen Heilweise erschaffen kann.

- **Material:** Wähle ein Material für deinen Besen aus. Hexenbesen können aus verschiedenen Materialien wie Stroh, Zweigen, Gräsern oder synthetischen Materialien hergestellt werden.
- **Länge:** Dann überlege, welche Länge für dich am besten geeignet ist.
- **Bindung:** Binde deinen Hexenbesen mit Bindedraht oder Seil zusammen, um ihn zu stabilisieren.
- **Verzieren:** Du kannst deinen Hexenbesen mit Federn, Perlen oder anderen symbolischen Elementen verzieren.
- **Weihen:** Weihe deinen Hexenbesen, indem du ihn mit deiner persönlichen Energie auflädst und mit einer bedeutsamen Zeremonie verbindest und ausräucherst.

Es ist wichtig zu beachten, dass es keine festen Regeln für die Herstellung eines Hexenbesens gibt. Du kannst deinen eigenen Hexenbesen so schaffen, wie er für dich am besten funktioniert.

Rituale mit dem Hexenbesen

Ein Ritual mit einem Hexenbesen kann eine magische Zeremonie sein, die von Hexen und Praktizierenden der Zauberei durchgeführt wird. Ein Hexenbesen ist ein Symbol für Reinigung, Schutz und Transformation und kann in verschiedenen Zeremonien und Ritualen verwendet werden.

Hier ein Beispiel für ein einfaches Ritual, das mit einem Hexenbesen durchgeführt werden kann:

Bereite einen Raum vor, indem du ihn reinigst und dekorierst. Du kannst Kerzen anzünden, Räucherstäbchen verbrennen oder Musik spielen, um eine ruhige und spirituelle Atmosphäre zu schaffen. Konzentriere dich auf deine Absichten und Ziele für das Ritual. Stelle dir vor, dass du positive Energie und Reinigung in dein Leben bringst. Verwende deinen Hexenbesen, um den Raum zu reinigen, indem du ihn um dich herum schwingst und ihn in einer spiralförmigen Bewegung durch den Raum bewegst. Nimm dir Zeit, um dich zu entspannen und zu meditieren, während du den Hexenbesen hältst. Konzentriere dich auf deine Atmung und lasse die Energie durch dich fließen. Beende das Ritual, indem du deinen Hexenbesen zurück an eine sichere Stelle legst. Danke dem Universum und den geistigen Kräften für ihre Unterstützung und richte deine Absichten auf die Zukunft.

Die Magie der Steine

Der Begriff »Stein« stammt vom Althochdeutschen *staina* oder *stâni* und geht auf das Indogermanische *stey*, was »stehen, fest sein« bedeutet, zurück. Er findet sich heute noch im englischen *stay*.

Steine und Kristalle haben seit jeher eine starke Verbindung zur Magie und Mystik. Viele Kulturen und spirituelle Traditionen verwenden Steine wegen ihrer spirituellen und heilenden Eigenschaften. In der Zauberei werden Steine oft für ihre spezifischen Energien und Fähigkeiten eingesetzt, um positive Veränderungen in das Leben einer Person zu bringen.

Jeder Stein hat eine einzigartige Schwingung und Energie, die auf verschiedene Arten gefühlt und erlebt werden kann, ihm eine bestimmte Wirkung verleiht und ihn für bestimmte Zwecke oder Prozesse anziehend macht. So werden beispielsweise bestimmte Steine oft in Meditationen und Ritualen verwendet, um ihre spezifischen Energiequalitäten zu nutzen, um negative Energie loszuwerden, eine Verbindung zu spirituellen Führern herzustellen oder positive Energie anzuziehen. Andere Steine werden genutzt, um Emotionen und Gefühle zu unterstützen, wieder andere, um spirituelle Fähigkeiten zu verbessern oder zu stärken.

Steine können dabei in einer Vielzahl von Zaubersprüchen und Ritualen eingesetzt werden, zum Beispiel zur Reinigung und zum Schutz des Energiefelds, zur Förderung von Klarheit und Fokus, zur Heilung körperlicher und emotionaler Beschwerden oder zur Unterstützung von Wünschen und Absichten.

Die Heilwirkung eines Steins hängt von seiner individuellen Schwingung ab, die sich für uns – unter anderem – als Farbe zeigt. Abhängig von seiner Farbe kann ein Stein unterschiedliche Eigenschaften besitzen.

- **Rot:** Die Farbe Rot wird oft mit Energie, Leidenschaft und Kraft in Verbindung gebracht. Im Hexentum werden bestimmte rote Steine oft wegen ihrer heilenden Eigenschaften und ihrer Fähigkeit, positive Energie zu fördern, verwendet. Zu den roten Heilsteinen gehören:
  - Granat: fördert Energie und Leidenschaft
  - Rubin: ein mächtiger Stein, der positive Energie und Glück anzieht
  - Zinnober: fördert positive Energie und Kreativität
  - Feueropal: fördert Leidenschaft und Energie und reduziert Stress und Angst
- **Grün:** Die Farbe Grün wird mit Wachstum, harmonischem Gleichgewicht und Heilung in Verbindung gebracht. Im Hexentum werden bestimmte grüne Steine oft für ihre heilenden Eigenschaften und ihre Fähigkeit, harmonisches Gleichgewicht und Wohlbefinden zu fördern, verwendet. Hier einige Beispiele für grüne Heilsteine:
  - Aventurin: fördert harmonisches Gleichgewicht und Wohlbefinden und fördert Glück und Erfolg
  - Smaragd: reduziert Stress und Angst und fördert harmonisches Gleichgewicht
  - Prasiolith: fördert positive Energie und Wachstum
  - Amazonit: fördert harmonisches Gleichgewicht und Entspannung
- **Braun:** Die Farbe Braun wird oft mit Bodenhaftung, Stabilität und Schutz in Verbindung gebracht. Im Hexentum werden bestimmte braune Steine oft für ihre heilenden Eigenschaften und ihre Fähigkeit, Stabilität und Schutz zu fördern, verwendet. Zu den braunen Steinen gehören:
  - Tigerauge: fördert Stabilität und Schutz, Mut und Selbstbewusstsein
  - Rauchquarz: fördert positive Energie und reinigt von negativer Energie, fördert Entspannung und Stressabbau
  - Rutilquarz: fördert Bodenhaftung und Stabilität
  - Bronzit: fordert Schutz und Stabilität

- **Blau:** Die Farbe Blau wird oft mit Ruhe, harmonischem Gleichgewicht und Kommunikation in Verbindung gebracht. Im Hexentum werden bestimmte blaue Steine oft für ihre heilenden Eigenschaften und ihre Fähigkeit, Ruhe, harmonisches Gleichgewicht und Kommunikation zu fördern, verwendet. Blaue Steine sind zum Beispiel:
  - Lapislazuli: fördert Ruhe und harmonisches Gleichgewicht sowie Entspannung und Klarheit des Geistes
  - Aquamarin: reduziert Angst und Stress und fördert Kommunikation
  - Azurit: fördert harmonisches Gleichgewicht und Kommunikation
  - Kyanit: fördert Ruhe und harmonisches Gleichgewicht
- **Schwarz:** Die Farbe Schwarz wird oft mit Absorption, Schutz und Transformation in Verbindung gebracht. Im Hexentum werden bestimmte schwarze Steine oft für ihre heilenden Eigenschaften und ihre Fähigkeit, Absorption, Schutz und Transformation zu fördern, verwendet. Zu den schwarzen Heilsteinen gehören:
  - Obsidian: absorbiert negative Energie und bietet Schutz und Heilung
  - Schiefer: fördert Transformation und Reinigung
  - Onyx: fördert Schutz und absorbiert negative Energien, stärkt Selbstbewusstsein und Selbstdisziplin
  - Schwarzer Turmalin: fördert die Absorption von negativen Energien und schützt vor negativen Energien

In der Naturmagie werden Steine auch wegen ihrer energetischen Eigenschaften und spirituellen Bedeutungen verwendet. Einige weitere Beispiele beliebter und auch sehr mächtiger Heilsteine sind:

- Amethyst: Entspannung und Konzentration
- Bergkristall: Klarheit und Reinheit
- Rosenquarz : Liebe und harmonische Beziehungen
- Citrin: Förderung von Mut und Selbstbewusstsein

- Fluorit: Schutz und Stabilität
- Halbedelsteine: Stressabbau und Entspannung
- Jaspis: Stärkung des Selbstbewusstseins und des Selbstvertrauens
- Labradorit: Schutz vor negativen Einflüssen
- Turmalin: Schutz und Ausgleich von Energien

Bitte beachte, dass du jedes Ritual individuell gestalten kannst, um deinen Bedürfnissen und Absichten zu entsprechen. Die Verwendung von Steinen und Kristallen sollte immer in einer sicheren und respektvollen Weise erfolgen.

Die direkte Anwendung von Heilsteinen

Werden Heilsteine direkt als Medium genutzt, um bestimmte Wirkungen zu erzielen, geschieht dies von außen auf unsere Aura und unseren Körper. Die direkte Anwendung ist einfach zu handhaben und bietet manchmal dank der visuellen Wahrnehmung einen sehr positiven Effekt. Zu der direkten Anwendung gehören das Tragen und das Auflegen von Heilsteinen, die Meditation mit Heilsteinen, die Nutzung eines Steinkreises und das Aufstellen der Heilsteine in der Umgebung.

Wähle die Steine aus, die du für das Ritual verwenden möchtest. Reinige sie, indem du sie in Salzwasser legst oder mit Rauch von Weißem Salbei oder Räucherstäbchen räucherst. Verbringe ein paar meditative Minuten damit, dich zu entspannen und deine Absicht zu visualisieren. Stelle dir vor, wie die Energie der Steine dich und deine Absicht unterstützt. Öffne nach einer Weile die Augen und danke den Steinen für ihre Unterstützung. Sammle die Steine wieder ein und bewahre sie an einem sicheren Ort auf.

Heilsteine werden auch in der Kristallkommunikation verwendet. Die Theorie der Kristallkommunikation besagt, dass Kristalle die Fähigkeit besitzen,

Informationen aufzunehmen, zu speichern und zu übertragen. Diese Idee geht auf die Vorstellung zurück, dass Kristalle energetisch mit der Umgebung interagieren und als »Speichermedium« fungieren können. Durch bestimmte Techniken, wie das Platzieren eines Kristalls auf dem Körper, durch Visualisierung aber auch durch eine Meditation können Informationen in den Kristall »hineinprojiziert«, aber auch »herausgelesen« werden.

Abhängig von der gewünschten Bedeutung und Wirkung des Steins hast du verschiedene Möglichkeiten, wie du Kristalle am Körper anwenden kannst:

Zum einen kannst du sie als Schmuckstück tragen, um von ihren energetischen Eigenschaften zu profitieren. Da angenommen wird, dass bestimmte Körperstellen stärker auf die Energie von Kristallen reagieren, kannst du beispielsweise einen Amethyst auf das Ajna-Chakra (das Dritte Auge) legen, um spirituelle Verbindungen zu stärken. Kristalle können in Meditation oder Yogapraktiken verwendet werden, um die energetische Wirkung zu unterstützen. Die alternative Medizin setzt Kristalle oft als Teil von Heilbehandlungen ein, zum Beispiel in Form von Kristalltherapien oder Reiki-Behandlungen.

Das Heilmedium der Hexen

Beim Tragen von Heilsteinen besteht über einen längeren Zeitraum Körperkontakt mit dem Stein. Eine sehr schöne Variante ist das Tragen als Schmuck, beispielsweise als Kette, als Kettenanhänger oder als Arm- oder Fußband. Nicht selten tritt beim Tragen der Heilsteine das Phänomen der Erstreaktion auf, die bei der inneren Anwendung häufiger beobachtet wird. Hierbei kann es zu körperlichen Reaktionen, aber auch zu bestimmten Gemütszuständen kommen. Dies ist generell als gutes Zeichen zu bewerten, weil der Körper reagiert, da er mit dem Heilmedium in Resonanz steht. Ist die Erstreaktion zu stark, sollte das Tragen zeitweise unterbrochen oder die Zeitdauer allmählich erhöht werden.

Großmutters Tipp

Platziere einen Heilstein in deinem Fahrzeug. Er kann dir helfen, sicher durch den Verkehr zu kommen.

Um dich mit deinem Stein zu verbinden, platziere den Stein an einem Ort, an den sonst niemand herankommt. Schaffe eine friedliche Atmosphäre, indem du einen ruhigen Ort aufsuchst, an dem du dich entspannen kannst. Stelle Kerzen oder Räucherstäbchen bereit, spiele leise Musik oder summe ein Mantra, das dich beruhigt. Verbinde dich mit dem Stein: Halte den Stein in deiner Hand und schließe die Augen. Atme tief ein und aus und konzentriere dich auf das Gefühl des Steins in deiner Hand. Stelle dir vor, wie seine Energie in deinen Körper fließt und dich erfüllt. Formuliere deine Absicht: Überlege, welche Art von Energie oder Unterstützung du von dem Stein erwartest. Formuliere deine Absicht klar und deutlich in Gedanken oder sprich sie laut aus.

Der konkreten Behandlung mit Heilsteinen liegt die Annahme zugrunde, dass die Steine eine Schwingungsenergie abgeben, die sich auf Körper, Geist und Seele günstig auswirkt. Auch wirken sie über die in ihnen eingeschlossenen Mineralien und ihre spezifische Farbe. Ein Auflegen der Steine soll emotional bedingte Blockaden der Chakren auflösen. Jedem Stein wird dabei eine eigene Bedeutung zugesprochen. Über das gezielte Auflegen der Heilsteine hinaus lassen sie sich zur Verbreitung positiver Energie auch in der Wohnung auslegen.

Im Vergleich zum Tragen ist beim Auflegen von Heilsteinen der Körperkontakt kurz und zeitlich begrenzt. Meist werden die Steine gezielt auf bestimmte Körperstellen gelegt, nämlich dort, wo Beschwerden auftreten, oder auf das Energiezentrum, das mit dem jeweiligen Organ in Verbindung steht. Diese Anwendung erfolgt meist im Liegen, da der Stein so an nahezu allen Körperregionen Halt findet, ohne ihn zusätzlich fixieren zu müssen. Außerdem bietet die Liegeposition einen zusätzlichen Entspannungseffekt, der sich positiv auf die Selbstheilung durch die Steine auswirkt. Zusätzliche Heilungsunterstützung kannst du durch die Wahl des geeigneten Zeitpunktes finden, indem du mit der aus der traditionellen chinesischen Medizin bekannten Organuhr herausfindest, welches Organ oder Organsystem zu welcher Tageszeit am aktivsten ist, denn das ist auch der geeignetste Zeitpunkt für das Auflegen der Steine.

Meditation mit Heilsteinen

Es gibt viele Formen der Meditation, aus deren Fülle du für dich die passendste wählen kannst. So gibt es auch mehrere Möglichkeiten, mit Heilsteinen zu meditieren. Zwei gebräuchliche sollen an dieser Stelle näher beschrieben werden.

Die Meditation mit aufgelegten Steinen ähnelt dem im vorangegangenen Abschnitt erklärten Auflegen von Heilsteinen. Der Unterschied besteht hier in der geistigen Konzentration auf den eigenen Körper. Dabei ist es wichtig, einen Zeitpunkt zu wählen, zu dem du wach und aufmerksam bist, so, dass du deinen Körper bewusst wahrnehmen kannst und nicht einschläfst. Entspannung und Aufmerksamkeit zugleich sind von großer Bedeutung. Mithilfe des Atems kannst du gut entspannen und deine Aufmerksamkeit auf deinen Körper und bestimmte Körperteile richten. Günstig für das Auflegen sind die

Körperstellen, an denen sich die sogenannten Chakras, also die Energiewirbel unseres Körpers, befinden und die auflagegeeignet sind. Hier können die Informationen der Heilsteine besonders gut aufgenommen werden.

Die betrachtende oder kontemplative Meditation ist eine Meditation, in der du eine bequeme und aufrechte Sitzhaltung einnimmst. Dies ist sowohl auf dem Boden als auch auf dem Stuhl möglich. Der Heilstein sollte in Augenhöhe und in passendem Abstand platziert werden, sodass ein entspannter Blick über längere Zeit gewährleistet ist. Dafür ist auch ein neutraler, dezenter Hintergrund wichtig, der außerdem die Aufmerksamkeit nicht ablenkt. Oft stört eine Lichtquelle (zum Beispiel Kerze, Lampe, Fenster) den Meditationsverlauf. Der Hintergrund des Steins ist deshalb so wesentlich für den Erfolg der Meditation, weil der Blick unmittelbar über den Stein hinweg ins Leere gerichtet sein soll.

Bei der Meditation mit Steinen ist es hilfreich, wenn der Körper äußerlich völlig ruhig und bewegungslos wird. So kannst du dich am besten in den Stein einfühlen, seine heilsamen Kräfte wahrnehmen. Ein Stein wirkt nur auf den ersten Blick starr, setzt du dich mit ihm auseinander, kannst du seine Kraft, Lebendigkeit und Fülle spüren.

Aufenthalt in einem Steinkreis

Ein Steinkreis kann auf folgende Weise hergestellt werden: Wähle einen ruhigen, abgeschiedenen Ort im Freien, an dem du dich verbunden und geschützt fühlst. Wähle die Steine aus, die du verwenden möchtest, basierend auf ihren energetischen Qualitäten. Du kannst auch Symbole oder Zeichen auf die Steine malen oder sie mit Bändern oder Tüchern markieren, um ihre Bedeutung zu unterstreichen. Lege die Steine im Kreis aus, mit der offenen

Seite nach außen. Du kannst den Kreis so groß oder so klein machen, wie du möchtest, da die Intensität der Wirkung der Steine von Mensch zu Mensch und auch von Zeitpunkt zu Zeitpunkt unterschiedlich ist. Günstig ist es, den Steinkreis zunächst nach eigenem Empfinden zu legen. Fühlst du dich im Kreis eingeengt, solltest du den Kreis erweitern. Hast du hingegen ein Gefühl der Leere, der Zerstreutheit, des Ausgeliefertseins, dann verkleinere den Kreis. Du kannst einen kleinen Tisch oder eine andere Oberfläche innerhalb des Kreises als Altar nutzen, um Kerzen, Blumen, Kräuter oder andere Gegenstände aufzustellen, die für das Ritual wichtig sind. Nachdem der Kreis hergestellt wurde, kannst du das Ritual durchführen, indem du Meditationen praktizierst, Lieder singst oder Gebete sprichst. Spürst du eine Wirkung in die gewünschte Richtung, kannst du den Kreis verlassen. Oder der Impuls zum Verlassen kommt von ganz allein.

Aufstellen von Heilsteinen im Umfeld

Beim Aufstellen von Heilsteinen im Aufenthaltsbereich ist es wichtig, den richtigen Ort zu wählen und dafür durchaus auch mehrere Stellen auszuprobieren, bis der richtige Platz gefunden ist. Hast du vor, mehr als einen Stein aufzustellen, dann achte bitte darauf, dass sich ihre Wirkungen gegenseitig beeinflussen können. Möglich ist eine Wirkungsverstärkung oder eine Aufhebung der positiven Wirksamkeit. Wichtig ist auch hier, den richtigen Abstand zwischen den Steinen und dem Betrachter zu finden. Der Ausdruck »Betrachter« ist nicht umsonst gewählt. Es ist in jedem Fall günstig, einen Stein im Blickfeld zu haben. Das macht die Wirkung im seelischen Bereich spürbarer. Finde deshalb einen Stein, der dir besonders gut gefällt.

Einsatzmöglichkeiten von Steinen

Im Folgenden findest du drei einfache Einsatzmöglichkeiten von Steinen, die du ganz einfach in deiner Praxis umsetzen kannst.

Einfaches Steinritual

Sammle die Steine, die du für dein Ritual verwenden möchtest, und reinige sie, indem du sie in Salzwasser legst, oder durch Abreiben mit einem Tuch aus reiner Baumwolle. Überlege genau, was du mit deinem Ritual erreichen möchtest, sei es Heilung, Klarheit oder Unterstützung bei einer bestimmten Aufgabe. Stelle dir deine Absicht klar vor Augen. Wähle einen Ort, an dem du dich sicher und geschützt fühlst, und zünde einige Kerzen an, um eine entspannte Atmosphäre zu schaffen. Lege die Steine auf eine bestimmte Art und Weise aus, die für dich sinnvoll erscheint. Du kannst sie zum Beispiel um dich herum auslegen oder sie in einer bestimmten Formation auf einem Tuch ausbreiten. Konzentriere dich auf deine Absicht: Schließe deine Augen und atme tief ein und aus. Lasse die Energie der Steine dich dabei unterstützen. Du kannst einen Zauberspruch oder eine Affirmation sprechen, um deine Absicht zu verstärken. Bedanke dich bei den Steinen für ihre Unterstützung und lege sie zurück an ihren ursprünglichen Platz oder bewahre sie an einer sicheren Stelle auf, um ihre Energie auch in Zukunft nutzen zu können.

Steinwasser für Heilung im Alltag

Eine wirksame Methode ist, die Heilsteine in einen Wasserkrug zu geben und ihn danach aufzufüllen. Nun lasse die Steine eine Stunde im Wasser wirken.

Das Wasser nimmt alle positiven Eigenschaften der Steine auf und kann nach einer Stunde getrunken werden.

Diese Methode kann jeden Tag angewendet werden und hilft dabei, das Immunsystem zu stärken und einen körperlichen Ausgleich zu erzielen. Sie hilft auch beim Entgiften und Entschlacken.

Steine unter dem Bett für einen besseren Schlaf

Du kannst Schlafprobleme lindern, indem du kleine Steine unter dein Kopfkissen legst oder einen großen Stein unter deinem Bett platzierst. Dabei solltest du nicht vergessen, die Steine auch hin und wieder zu reinigen und beispielsweise im Mondlicht wieder aufzuladen und zu aktivieren.

Großmutters Tipp

Dein Körper ist Teil der Natur und deine mentale Kraft ist eng mit deiner körperlichen Kraft verbunden. Es gibt hier keine Teilung. Wenn dein Körper gesund ist, ist auch dein Geist gesund.

Die magische Kerzenlehre im Hexentum

Der Begriff »Kerze« stammt aus dem gleichnamigen Mittelhochdeutschen *kerze* und geht auf das Althochdeutsche *kerza* und das Altsächsische *kyrsa* zurück. Es hat möglicherweise seinen Ursprung im indogermanischen Wort *ker* oder *kär*, was »brennen« oder »glühen« bedeutet und noch heute in »Kerosin« vorkommt.

Der Ursprung der Kerzen ist fest mit der Geschichte des Feuers verbunden. Für die ersten Menschen war Feuer ein unverzichtbares Element und wurde zum Kochen und Heizen verwendet. Die später entwickelten Fackeln hatten einzig und allein den Zweck, Räume zu beleuchten und Licht zu spenden. Ersten Aufzeichnungen zufolge stellten die Etrusker aus Talgwachs und Schilfrohr erstmals Kerzen her. Die Römer tauchten gerollten Papyrus in geschmolzenen Talg oder Bienenwachs. Nur die wohlhabende Bevölkerungsschicht konnte sich Kerzen aus gerolltem Bienenwachs leisten. Sie brannten langsamer ab und verströmten einen angenehmen Duft. Die Häuser der Armen wurden stattdessen mit Kerzen aus gewöhnlichem Tierfett beleuchtet, das bei der Verbrennung Rauch und schlechten Geruch verursachte.

Ab dem 13. Jahrhundert galt die Kerzenherstellung in England und Frankreich als Handwerk und der Kerzenmacher war ein wichtiger Berufszweig. Die Handwerker produzierten mit dem Fett aus der hauseigenen Küche ihre Kerzen und zogen zunächst von Haus zu Haus, bis erste kleine Kerzengeschäfte entstanden. Doch noch immer war die Kerze Handarbeit und noch nicht für alle Bevölkerungsschichten erschwinglich.

Ein großes Problem stellte die Qualität der brennenden Kerzen dar. Der minderwertige Talg brannte schnell ab und rauchte stark. Dies änderte sich erst im 18. Jahrhundert, als das Fett des Pottwals zur Kerzenherstellung eingesetzt wurde. Diese Kerzen brannten auffallend hell ab und es entstanden keine unangenehmen Gerüche.

1820 wurde Stearin entdeckt, das durch Extraktion aus tierischen Fetten gewonnen wurde. Stearin ist eine sehr harte Substanz, die langsam und gleichmäßig abbrennt und ebenfalls keine unangenehmen Gerüche erzeugt. Im Jahr 1834 erfand Joseph Morgan eine Maschine, die die Herstellung von Kerzen erleichterte, und legte damit den Grundstein der modernen Kerzenindustrie. Die bis dato so teuren handgefertigten Kerzen waren mit der Einführung der mechanischen Produktion nun allen Bevölkerungsschichten zugänglich. Ab 1850 konnten dank der Entwicklung des Paraffinwachses mit sehr niedrigen Produktionskosten große Mengen produziert werden. Ihr einziger Nachteil war ihr niedriger Schmelzpunkt. Diesem Manko konnte aber bald durch die Zugabe der härteren Stearinsäure entgegengewirkt werden.

Mit der Einführung der Glühbirne 1879 begann die Kerzenproduktion zu sinken und die Bedeutung von Kerzen als Lichtquelle nahm allmählich ab und das elektrische Licht trat an ihre Stelle.

Die Verwendung von Kerzen als Lichtquelle reicht also lange zurück, aber es ist nicht bekannt, wann genau das Wort »Kerze« erstmals verwendet wurde. Es verbreitete sich schnell und ist ein gebräuchlicher Begriff für ein Licht, das von einer brennenden Wachsstange ausgeht.

Die Flamme einer Kerze ist deren visuelles und funktionelles Zentrum. Sie entsteht, wenn das Wachs verdampft und entzündet wird. Die Flamme verbrennt das Wachs und erzeugt Licht und Wärme. Sauerstoffgehalt und der Windzug in der Umgebung können Form und Größe der Flamme beeinflussen.

Waren für unsere Vorfahren »Kerze« ein Mittel zur Beleuchtung, so stehen sie für uns heute als Synonym für Entspannung und Atmosphäre. Kerzen und Kerzenständer werden als Einrichtungsgegenstände wegen ihrer romantischen und erholsamen Wirkung verwendet. Kerzen werden gerne dazu verwendet, um ein Fest zu symbolisieren, die Sinne zu beruhigen, eine Zeremonie abzuhalten, und dienen überwiegend zu Dekorationszwecken.

Dennoch bleibt zu sagen, dass Kerzen ihre Magie und ihren Zauber auf uns Menschen nicht verloren haben.

Kerzen und ihre Symbolik in der Magie

Bei der Kerzenmagie sind alle Elemente vorhanden: Das feste Wachs symbolisiert das Element der Erde, das geschmolzene Wachs das Wasser, Luft nährt die Flamme = das Feuer.

Großmutters Tipp

Wusstest du, dass Kerzen deinen Lichtkörper repräsentieren? Energetisch gesehen verändern sie sich mit dir. Achte beim nächsten Mal darauf, wie die Kerze abbrennt, und vergleiche dies mit deinem Lichtkörper.

Bei der Kerzenmagie handelt es sich um eine lichtvolle Handlung mit langer Tradition, die zu den wirkungsvollsten Formen der Magie zählt und von jeder Person durchgeführt werden kann. Sie wird bei fast allen magischen Handlungen angewendet, hilft bei der Erfüllung von Wünschen und persönlichen Zielen und unterstützt uns dabei, positive Glaubenssätze zu verinnerlichen oder negative Glaubenssätze aufzulösen. Bei dieser magischen Praxis konzentrieren wir uns vor allem auf die Verwendung von Kerzen, Farben und Energie. Das Zusammenspiel der Komponenten ist wichtig, um bestimmte Ziele oder Absichten zu erreichen und um die kosmischen Kräfte zu aktivieren.

Es handelt sich hierbei um eine alte Tradition, die in vielen Kulturen und in allen Zeitepochen angewendet wurde.

In der Kerzenmagie spielen bestimmte Ritualabläufe und Praktiken eine große Rolle, um die Energie und Absicht der Kerze zu aktivieren und zu leiten. Meditation, Gebet, Visualisierung oder Mantra verstärken diese Wirkung. Das Entzünden der Kerze symbolisiert die Übertragung der Energie und die Absicht auf das Universum oder die spirituelle Welt. Farben spielen eine wichtige Rolle und werden nach bestimmten Absichten oder Zielen ausgewählt, wie beispielsweise eine grüne Kerze für Wachstum und Fülle und eine rote Kerze für Leidenschaft, Kraft und Liebe.

Kerzen selbst herstellen

Kerzen musst du nicht im Geschäft kaufen, sondern kannst sie ganz leicht auch selbst herstellen.

Großmutters Tipp

Wenn du vor dem Gießen einer Kerze das Wachs ausräucherst, beispielsweise mit Salbei, hast du diese Energie gleich in der Kerze beinhaltet.

Zutaten

- Wachs (Paraffinwachs, Bienenwachs oder Sojawachs)
- Form für die Kerze, zum Beispiel Toilettenpapierrolle oder andere Papprolle
- Schale mit Sand
- Docht
- Dochthalter
- Farbstoffe nach Wahl
- Kräuter nach Wahl
- ätherische Öle nach Wahl

Zubereitung

1. Zunächst muss das Wachs in einem sauberen Topf bei niedriger Hitze oder in einem Doppelkochtopf geschmolzen werden.
2. Die Form für die Kerze in die mit Sand gefüllte Schale stellen.
3. Danach den Docht durch einen Dochthalter fädeln und in der Mitte der Form für die Kerze befestigen.
4. Nun können verschiedene Komponenten, wie Farbstoffe, getrocknete Kräuter oder ätherische Öle, nach deiner persönlichen Präferenz zum Wachs hinzugefügt werden.
5. Wenn das Wachs fertig ist, dieses vorsichtig in die Form füllen und abkühlen lassen.
6. Nachdem das Wachs vollständig abgekühlt ist, kann der Docht auf die gewünschte Länge getrimmt werden.
7. Die selbst gemachte Kerze ist nun bereit zum Anzünden und Genießen!

Wachs ist ein wichtiger Bestandteil bei der Herstellung von Kerzen. Es dient als Brennstoff und hält die Flamme stabil. Die meisten Kerzen werden aus Paraffinwachs hergestellt, aber es gibt auch Kerzen aus Bienenwachs, Sojawachs und anderen natürlichen Wachsen. Jedes Wachs hat eigene Eigenschaften, wie Schmelzpunkt, Brenndauer und Aroma, die bei der Auswahl berücksichtigt werden sollten. Wachs ist auch wichtig für die Optik einer Kerze, da es Farbe und Textur beeinflusst. Insgesamt trägt das Wachs wesentlich zur Qualität und Erfahrung einer Kerze bei.

Farben sind bei der Kerzenherstellung ebenfalls von Bedeutung, denn sie werden oft mit bestimmten Absichten oder Bedeutungen in Verbindung gebracht: grüne Kerzen für Wachstum und Reichtum, rote Kerzen für Leidenschaft und Energie, goldene Kerzen symbolisieren Reichtum und Geld.

Auch die Form einer Kerze spielt für ihre Verwendung eine wichtige Rolle: Stumpfe Kerzen werden verwendet, um negative Energien abzuwehren oder aufzulösen. Stabkerzen unterstützen bestimmte Absichten oder Wünsche, wie beispielsweise Gesundheit, Glück oder Erfolg. Stumpenkerzen schützen vor negativen Einflüssen und wehren sie ab. Kerzen in Form von Figuren, wie Herz oder Anker, werden verwendet, um bestimmte Aspekte des Lebens anzuziehen oder zu stärken, wie Liebe oder Stabilität.

Um eine magische Verbindung bei angewandter Kerzenmagie herzustellen, kannst du die Kerze mit einem Naturöl (Kokosöl, Mandelöl oder Traubenkernöl) einreiben. Du beginnst am oberen Rand der Kerze und reibst das Öl bis zur Mitte ein, dann von unten nach oben zur Mitte der Kerze und endest dort, wo die erste Ölschicht aufgehört hat. Wenn du gerne mit Kräutern arbeitest, kannst du sie ganz leicht in die Kerzenmagie einbeziehen. Hierzu verwendest du getrocknete Blüten und Kräuter, zerkleinerst sie und wälzt die mit Öl eingeriebene Kerze darin.

Die Vorstellungskraft und der Fokus werden meistens als wichtiger Teil der Kerzenmagie angesehen, um die gewünschte Energie zu lenken und zu verstärken.

Häufig wird empfohlen, die Kerzen und den Arbeitsbereich vor der Kerzenmagie zu reinigen und abzuschirmen, um negative Energien zu entfernen und zu verhindern. Bestimmte Rituale und Handlungen wie das Anzünden und Ausblasen von Kerzen, das Verwenden von Ölen oder das Sprechen von Affirmationen oder Bitten können Teil der Kerzenmagie sein.

Kerzen werden oft in verschiedenen Kontexten verwendet, um bestimmte Stimmungen und Gefühle zu erzeugen. In der Aromatherapie kann die Verwendung von Duftkerzen eine beruhigende und entspannende Wirkung auf die Stimmung haben. Die Wahl des Duftes kann dabei eine wichtige Rolle spielen, da bestimmte Düfte mit bestimmten Emotionen in Verbindung gebracht werden.

Zum Beispiel werden lavendelhaltige Kerzen oft verwendet, um Stress und Angst zu lindern, während zitrusbasierte Kerzen verwendet werden können, um Energie und Freude zu fördern. Kerzen mit Vanilleduft werden gerne eingesetzt, um ein Gefühl von Wärme und Komfort zu vermitteln, während süßliche Düfte wie Zimt oder Pfefferminze dazu beitragen können, positive Gefühle wie Glück und Freude zu fördern.

Es ist jedoch wichtig zu beachten, dass nicht alle Menschen die gleiche Reaktion auf bestimmte Düfte und individuelle Präferenzen haben. Einige Menschen können auch empfindlich auf bestimmte Duftstoffe reagieren und sollten daher vorsichtig mit dem Gebrauch von Duftkerzen umgehen.

Rituelle Verwendung von Kerzen

Die folgende Anleitung zeigt dir Schritt für Schritt, wie du eine Kerze in einem Ritual verwendest.

1. Bereite deinen Arbeitsbereich vor, indem du ihn reinigst und schützt.
2. Schmücke deinen Platz mit Blumen, magischen Gegenständen und einer Kerze.
3. Wähle eine Kerze in der Farbe, die am besten zum Ritual passt – zum Beispiel grüne Kerzen für Wohlstand oder rote Kerzen für Leidenschaft.
4. Setze dich bequem hin und schließe deine Augen. Atme tief ein und aus, um dich zu entspannen und zu konzentrieren.
5. Entzünde die Kerze und richte deine Aufmerksamkeit auf die Flamme.

6. Visualisiere, wie dein Wunsch oder dein Ziel in die Flamme hineingezogen wird. Sprich eine Affirmation oder einen Zauberspruch, um deine Absicht zu verstärken, zum Beispiel: »Diese Flamme symbolisiert meinen Wunsch nach (Ziel), ich vertraue darauf, dass es in meinem Leben manifestiert wird.«
7. Ein farbiges Stück Papier, dessen Farbe auf das Thema des Rituals abgestimmt sein kann, verleiht den eigenen Absichten noch mehr Magie und Kraft.
8. Nun zündest du die Kerze an.
9. Schreibe dein angestrebtes Ziel oder deinen Wunsch auf das Papier. Wenn es sich zum Beispiel um einen Geldzauber handelt, verwendest du traditionell gelbgoldenes Papier und schreibst folgenden Satz darauf: »Ich will finanziell wohlhabend werden.« Während du dein Ziel aufschreibst, stellst du dir vor, das Ziel bereits erreicht zu haben. Um noch genauer zu werden, kannst du dir auch manifestieren, wie du dein Ziel erreichen willst – zum Beispiel durch eine Gehaltserhöhung.
10. Sobald das Ziel aufgeschrieben ist, faltest du das Papier und konzentrierst dich einige Minuten auf deine Absicht. Schau in die Flammen und lasse alle Gedanken, die im Zusammenhang mit deiner Wunscherfüllung kommen, zu. An dieser Stelle kann auch ein persönlicher Zauberspruch aufgesagt werden, um deine Absichten nochmals zu verstärken.
11. Entzünde nun das Papier an der brennenden Kerze und lasse es in einer Feuerschale verbrennen.
12. Wenn möglich, sollte die Kerze vollständig abbrennen, damit der Zauber abgeschlossen ist.
13. Wenn die Kerze abgebrannt ist, bedanke dich nochmals für die Unterstützung und vergrabe ihre Überreste in deinem Garten.

Verhalten der Kerze beim Ritual

Wie eine Flamme bei einem Ritual abbrennt, sagt viel über die vorherrschende Magie aus.

- Die Kerze rußt: Es könnte noch Widerstände geben, die überwunden werden müssen. Je dunkler und größer der Ruß ausgebreitet ist, umso größer sind die Hindernisse. Ein wenig Ruß nach dem Entzünden kann allerdings auch an den Ölen oder der Kerze selbst liegen, hat also möglicherweise keine große Bedeutung. Rußt die Kerze allerdings ununterbrochen oder sehr viel, kann dies für Hindernisse stehen. Du solltest die Sache im Auge behalten und den Zauber gegebenenfalls wiederholen, zum Beispiel wenn du dich ausgeglichener fühlst und mehr Energie hast.
- Die Kerze flackert: Dies kann ein Zeichen dafür sein, dass es einen Widersacher (Umstände oder Personen) gibt, der aktiv dem eigenen Vorhaben entgegensteht. Auch hier ist es ratsam, den Zauber zu wiederholen. Du solltest die flackernde Kerze aber nur in einem Raum als Zeichen sehen, in dem kein Luftzug herrscht. Falls du es noch genauer überprüfen möchtest, kannst du eine normale Kerze neben die magische Kerze stellen und beide Flammen miteinander vergleichen. Flackert nur die magische Kerze, ist das Zeichen eindeutig.
- Die Kerze knistert oder schlägt Funken: Hier ist viel Energie, viel Power am Werk! Ein gutes Zeichen, dass Hindernisse überwunden werden. Selbst unter widrigen Bedingungen wirst du dich tapfer schlagen. Alles wird gut ausgehen. Wenn die Kerze hörbar laut knackt, solltest du deinen letzten Gedanken Beachtung schenken und sie wiederholen. Meist bezieht sich das Knacken der Kerze darauf, was du in diesem Augenblick oder während des Geräusches gedacht hast.
- Klare und gerade Kerzenflamme: Ein sehr gutes Zeichen für den Zauber. Keine störenden Einflüsse. Alles funktioniert einwandfrei.

- Die Kerze brennt mit einer kleinen Flamme: Dies deutet darauf hin, dass etwas weniger Energie vorhanden ist und dass die Angelegenheit eine gewisse Zeit braucht oder etwas länger dauern kann. Es bedeutet nicht, dass sie sich nicht erfüllt. Du solltest dich nur etwas mehr gedulden.
- Die Kerze brennt mit einer großen Flamme: Viel Energie und eine positive Entwicklung. Brennt die Kerze, ohne zu rußen mit großer Flamme, ist das ein sehr gutes Zeichen – sogar noch positiver als die Kerze mit gerade brennender, mittelgroßer Flamme. In diesem Fall braucht es keine Wiederholung des Zaubers, denn er wurde sehr gut vom Universum angenommen.
- Die Flamme wird im Laufe des Abbrennens größer: Lässt auf Vorankommen und Erfolg schließen. Alle anfänglichen Hindernisse werden überwunden. Es wird danach immer leichter, dich deinem Ziel zu nähern.
- Die Flamme erlischt von selbst: Wenig Energie und viele Widerstände. Hier sollte nicht nur magisch an dem Thema gearbeitet werden, sondern auch im realen Leben am Thema des Zaubers. Du kannst in diesem Fall dem Ritual Pflanzen hinzuzufügen, die den Zauber verstärken, bevor du die Kerze wieder entzündest. Geht sie immer und immer wieder von Neuem aus, ist dies vielleicht ein Zeichen, den Zauber zu überdenken: Ist es wirklich das, was du anstrebst oder dir wünschst? Vielleicht will die Kerze dich auf etwas hinweisen. Hast du dich vielleicht verrannt? Was ist der Wunsch hinter dem Wunsch? All diese Fragen sind wichtig. Vielleicht ist es Zeit für eine Kurskorrektur.
- Hüpfende Flamme: Du solltest deine Einstellung zu dem Zauber etwas lockern und es spielerischer angehen. Eine hüpfende Flamme ist meist ein Zeichen, dass du etwas zu verkrampft vorgehst. Hier ist etwas mehr Leichtigkeit gefragt. Mach dir selbst nicht zu viel Druck.
- Nach rechts geneigte Flamme: Sehr gutes Zeichen für Dinge, die mit der materiellen Ebene zu tun haben. Alles, was mit finanziellen Angelegenheiten zu tun hat, steht unter einem guten Stern, auch deine Wohnsitua-

tion oder andere praktische Dinge. Alles, was du »sehen« und »anfassen« kannst, ist begünstigt.

- Wenn sich die Flamme bei einem emotionalen Zauber nach rechts neigt, deutet es darauf hin, dass du dir Gedanken machen solltest, ob du wirklich deinem Gefühl folgst oder ob nicht doch eher äußere Dinge dich momentan im tiefsten Herzen bewegen beziehungsweise im Vordergrund stehen.
- Nach links geneigte Flamme: sehr gutes Zeichen für alle Dinge mit einem seelischen Aspekt, Dinge im menschlichen und spirituellen Bereich, die du mit dem Zauber beleben möchtest.
- Neigt sich bei einem materiellen Zauber die Flamme nach links, ist dies ein Zeichen, dass die Konzepte und Ideen noch Zeit brauchen oder überarbeitet werden sollten.
- Die Kerze wirft ein Sternchen: Damit ist ein kleiner Funke gemeint, der für einen kurzen Augenblick aus der Kerze hinausschießt und danach gleich wieder in ihr verglüht. Dies sieht wie ein weißes Sternchen auf der gelben Kerzenflamme aus und ist ein besonders gutes Zeichen. Es zeigt an, dass die geistige Welt deinen Wunsch genau wahrnimmt und dir schon durch die Flamme hindurch Mut schenken will. Du bist auf dem richtigen Weg.

Großmutters Tipp

Wenn es dir nicht gut geht, dann zünde dir eine Kerze an. Das Licht der Kerze wird dich innerlich erwärmen.

Rückblick

Ich weiß, dass Kräuter und ihre magische Verwendung seit Jahrhunderten ein Teil der menschlichen Kultur sind. Es gibt eine breite Palette von Möglichkeiten, Pflanzen als Medizin, Magie und spirituelle Werkzeuge zu verwenden. Ganz gleich, ob du eine Krankheit behandeln oder dein Leben aufregender gestalten willst: Die Welt der Kräuter und der Magie bietet uns allen etwas.

Wir in der Hexenschule Wien (www.hexenschule-wien.at) haben uns dem geheimen alten Wissen unserer Vorfahren verschrieben und möchten dies in die moderne Welt wieder integrieren.

Speziell Kräuter bieten eine zugängliche und erschwingliche Möglichkeit, die Wunder der Natur zu erkunden. Der Umgang mit ihnen ist eine der ältesten Formen der Magie.

Mit ein wenig Forschung, Übung und Fantasie kannst auch du das für dich perfekte Kraut – oder auch den perfekten Stein – finden, um mehr Freude und Ausgeglichenheit in dein Leben zu bringen.

Ich hoffe, dass du nun ein sichereres Verständnis für die verschiedenen Möglichkeiten der Anwendung von Kräutern, Pflanzen und der Magie hast und den Mut aufbringst, positive Veränderungen herbeizuführen und mehr Magie in unser aller Leben zu bringen – denn bitte vergiss niemals:

Alles um uns herum ist Magie und Magie darf leicht gehen!

Viel Spaß in der Welt der magischen Heilweisen!

Deine *Birgit Jankovic-Steiner*

Über die Autorin

Dr. Birgit Jankovic-Steiner absolvierte den Master in Psychosozialer Beratung an der privaten Universität Krems. Sie arbeitet in der Schweiz mit Schwerpunkt Wirtschaftstrainings, berät internationale und nationale Unternehmen und hält Workshops und Lehrgänge.

In der Steiermark (Österreich) kam sie bereits in frühester Kindheit mit Hexerei, Naturkünsten und magischen Ritualen in Berührung. Im Jahr 2013 gründete sie die Hexenschule Wien und bildet seitdem Frauen und Männer online wie auch persönlich im alten Wissen auf moderne Art und Weise aus.

Bildnachweis

Schmuckillustrationen Pflanzen im Innenteil: Shutterstock.com/Kate Macate

S. 34, 62, 242, 255 Shutterstock.com/formalnova, GoodStudio, Random Illustrator

S. 64, 75 Shutterstock.com/Elena_Medvedeva

S. 83 Shutterstock.com/Tatiana Liubimova

S. 91, 210 Shutterstock.com/Cat_arch_angel

S. 100 Shutterstock.com/IRINA OKSENOYD

S. 108 Shutterstock.com/Gringoann.art

S. 118, 132, 228 Shutterstock.com/SvetaKhlivna

S. 125 Shutterstock.com/Illustrations with love

S. 141 Shutterstock.com/Lana Smirnova

S. 147 Shutterstock.com/FLORABELA

S. 153 Shutterstock.com/Ekaterina Mikheeva

S. 164 Shutterstock.com/Yudina Anna

S. 172 Shutterstock.com/Tatiana Ka

S. 177 Shutterstock.com/Vega_7

S. 185 Shutterstock.com/DashaDasha

S. 196 Shutterstock.com/Olga_Serova

S. 221 Shutterstock.com/Daria Ustiugova

S. 234 Shutterstock.com/Asya Tury